Steuerliche Amtshilfe nach dem Übereinkommen über die gegenseitige Amtshilfe in Steuersachen vom 25.01.1988 im System der internationalen steuerlichen Amtshilfe

FINANZ- UND STEUERRECHT IN DEUTSCHLAND UND EUROPA

Herausgegeben von Klaus-Dieter Drüen,
Hanno Kube und Rainer Wernsmann

Band 45

Zur Qualitätssicherung und Peer Review der vorliegenden Publikation

Die Qualität der in dieser Reihe erscheinenden Arbeiten wird vor der Publikation durch Herausgeber der Reihe geprüft.

Notes on the quality assurance and peer review of this publication

Prior to publication, the quality of the work published in this series is reviewed by editors of the series.

Julian Siller

Steuerliche Amtshilfe nach dem Übereinkommen über die gegenseitige Amtshilfe in Steuersachen vom 25.01.1988 im System der internationalen steuerlichen Amtshilfe

PETER LANG

Bibliografische Information der Deutschen Nationalbibliothek
Die Deutsche Nationalbibliothek verzeichnet diese Publikation in der Deutschen Nationalbibliografie; detaillierte bibliografische Daten sind im Internet über http://dnb.d-nb.de abrufbar.

Zugl.: Passau, Univ., Diss., 2020.

D 739

ISBN 978-3-631-83215-8 (Print)
E-ISBN 978-3-631-83978-2 (E-PDF)
E-ISBN 978-3-631-83979-9 (EPUB)
E-ISBN 978-3-631-83980-5 (MOBI)
DOI 10.3726/b17765

Peter Lang – Berlin · Bern · Bruxelles · New York · Oxford · Warszawa · Wien

Diese Publikation wurde begutachtet.

www.peterlang.com

Meinen Eltern

Vorwort

An dieser Stelle möchte ich allen Beteiligten meinen Dank aussprechen, die mich bei der Anfertigung meiner Dissertation unterstützt haben.

Mein besonderer Dank gilt Herrn Prof. Dr. Wernsmann für die ausgezeichnete Betreuung während des gesamten Promotionsverfahrens und die enorme Unterstützung bei der Umsetzung der gesamten Arbeit, von der Auswahl des Themas bis hin zu letzten Überarbeitungen.

Des Weiteren danke ich Herrn Prof. Dr. Hendricks für die Erstellung des Zweitgutachtens, im Rahmen derer ich weitere wertvolle Hinweise erhalten habe, insbesondere aus der Sicht eines Praktikers.

Auch Herrn Prof. Dr. Dederer gilt mein Dank, der die Disputation als Vorsitzender in äußerst angenehmer Art und Weise geleitet hat.

Danken möchte ich zudem meinen Eltern, Karin und Johann Siller, die mich während des Studiums und der Promotionszeit in jeder Hinsicht unterstützt haben.

Inhaltsübersicht

Inhaltsverzeichnis

A. Einleitung

I. Einleitung und Rechtfertigung des Themas

Das Amtshilfeübereinkommen aus dem Jahr 1988 ist auch nach über 30 Jahren seit seiner Verabschiedung und Empfehlung als internationales Abkommen über die zwischenstaatliche Amtshilfe in Steuersachen noch aktuell und relevant. Gerade in der Bundesrepublik Deutschland hat seine Bedeutung in den letzten Jahren erheblich zugenommen. Denn der deutsche Gesetzgeber hat nahezu dreißig Jahre benötigt, sich zu einer Umsetzung des Amtshilfeübereinkommens in nationales Recht zu entschließen, welche sodann im Jahr 2015 auch tatsächlich erfolgt ist.[1] Hinzu kommt, dass das Amtshilfeübereinkommen als eines der ersten Abkommen seiner Art einen multilateralen Ansatz verfolgte. Es war daher von Anfang an darauf ausgelegt, eine Kooperation möglichst vieler Staaten mit völlig unterschiedlichen rechtlichen Standards in den Methoden der Steuererhebung, beim Datenschutz, beim Steuergeheimnis und beim innerstaatlichen Rechtsschutz zu ermöglichen.[2] Nicht vergessen werden dürfen auch die aktuellen steuerpolitischen Diskussionen, bei der die Steigerung der Transparenz bestimmter steuerlicher Informationen eine immer größere Rolle spielt. Denn die zunehmende internationale Verflechtung von Wirtschaftsaktivitäten und von Unternehmensstrukturen führen dazu, dass sich auch die Finanzverwaltungen in der Welt untereinander besser abstimmen müssen.[3]

Auch wenn die lange Umsetzungsdauer schon darauf schließen lässt, dass das Amtshilfeübereinkommen zumindest anfangs inhaltlich nicht unumstritten war und gewisse Probleme mit sich brachte,[4] äußerte sich die Bundesregierung in ihrem Gesetzentwurf dennoch besonders positiv über das Abkommen. Vor allem wurde die besondere Bedeutung des Amtshilfeübereinkommens hervorgehoben, die es aufgrund seines multilateralen Ansatzes hat. So handelte es sich

---

1 Vgl. Gesetz zu dem Übereinkommen vom 25.01.1988 über die gegenseitige Amtshilfe in Steuersachen und zu dem Protokoll vom 27.05.2010 zur Änderung des Übereinkommens über die gegenseitige Amtshilfe in Steuersachen vom 16.07.2015, BGBl. II 2015, 966 (im Folgenden: AmtshÜ).

2 *Helfrich-Laubrock*, BB 1987, 1224 (1225).

3 *Kreienbaum*, in: Lüdicke, BEPS - Herausforderungen für die Unternehmen, S. 1 (1 f.).

4 Vgl. hierzu genauer unter Abschnitt C.

beim Amtshilfeübereinkommen um das erste und einzige mehrseitige und weltweite Regelungswerk über die gegenseitige Amtshilfe in Steuersachen.[5]

Das Amtshilfeübereinkommen dient wie alle anderen Rechtsgrundlagen der zwischenstaatlichen Amtshilfe in Steuersachen der Lösung eines grundlegenden Problems. Das deutsche materielle Steuerrecht knüpft an globale Größen an, wie beispielsweise das „Welteinkommen“ oder „ausländische Einkünfte“. Völkerrechtlich ist dies nicht zu beanstanden. Denn bei Vorliegen eines tatsächlichen Anknüpfungspunktes (sog. *„genuine link“*) dürfen Rechtsfolgen an Tatbestände geknüpft werden, die außerhalb des eigenen Hoheitsgebiets eines Staates liegen. Das materielle Steuerrecht ist somit nicht auf das eigene Hoheitsgebiet beschränkt, weshalb man von materieller Universalität spricht.[6] Dies begründet eine besondere Herausforderung für die Finanzverwaltung, da eine nationale Steuerverwaltung grundsätzlich hoheitliche Handlungen nur auf ihrem eigenen Staatsgebiet vornehmen darf. Unzulässig sind damit alle Maßnahmen auf fremdem Hoheitsgebiet, insbesondere Fahndungsmaßnahmen und sonstige Ermittlungen. Dies wird als Grundsatz der „formellen Territorialität“ bezeichnet.[7] Es besteht in der praktischen Anwendung somit eine Divergenz der Grundsätze der „materiellen Universalität“ und der „formellen Territorialität“. Diese führt dazu, dass sich der nationale Normbefehl, das Welteinkommen zu besteuern, als defizitär erweist, da Ermittlungsmaßnahmen im Ausland rechtlich unzulässig sind.[8]

Die Finanzverwaltung hat aber auch bei grenzüberschreitenden Sachverhalten den Auftrag, die Steuern nach Maßgabe der Gesetze gleichmäßig festzusetzen und zu erheben (§ 85 S. 1 AO). Die Besteuerung ist damit bei nationalen Steuersachverhalten genauso durchzuführen wie bei internationalen Sachverhalten.[9] Anderenfalls wären neben der Besteuerungsungleichheit auch Steuerausfälle und Wettbewerbsverzerrungen zu befürchten. Neben der rechtlichen Verpflichtung besteht somit ein wirtschaftliches und finanzielles Interesse daran, dafür zu

---

5 Vgl. Gesetzentwurf der Bundesregierung für ein Gesetz zu dem Übereinkommen vom 25.01.1988 über die gegenseitige Amtshilfe in Steuersachen und zu dem Protokoll vom 27.05.2010 zur Änderung des Übereinkommens über die gegenseitige Amtshilfe in Steuersachen vom 15.06.2015, BT-Drs. 18/5173, S. 1 (im Folgenden: RegE AmtshÜ).

6 *Hendricks*, in: Gosch, AO/FGO, § 117 AO Rn. 5; *Seer/Gabert*, StuW 2010, 3 (4).

7 *Lehner*, in: Vogel/Lehner, DBA, Grundlagen Rn. 16; *Seer*, in: Tipke/Kruse, AO/FGO, § 117 AO Rn. 2.

8 *Seer*, IWB 2009, 951 (952).

9 *Söhn*, in: Hübschmann et al., AO/FGO, § 117 AO Rn. 2; *Hendricks*, in: Gosch, AO/FGO, § 117 AO Rn. 6.

sorgen, dass die Möglichkeiten der Finanzverwaltung nicht hinter ihrem Auftrag zurückbleiben, für eine gleichmäßige Besteuerung zu sorgen.[10]

Es existieren eine Reihe nationaler und internationaler Vorschriften, die dafür sorgen sollen, dass der Besteuerungsauftrag trotz der durch das Völkerrecht beschränkten Handlungsmöglichkeiten durchgesetzt werden kann.[11] Auf nationaler Ebene bestehen bei Auslandssachverhalten beispielsweise erhöhte Mitwirkungspflichten der Beteiligten (§ 90 Abs. 2, 3 AO), ferner existieren besondere Ordnungsvorschriften für Buchführung und sonstige Aufzeichnungen (§ 146 Abs. 2 AO), besondere Anzeigepflichten (§ 138 Abs. 2 AO) und die Verpflichtung zur Bestellung eines inländischen Bevollmächtigten (§ 123 AO).[12] Da diese Maßnahmen alleine nicht ausreichend sind, um eine richtige und gleichmäßige Besteuerung sicherzustellen, werden sie durch unterschiedliche Formen zwischenstaatlicher Zusammenarbeit ergänzt. In Betracht kommen hierbei bilaterale, multilaterale und spezielle unionsrechtliche Kooperationsformen mit den unterschiedlichsten Instrumenten zwischenstaatlicher Zusammenarbeit.[13] In dieses System fügt sich auch das Amtshilfeübereinkommen ein, dessen Ziel es ist, die Zusammenarbeit zwischen den Steuerbehörden verschiedener Staaten zu stärken.[14]

Hier setzt die Rechtfertigung der vorliegenden Arbeit an. Aufgrund der Aktualität der Rechtsgrundlage des Amtshilfeübereinkommens beschränken sich die meisten Fundstellen in der Literatur auf allgemeine Ausführungen zum Amtshilfeübereinkommen beziehungsweise auf einzelne Aspekte daraus. Sofern Ausführungen gemacht werden, streifen diese das Thema jedoch mehr, als dass eine tatsächliche Auseinandersetzung mit dem Amtshilfeübereinkommen stattfinden würde, was dessen Inhalt und Stellung im System der internationalen Amtshilfe angeht.[15]

---

10 Vgl. Urteil des BFH v. 20.02.1979, VII R 16/78, BStBl. II 1979, 268, 272.

11 *Hendricks*, in: Gosch, AO/FGO, § 117 AO Rn. 6.

12 *Klaproth*, in: Schwarz/Pahlke, AO/FGO, § 117 AO Rn. 12.

13 *Söhn*, in: Hübschmann et al., AO/FGO, § 117 AO Rn. 9.

14 Vgl. hierzu auch Erwägungsgrund 1 der Präambel des Amtshilfeübereinkommens, RegE AmtshÜ vom 15.06.2015, BT-Drs. 18/5173, S. 9.

15 Die bisher wohl umfassendste wissenschaftliche Aufarbeitung des Themas stellt der Aufsatz von *Grotherr* in der Zeitschrift Internationales Steuerrecht dar, vgl. *Grotherr*, IStR 2015, 845 (845 ff.) Eine ebenfalls umfassende Berücksichtigung des Amtshilfeübereinkommens findet sich in der Kommentierung von *Schwandtner/Urtz* in Aigner/Kofler/Tumpel, Kommentar zum DBA, vgl. *Schwandtner/Urtz*, in: Aigner et al., DBA, Art. 26 Rn. 1 ff.

Die vorliegende Arbeit verfolgt dementsprechend einen doppelten Ansatz. Zum einen soll das Amtshilfeübereinkommen inhaltlich umfassend aufgearbeitet werden. So soll herausgestellt werden, welche Möglichkeiten das Amtshilfeübereinkommen im Hinblick auf eine zwischenstaatliche Zusammenarbeit von Finanzbehörden bietet. Dazu sollen die einzelnen Instrumente des Übereinkommens dargestellt werden sowie deren inhaltliche Bedeutung und Reichweite. Zum anderen soll die Frage untersucht werden, in welchem Verhältnis diese Regelungen zu denen anderer Rechtsgrundlagen stehen, die ebenfalls eine Zusammenarbeit verschiedener Finanzbehörden ermöglichen. Dabei ist nicht nur allgemein auf die Frage eines Konkurrenzverhältnisses zwischen verschiedenen Rechtsgrundlagen einzugehen. Es muss auch untersucht werden, ob das Amtshilfeübereinkommen im Vergleich zu anderen Rechtsgrundlagen geringere, gleiche oder weitergehende Möglichkeiten der internationalen Amtshilfe vorsieht. Dies erfolgt über einen Vergleich der inhaltlichen Reichweite der Regelungen des Amtshilfeübereinkommens mit der inhaltlichen Reichweite der Regelungen in anderen Rechtsgrundlagen. Hierdurch soll die Stellung des Amtshilfeübereinkommens im System der internationalen Amtshilfe erarbeitet werden.

II. Gang der Untersuchung

Bevor das Amtshilfeübereinkommen inhaltlich betrachtet wird, soll kurz auf die Grundlagen der steuerlichen Amtshilfe eingegangen werden (vgl. Abschnitt B.). Die Darstellung des Ausgangspunkts der internationalen Amtshilfe soll die Einordnung des Themas der vorliegenden Arbeit in das steuerliche Verfahrensrecht erleichtern. Ferner werden kurz die Grundsätze der internationalen Amtshilfe behandelt, die auch für das Amtshilfeübereinkommen gelten.

Anschließend soll die Entstehungsgeschichte des Amtshilfeübereinkommens in den Blick genommen werden, bis hin zu seiner innerstaatlichen Umsetzung in Deutschland (vgl. Abschnitt C.). Insbesondere stellt sich hierbei die Frage, weshalb das Abkommen erst nach knapp 20 Jahren nach dessen Inkrafttreten in Deutschland in nationales Recht umgesetzt wurde. Ferner sollen aus der Entstehungsgeschichte auch Rückschlüsse gezogen werden, inwiefern bei der Auslegung des Übereinkommens auch auf die Auslegung anderer Rechtsgrundlagen zurückgegriffen werden kann.

Bevor auf die einzelnen Amtshilfeinstrumente des Übereinkommens genauer eingegangen wird, werden noch einführende Erläuterungen zum Amtshilfeübereinkommen gegeben (vgl. Abschnitt D.). Dies betrifft zum einen allgemeine und formelle Aspekte, wie beispielsweise Fragen der Auslegung des Übereinkommens (vgl. Kapitel D.I.). Zum anderen soll auf die Fragen der Anwendbarkeit eingegangen und in diesem Zuge auch gleich ein erster Vergleich zu anderen Rechtsgrundlagen der internationalen Amtshilfe hergestellt werden (vgl. Kapitel D.II.). Ferner wird das Konkurrenzverhältnis unterschiedlicher Rechtsgrundlagen der internationalen Amtshilfe in Steuersachen zueinander näher beleuchtet (vgl. Kapitel D.III.). Diese Punkte dienen einer ersten groben Einordnung des Amtshilfeübereinkommens in die verschiedenen Rechtsgrundlagen der steuerlichen Amtshilfe.

Nach diesen Vorarbeiten beginnt die Untersuchung der einzelnen Instrumente des Amtshilfeübereinkommens, auch werden die Regelungen zu den Auskunftsverweigerungsrechten, zum Geheimnisschutz und zur zwischenstaatlichen Zusammenarbeit behandelt (vgl. Abschnitt E.). Innerhalb der einzelnen Instrumente wird dabei in drei Schritten vorgegangen. Den ersten Schritt bildet die Erarbeitung des Inhalts der Regelungen zu den einzelnen Instrumenten. Neben dem Übereinkommen selbst wird hierbei insbesondere der Musterkommentar zum Amtshilfeübereinkommen aus dem Jahr 2010 eine große Rolle spielen.[16] Ferner wird unter Umständen bei der Auslegung auch auf die Auslegung bei anderen Rechtsgrundlagen zurückgegriffen, sofern den Regelungen des Amtshilfeübereinkommens dieselbe Bedeutung zukommt.[17] Im Anschluss daran wird der Inhalt der betroffenen Amtshilfeinstrumente in anderen Rechtsgrundlagen dargestellt. Erst danach kann in einem dritten Schritt als Ergebnis festgestellt werden, welche Reichweite die Regelungen im Amtshilfeübereinkommen haben und welche Bedeutung den einzelnen Regelungen im Amtshilfeübereinkommen im internationalen System der steuerlichen Amtshilfe zukommt.

Im Rahmen der rechtsvergleichenden Betrachtung soll sowohl auf europarechtliche als auch auf völkerrechtliche Rechtsgrundlagen der internationalen Amtshilfe eingegangen werden. Von besonderer Bedeutung[18] sind dabei zum einen die die Amtshilfe betreffenden Regelungen des OECD-Musterabkommens

---

16 Vgl. *OECD,* Text of the Revised Explanatory Report to the Convention on Mutual Administrative Assistance in Tax Matters as amended by the Protocol (im Folgenden: AmtshÜ-MK), Originaltext abrufbar über www.oecd.org/ctp/exchange-of-tax-information/Explanatory_Report_ENG_%2015_04_2010.pdf (zuletzt überprüft am 03.07.2020); vgl. hierzu genauer unter D.I.4.d.

17 Absatz 6 der Einführung des AmtshÜ-MK führt insoweit beispielsweise aus, dass den Bestimmungen des Amtshilfeübereinkommens dieselbe Bedeutung beizumessen ist, wie den entsprechenden Bestimmungen des OECD-Musterabkommens zur Doppelbesteuerung.

18 Sofern in einem Spezialbereich besondere Rechtsgrundlagen von Bedeutung sind, wird auf diese an der entsprechenden Stelle noch gesondert eingegangen.

zur Beseitigung der Doppelbesteuerung.[19] Eine Rolle spielen ferner auch spezielle Amtshilfeabkommen, die sog. „*Tax Information Exchange Agreements*" (im Folgenden: TIEA). Das entsprechende Musterabkommen[20] wurde von einer Arbeitsgruppe der OECD ausgearbeitet und im Jahr 2002 veröffentlicht. Es beruht auf den Arbeiten der OECD gegen den unlauteren Steuerwettbewerb und wurde insbesondere zur Regelung des Informationsaustauschs zwischen OECD-Staaten und vermeintlichen Steueroasen entwickelt.[21] Insbesondere auf dem Gebiet des automatischen Informationsaustauschs von Bedeutung ist das sog. FATCA-Übereinkommen mit den USA[22] sowie das sog. Finanzkonten-Informationsaustauschgesetz[23], das sowohl auf der EU-Amtshilferichtlinie[24] als auch auf einem internationalen Vertrag beruht.[25] Diese beiden Rechtsgrundlagen erlauben die Übermittlung von Meldungen über Finanzkonten zwischen der Bundesrepublik Deutschland und den USA beziehungsweise anderen Staaten.[26]

---

19 OECD-Musterabkommen 2017 zur Beseitigung der Doppelbesteuerung sowie der Steuerverkürzung und -umgehung auf dem Gebiet der Steuern vom Einkommen und vom Vermögen (im Folgenden: OECD-MA). Nachfolgend wird grundsätzlich von dem Abkommen in der Fassung vom 21.11.2017 ausgegangen, in der Originalfassung abrufbar über https://read.oecd-ilibrary.org/taxation/model-tax-convention-on-income-and-on-capital-condensed-version-2017_mtc_cond-2017-en#page1 (zuletzt überprüft am 03.07.2020).

20 *OECD*, Agreement on exchange of information on tax matters (im Folgenden: TIEA-MA). Der Text des Musterabkommens ist abrufbar über www.oecd.org/ctp/exchange-of-tax-information/2082215.pdf (zuletzt überprüft am 03.07.2020).

21 *Eimler*, in: Rödder/Hüttemann, Steuerberater-Jahrbuch 2015/2016, S. 533 (540); *Grotherr*, IStR 2015, 845 (850) Vgl. ausführlich zur Entstehungsgeschichte *Kofler/Tumpel*, in: Lang, Internationale Amtshilfe in Steuersachen, S. 181 (183 ff.).

22 Vgl. die nationale Umsetzung im Gesetz zu dem Abkommen vom 31.05.2013 zwischen der Bundesrepublik Deutschland und den Vereinigten Staaten von Amerika zur Förderung der Steuerehrlichkeit bei internationalen Sachverhalten und hinsichtlich der als Gesetz über die Steuerehrlichkeit bezüglich Auslandskonten bekannten US-amerikanischen Informations- und Meldebestimmungen, BGBl. II 2013, 1362 (im Folgenden: FATCA-Gesetz). Vgl. hierzu genauer unter E.II.1.

23 Gesetz zum automatischen Austausch von Informationen über Finanzkonten in Steuersachen (Finanzkonten-Informationsaustauschgesetz – FKAustG) vom 21.12.2015, BGBl. I 2015, 2531 (im Folgenden: FKAustG).

24 Richtlinie Nr. 2011/16/EU des Rates vom 15.02.2011 über die Zusammenarbeit der Verwaltungsbehörden im Bereich der Besteuerung und zur Aufhebung der Richtlinie 77/799/EWG vom 19.12.1977, Abl. 2011, L 64, 1 (im Folgenden: EUAHiRL).

25 Vgl. hierzu genauer unter E.II.1. und 2.

26 *Dölker*, BB 2017, 279 (279 f.). Vgl. hierzu genauer unter E.II.

Auf europäischer Ebene ist für die zwischenstaatliche Amtshilfe in Steuersachen vor allem die EU-Amtshilferichtlinie von Bedeutung. Diese wurde durch das EU-Amtshilfegesetz[27] in nationales Recht umgesetzt. Da die EU-Amtshilferichtlinie gemäß Art. 2 Abs. 2 EUAHiRL nicht für die Umsatzsteuer und die Verbrauchsteuern gilt, wurden diese beiden Komplexe in separaten Verordnungen geregelt. Ergänzt wird die EU-Amtshilferichtlinie daher durch die Mehrwertsteuer-Zusammenarbeitsverordnung[28] sowie durch die Verbrauchsteuer-Zusammenarbeitsverordnung.[29] Die gesonderte Behandlung der Mehrwertsteuer in einer eigenen Verordnung erfolgte vor allem aus dem Gedanken heraus, dass wegen der im Laufe der Zeit vermehrt auftretenden grenzüberschreitenden Sachverhalte eine enge Zusammenarbeit der Finanzbehörden erforderlich ist, um die Mehrwertsteuerhinterziehung effektiv einzudämmen.[30] Von diesen Rechtsgrundlagen nicht erfasst wird die Beitreibung von Steuerforderungen, weshalb diese separat in der EU-Beitreibungsrichtlinie[31] geregelt wurde. Umgesetzt wurde diese Richtlinie in nationales Recht durch das EU-Beitreibungsgesetz.[32]

Abschließend wird in der vorliegenden Arbeit noch kurz auf die Zukunft der internationalen Amtshilfe eingegangen (vgl. Abschnitt F.), bevor die Ergebnisse der Untersuchung noch einmal zusammengefasst dargestellt werden (vgl. Abschnitt G.).

---

27 Gesetz über die Durchführung der gegenseitigen Amtshilfe in Steuersachen zwischen den Mitgliedstaaten der Europäischen Union (EU-Amtshilfegesetz – EUAHiG) vom 26.06.2013, BGBl. I 2013, 1809 (im Folgenden: EUAHiG).

28 Verordnung (EU) Nr. 904/2010 des Rates vom 07.10.2010 über die Zusammenarbeit der Verwaltungsbehörden und die Betrugsbekämpfung auf dem Gebiet der Mehrwertsteuer (im Folgenden: Mwst-ZVO).

29 Verordnung (EU) Nr. 389/2012 des Rates vom 02.05.2012 über die Zusammenarbeit der Verwaltungsbehörden auf dem Gebiet der Verbrauchsteuern und zur Aufhebung der Verordnung (EG) Nr. 2073/2004 (im Folgenden: VerbrSt-ZVO).

30 *Schmitt*, Grenzüberschreitende Besteuerungsfälle, S. 166.

31 Richtlinie Nr. 2010/24/EU des Rates vom 16.03.2010 über die Amtshilfe bei der Beitreibung von Forderungen in Bezug auf bestimmte Steuern, Abgaben und sonstige Maßnahmen, Abl. 2010, L 84, 1 (im Folgenden: EUBeitrRL).

32 Gesetz über die Durchführung der Amtshilfe bei der Beitreibung von Forderungen in Bezug auf bestimmte Steuern, Abgaben und sonstige Maßnahmen zwischen den Mitgliedstaaten der Europäischen Union (EU-Beitreibungsgesetz – EUBeitrG) vom 07.12.2011, BGBl. I 2011, 2592 (im Folgenden: EUBeitrG).

B. Grundlagen der internationalen Amtshilfe in Steuersachen

Um die Funktionsweise sowie die Bedeutung des Amtshilfeübereinkommens als Instrument der internationalen Amtshilfe zu verstehen, lohnt es sich, zunächst die Vorschrift des § 117 AO genauer in den Blick zu nehmen. Denn bei § 117 AO handelt es sich in Verbindung mit anderen Rechtsgrundlagen, wie völkerrechtlichen Verträgen, um die nationale Rechtsgrundlage und damit Ausgangsnorm für den zwischenstaatlichen Informationsaustausch.[33] Anschließend wird auf die Grundsätze der internationalen Amtshilfe eingegangen werden, die auch für das Amtshilfeübereinkommen gelten.

I. Voraussetzungen der Inanspruchnahme von Amtshilfe

§ 117 Abs. 1 AO regelt, dass die Finanzbehörden zwischenstaatliche Amtshilfe nach Maßgabe des deutschen Rechts in Anspruch nehmen können. Die Vorschrift erlaubt es den Finanzbehörden, auch ohne eine weitgehendere Rechtsgrundlage um Amtshilfe eines ausländischen Staates zu ersuchen. Die Voraussetzungen einer Inanspruchnahme von Amtshilfe richten sich somit ausschließlich nach nationalem Recht.[34] Auch wenn es der Verwaltungspraxis entspricht, Amtshilfeersuchen nur bei Bestehen einer völkerrechtlichen oder europarechtlichen Grundlage zu stellen, ist eine solche daher jedenfalls nicht zwingend.[35] Derartige Auskunftsersuchen ohne Rechtsgrundlage sollen nach dem BMF jedoch nur bei Fällen mit besonderer Bedeutung erfolgen.[36] Der Vorschrift des § 117 Abs. 1 AO kann entnommen werden, dass das Ersuchen um Amtshilfe im Ermessen der jeweiligen Finanzbehörde steht. Ferner ergibt sich aus dem Wortlaut des § 117 Abs. 1 AO, dass alle Vorschriften des nationalen Rechts zwingend beachtet werden müssen, da die Amtshilfe nur „nach Maßgabe des deutschen Rechts" in Anspruch genommen werden kann. Die Vorschriften der §§ 111 ff. AO sind daher entsprechend anwendbar.[37] Das Auswahlermessen der Behörde unter

---

33 *Zöllner*, in: Koenig/Cöster, AO, § 117 Rn. 2.

34 *Hendricks*, in: Gosch, AO/FGO, § 117 AO Rn. 26.

35 *Klaproth*, in: Schwarz/Pahlke, AO/FGO, § 117 AO Rn.

36 Vgl. Bundesministerium der Finanzen, Schreiben vom 23.11.2015, BStBl. I 2015, 928 (932), Tz. 1.3.5.

37 *Hendricks*, in: Gosch, AO/FGO, § 117 AO Rn. 50.

mehreren Beweismitteln, die zur Sachverhaltsklärung geeignet sind, ist durch die allgemeinen Ermessensgrenzen der Verhältnismäßigkeit und der Zumutbarkeit beschränkt. Zwischenstaatliche Amtshilfe darf einen inländischen Beteiligten daher weder unverhältnismäßig noch unzumutbar schädigen.[38]

Maßgebliches Kriterium für die Zulässigkeit eines Amtshilfeersuchens ist jedoch die notwendige Erforderlichkeit der Amtshilfe. Gemäß § 117 Abs. 1 AO i.V.m. § 111 Abs. 1 AO können deutsche Finanzbehörden nur die zur Durchführung der Besteuerung erforderliche zwischenstaatliche Amtshilfe verlangen. Im Einzelfall ist die Inanspruchnahme von Amtshilfe – angelehnt an die Kategorien des § 112 Abs. 1 AO – nur erforderlich, wenn die ersuchende Behörde die Tatsachen nicht selbst ermitteln kann (sog. Subsidiaritätsgrundsatz), die Amtshandlung nur mit einem wesentlich größeren Aufwand vornehmen könnte als die ersuchte Behörde oder wenn sich die ersuchte Behörde im Besitz des Beweismittels befindet.[39] Erforderlich sind Auskünfte somit dann, wenn sie für die Besteuerung rechtlich erheblich sind und auch nach Ausschöpfung eigener Auskunftsquellen nicht erreichbar sind.[40] Allgemein ist die notwendige Erforderlichkeit nur gegeben, wenn die Finanzbehörde im Rahmen des den Finanzbehörden zugewiesenen Aufgabenbereichs (§ 85 AO), innerhalb ihres speziellen Aufgabenbereichs und zur Durchführung der Besteuerung tätig wird.[41]

Zu beachten ist hierbei jedoch, dass die Befugnis der deutschen Verwaltung, zwischenstaatliche Hilfe in Anspruch zu nehmen, von der Frage zu trennen ist, ob ein anderer Staat zur Hilfeleistung verpflichtet ist. Eine derartige Verpflichtung kann lediglich aus einer rechtlichen Grundlage resultieren; sie folgt hingegen noch nicht aus dem Vorliegen der Voraussetzungen des § 117 Abs. 1 AO.[42] Anders als §§ 111 ff. AO setzt § 117 Abs. 1 AO kein Ersuchen der Finanzbehörden voraus, weshalb die ausländische Finanzbehörde auch von sich aus eine Auskunft erteilen kann, beispielsweise im Rahmen einer sogenannten Spontanauskunft.[43]

38 *Söhn*, in: Hübschmann et al., AO/FGO, § 117 AO Rn. 26.

39 *Seer*, in: Tipke/Kruse, AO/FGO, § 117 AO Rn. 24.

40 *Carl/Klos*, Leitfaden internationale Amtshilfe, S. 89.

41 *Söhn*, in: Hübschmann et al., AO/FGO, § 111 AO Rn. 15.

42 *Hendricks*, IStR 2009, 846 (849); *Hendricks*, in: Gosch, AO/FGO, § 117 Rn. 56.

43 *Bilsdorfer*, Informationsquellen- und Wege der Finanzverwaltung, S. 146; vgl. hierzu genauer E.III.

II. Voraussetzungen der Gewährung von Amtshilfe

1. Amtshilfe auf Grund spezieller Rechtsgrundlagen

Gemäß § 117 Abs. 2 AO können die Finanzbehörden zwischenstaatliche Rechts- und Amtshilfe auf Grund innerstaatlich anwendbarer völkerrechtlicher Vereinbarungen, innerstaatlich anwendbarer Rechtsakte der Europäischen Union sowie des EU-Amtshilfegesetzes leisten. Bei Vorliegen der Voraussetzungen der jeweils einschlägigen Rechtsgrundlage ist die Behörde zur Erteilung der betroffenen Informationen verpflichtet. § 117 Abs. 2 AO räumt daher kein Ermessen ein, sondern stellt eine „Kompetenzzuweisung" dar.[44] Ein Ermessen ist lediglich dann auszuüben, wenn die Bezugsnorm selbst ein solches einräumt.[45]

2. Amtshilfe in anderen Fällen

§ 117 Abs. 3 AO ermöglicht die Leistung von Amtshilfe auch in Fällen, in denen keine entsprechende zwischenstaatliche Vereinbarung existiert. Dasselbe gilt für Fälle, in denen eine entsprechende Vereinbarung zwar existiert, aber konkret keine Amtshilfe ermöglicht. In derartigen Fällen kann die Finanzbehörde nach pflichtgemäßem Ermessen Amtshilfe leisten (sog. Kulanzauskunft).[46] Solche Auskünfte unterliegen jedoch einigen Einschränkungen gemäß § 117 Abs. 3 AO. Voraussetzung für die Erbringung einer Kulanzauskunft ist gemäß § 117 Abs. 3 S. 1 Nr. 1-4 AO, dass die Gegenseitigkeit der Amtshilfe verbürgt ist, die Auskünfte vom ersuchenden Staat nur für steuerliche Zwecke verwendet werden und eine mögliche Doppelbesteuerung vermieden wird. Ferner kommt eine Auskunft nicht in Betracht, wenn der „ordre public" entgegensteht.[47]

Die nachfolgenden Darstellungen beziehen sich allein auf die internationale Amtshilfe aufgrund spezieller europäischer oder internationaler, bilateraler oder multilateraler Verträge beziehungsweise Rechtsnormen gemäß § 117 Abs. 2 AO. Die anderen Formen der Amtshilfe, wie sie in § 117 Abs. 1 und 3 AO vorgesehen sind, werden nicht genauer betrachtet. Dabei steht vor allem die Frage nach der

---

44 *Carl/Klos*, Leitfaden internationale Amtshilfe, S. 127; allgemein zum sog. Kompetenz-Kann *Wernsmann*, in: Hübschmann et al., AO/FGO, § 5 AO Rn. 55.

45 So zumindest die Praxis und die h.M., vgl. *Hendricks*, Internationale Informationshilfe, S. 155 ff.

46 *Seer*, in: Tipke/Kruse, AO/FGO, § 117 AO Rn. 117.

47 Genauere Ausführungen zu den Voraussetzungen einer Kulanzauskunft finden sich bei *Rätke*, in: Klein, AO, § 117 AO Rn. 113 ff; *Söhn*, in: Hübschmann et al., AO/FGO, § 117 AO Rn. 171 ff.

Zulässigkeit von Amtshilfemaßnahmen nach dem Amtshilfeübereinkommen im Fokus, unabhängig von der Frage, welche Anforderungen im Einzelfall nach dem nationalen Recht erforderlich sind.

III. Grundsätze der internationalen Amtshilfe

Die Grundlage des Systems der internationalen Amtshilfe in Steuersachen bilden einige Grundsätze, die unabhängig von der konkreten Rechtsgrundlage Geltung beanspruchen. Teilweise handelt es sich dabei um übergeordnete und stets geltende Prinzipien, in anderen Fällen werden diese in den speziellen Rechtsgrundlagen der internationalen Amtshilfe konkret benannt und definiert. Diese Prinzipien sollen im Folgenden kurz dargestellt werden.

1. Gegenseitigkeit

Beim Gegenseitigkeitsprinzip handelt es sich um den großen, übergreifenden Grundsatz der internationalen steuerlichen Amtshilfe. Danach leistet ein Staat einem anderen nur insoweit Amtshilfe, als er sie im umgekehrten Fall vom anderen Staat erhalten kann.[48] Konkret bedeutet dies, dass die Vertragsstaaten verpflichtet sind, sich unter gleichen Voraussetzungen und in quantitativ und qualitativ vergleichbarem Umfang Auskünfte zu erteilen.[49] Die Gewährung von Amtshilfe dient dabei der verfassungsrechtlich gebotenen Gleichmäßigkeit der Besteuerung, indem nicht nur die eigene Verwaltung zur Inanspruchnahme von Amtshilfe berechtigt wird, sondern gleichzeitig auch zur Gegenhilfe verpflichtet ist.[50] Die Gegenseitigkeit wird nur bei einem ausgesprochenen Missverhältnis der Unterstützungsleistungen verletzt,[51] die zwischenstaatliche Amtshilfe darf nicht zu einer „Einbahnstraße" für die von einem Vertragsstaat erteilten Auskünfte werden.[52] Damit wird jedenfalls dann gegen den Gegenseitigkeitsgrundsatz verstoßen, wenn einer der Vertragsstaaten wiederholt und nachhaltig seine Mitwirkung am Auskunftsverkehr verletzt.[53] Der Begriff der Gegenseitigkeit weist in den verschiedenen Regelwerken zur internationalen steuerlichen Amtshilfe

48 *Menck*, DStZ 1979, 57 (59).
49 *Herlinghaus*, in: Kessler et al., Rechtsschutz Informationsaustausch, S. 933 (941).
50 *Hendricks*, Internationale Informationshilfe, S. 95.
51 *Hendricks*, in: Wassermeyer et al., DBA, Art. 26 MA Rn. 34; *Seer*, in: Gosch et al., DBA, Art. 26 MA Rn. 32.
52 *Hendricks*, Internationale Informationshilfe, S. 281.
53 *Herlinghaus*, in: Kessler et al., Rechtsschutz Informationsaustausch, S. 933 (942).

Ähnlichkeiten auf,[54] wird aber nicht einheitlich definiert oder konkretisiert.[55] In der Praxis dürfte der Grundsatz der Gegenseitigkeit für die Durchsetzung des Rechtsschutzes nur eine untergeordnete Rolle spielen, da dem betroffenen Steuerpflichtigen in der Regel Informationen über die Ausgewogenheit des Auskunftsverkehrs fehlen.[56]

Im Amtshilfeübereinkommen wird der Gegenseitigkeitsgrundsatz an prominenter Stelle als grundlegendes Prinzip des Übereinkommens erwähnt. So heißt es zum Ziel des Übereinkommens gemäß Art. 1 Abs. 1 AmtshÜ, dass die Vertragsparteien vorbehaltlich des Kapitels IV „einander“ Amtshilfe in Steuersachen leisten. Es wird somit gleich zu Beginn des Übereinkommens aus dem Wortlaut deutlich, dass die Leistung von Amtshilfe nicht einseitig durch wenige Staaten erfolgen soll, sondern vielmehr durch alle Staaten in dem Gedanken der Gegenseitigkeit zu erfolgen hat. Wie oben aufgezeigt, sieht aber auch das Amtshilfeübereinkommen eine Einschränkung dieses Gegenseitigkeitsgrundsatzes vor. So kann die Leistung von Amtshilfe verweigert werden, wenn die Durchführung der entsprechenden Maßnahme oder die Erteilung der Information dem Recht oder der Verwaltungspraxis des ersuchten oder ersuchenden Staates widerspricht, vgl. Art. 21 Abs. 2 lit. a AmtshÜ.

Das Amtshilfeübereinkommen folgt somit dem Vorbild anderer Regelwerke zur internationalen steuerlichen Amtshilfe, in denen ebenfalls Beschränkungen der Amtshilfe durch das Gegenseitigkeitsprinzip vorgesehen sind.[57]

2. Subsidiarität

Der Grundsatz der Subsidiarität besagt, dass eine Amtshilfemaßnahme nur dann erfolgen soll, wenn der ersuchende Staat vor Stellung eines Auskunftsersuchens alle innerstaatlichen Auskunftsquellen ausgeschöpft hat,[58] beziehungsweise alle eigenen angemessenen Maßnahmen zur Erhebung oder Sicherung einer Steuerforderung ergriffen hat.[59] Dabei handelt es sich um einen wesentlichen Grundsatz der internationalen Amtshilfe, da dieser einen Überforderungsschutz für

---

54 Vgl. hierzu die Übersicht zum Begriff der Gegenseitigkeit in der internationalen steuerlichen Amtshilfe bei *Hendricks*, Internationale Informationshilfe, S. 304 ff.

55 *Hendricks*, Internationale Informationshilfe, S. 304 f.

56 *Grotherr*, ISR 2015, 297 (305).

57 *Schwandtner/Urtz*, in: Aigner et al., DBA, Art. 26 Rn. 303.

58 *Engelschalk*, in: Vogel/Lehner, DBA, Art. 26 Rn. 35.

59 *Seer*, IWB 2017, 595 (603).

die ersuchte Behörde begründet.[60] Im Amtshilfeübereinkommen ist das Prinzip der Subsidiarität in Art. 21 Abs. 2 lit. g AmtshÜ ausdrücklich erwähnt, wonach ein eingeschränktes Subsidiaritätsprinzip gilt, dessen Missachtung zur Ablehnung einer begehrten Amtshilfemaßnahme führen kann.[61] Eine strengere Regelung zur Subsidiarität enthält Art. 11 Abs. 2 EUBeitrRL, wonach die Subsidiarität eine Zulässigkeitsvoraussetzung der Amtshilfemaßnahme darstellt.[62]

3. Äquivalenz

Der Äquivalenzgrundsatz bezeichnet die Vorgabe, dass die ersuchte Behörde nur solche Maßnahmen ergreifen darf, die nach ihren eigenen Verfahrensvorschriften zulässig sind. Die Maßnahmen sollen allerdings nicht nur dem jeweiligen nationalen Verfahrensrecht entsprechen, sondern auch dem Niveau, das der ersuchte Staat in eigenen Verfahren pflegt.[63] Art. 21 Abs. 2 lit. a AmtshÜ bestimmt insofern, dass ein ersuchter Staat nicht verpflichtet ist, Maßnahmen durchzuführen, die von seinem eigenen Recht oder seiner eigenen Verwaltungspraxis abweichen. Dass die Maßnahmen auch in ihrer Ausführung dem Üblichen entsprechen sollen, ist für den Bereich der Vollstreckungsamtshilfe in Art. 11 Abs. 1 AmtshÜ geregelt, wonach die Steuerforderung des ersuchenden Staates zu behandeln ist, als handele es sich um eine eigene Steuerforderung des ersuchten Staates.[64]

4. Passivität

Der Passivitätsgrundsatz beschreibt die Situation, dass der ersuchende Staat eine bloß passive Position einnimmt, da er keinerlei Einfluss darauf hat, ob und welche Ermittlungsmaßnahmen der ersuchte Staat ergreift. Die Behörden des ersuchenden Staates besitzen insofern kein Direktionsrecht und können durch eine Anfrage nur den Anstoß für Ermittlungen des ersuchten Staates geben. Letztendlich liegt es aber allein in dessen Kompetenz, entsprechend seinem Ermessen die erforderlichen Ermittlungs- und Vollstreckungsmaßnahmen zu ergreifen.[65]

---

60 *Seer*, in: Holoubek, Verfahren der Zusammenarbeit von Verwaltungsbehörden in Europa, S. 85 (97).

61 Vgl. hierzu genauer unter E.VII.1.g.

62 *Seer*, IWB 2017, 595 (603).

63 *Seer*, IWB 2017, 595 (602).

64 Vgl. hierzu genauer unter E.V.

65 *Seer/Gabert*, StuW 2010, 3 (15).

C. Entstehungsgeschichte des Amtshilfeübereinkommens

I. Ausarbeitung des Übereinkommens

Der Fertigstellung des Amtshilfeübereinkommens gingen umfangreiche Überlegungen und Vorarbeiten voraus. Zu deren Beginn stand die Empfehlung des Rats der OECD vom 21.09.1977 an die Mitgliedsstaaten, durch bilaterale oder multilaterale Abkommen den Informationsaustausch der Staaten zu verbessern, um Steuerhinterziehung und Steuerbetrug besser begegnen zu können. Aufgrund dessen wurde das Fiskalkomitee der OECD damit beauftragt, Vorschläge zu erarbeiten.[66] Die Empfehlung der OECD veranlasste auch den Europarat dazu, auf diesem Gebiet tätig zu werden. Die parlamentarische Versammlung des Europarates forderte ihre Mitgliedsstaaten in der Folge ebenfalls dazu auf, konsequenter gegen Steuerhinterziehung und Steuerumgehung vorzugehen und die entsprechende Zusammenarbeit zu verstärken.[67] Nach Ansicht von Sachverständigen hingegen wurde das Thema der Steuervermeidung in der öffentlichen Meinung weit überschätzt. In einem Kolloquium über internationale Steuervermeidung und -hinterziehung im März 1980 machten die Sachverständigen deutlich, dass der Umfang der internationalen Steuervermeidung nur sehr begrenzt bestätigt werden konnte und nach ihrer Auffassung auch nur branchenspezifisch stattfand.[68]

Wegen des anhaltenden politischen und öffentlichen Drucks wurde das Ziel einer besseren Bekämpfung der Steuervermeidung und Steuerhinterziehung jedoch nicht aufgegeben. Dies führte zu einer Zusammenarbeit von Europarat und OECD, im Zuge derer ein Entwurf für ein internationales Amtshilfeübereinkommen erarbeitet wurde. Dabei beschäftigten sich zunächst Experten der OECD mit dem Thema und legten einen Entwurf vor. Anschließend befasste sich der Europarat mit dem Entwurf, wobei ständig der Kontakt zum OECD-Steuerausschuss gehalten wurde.[69] Die Arbeiten der Experten zur Erstellung eines Entwurfs orientierten sich dabei maßgeblich am OECD-Musterabkommen, der EG-Amtshilferichtlinie sowie an multilateralen Amtshilfevereinbarungen,

66 *Ritter*, BB 1987, 65 (66).

67 *Runge*, RIW 1986, 704 (705).

68 *Vogel*, in: Vogel, Steueroasen und Außensteuergesetze, S. 1 (2 f.).

69 *Runge*, RIW 1986, 704 (705).

wie beispielsweise dem Nordischen Vertrag.[70] Im Jahr 1987 wurde das Amtshilfeübereinkommen schließlich sowohl vom Europarat als auch von der OECD verabschiedet und den Mitgliedsstaaten zur Ratifikation empfohlen.[71] Daraufhin trat es am 01.04.1995 in Kraft, nachdem es durch fünf Staaten ratifiziert worden war.[72]

Bei einem Treffen der G20-Staaten im April 2009 forderten diese, dass insbesondere für Entwicklungsländer ein multilaterales Instrument geschaffen werden sollte, welches auf einfache Art und Weise die Basis für den internationalen Informationsaustausch auf Grundlage des OECD-Standards erlaubte. Dies war der Anlass dafür, dass das Amtshilfeübereinkommen im Jahr 2010 durch ein Änderungsprotokoll substantiell modifiziert wurde.[73] Die Neuerung bestand darin, dass erstmals der OECD-Standard gemäß Art. 26 OECD-MA für den Informationsaustausch im Amtshilfeübereinkommen festgelegt wurde.[74] Darüber hinaus stand das Amtshilfeübereinkommen bis zur Verabschiedung des Protokolls nur dem Beitritt durch Mitgliedsstaaten der OECD beziehungsweise des Europarats offen. Durch die Erweiterung des Übereinkommens um das Protokoll wurde auch Mitgliedsstaaten der Beitritt ermöglicht, die weder Mitglieder der OECD noch des Europarates waren. Damit steht das Amtshilfeübereinkommen seit dem Jahr 2010 grundsätzlich allen Staaten der Welt offen. Voraussetzung für einen Beitritt eines Staates zum Amtshilfeübereinkommen ist das Durchlaufen eines vorgegebenen Verfahrens gemäß Art. 28 AmtshÜ.[75]

II. Anfängliche Kritik am Übereinkommen

Der Entwurf eines Amtshilfeübereinkommens stieß zu Beginn auf heftige Kritik und wurde aus einer Vielzahl von Gründen abgelehnt.[76] Die Kritikpunkte waren verschiedenster Natur und führten wohl im Ergebnis auch dazu, dass die

---

70 *Runge*, RIW 1986, 704 (705).

71 *Czakert*, IStR 2010, 567 (569).

72 *Söhn*, in: Hübschmann et al., AO/FGO, § 117 AO Rn. 9a.

73 *Grotherr*, IStR 2015, 845,.

74 Vgl. hierzu auch Erwägungsgrund 1 der Präambel des Protokolls zur Änderung des Amtshilfeübereinkommens, RegE AmtshÜ vom 15.06.2015, BT-Drs. 18/5173, S. 28.

75 Vgl. hierzu die ausführlichen Regelungen in Art. 28 AmtshÜ und in Tz. 270 ff. AmtshÜ-MK.

76 Einen Überblick über die Argumente gegen eine Erweiterung der zwischenstaatlichen Zusammenarbeit bieten: *Hendricks*, Internationale Informationshilfe, S. 80 ff; *Seer/Gabert*, StuW 2010, 3 (6).

innerstaatliche Umsetzung in Deutschland für sehr lange Zeit nicht erfolgte und erst im Jahr 2015 abgeschlossen werden konnte. Allerdings beruhten die kritisierten Gesichtspunkte vor allem auf einem Vorentwurf des Abkommens[77] und diese bestanden bei Annahme des Übereinkommens auch nur noch in geringem Umfang fort.[78]

Anlass zur Kritik gab einmal die Zielsetzung des Amtshilfeübereinkommens. So wurde kritisiert, dass das Übereinkommen nicht allein auf den Anwendungsbereich der Steuerstraftaten und Steuerordnungswidrigkeiten beschränkt wurde, sondern vielmehr jeder grenzüberschreitende steuerliche Sachverhalt einem umfassenden Informationsaustausch unterworfen werden sollte. Daher wurde vermutet, dass es sich aus der Sicht der Steuerverwaltungen bei jedem Steuerpflichtigen um einen Steuerstraftäter handelte oder die angeblichen Möglichkeiten der Steuerflucht und Steuerhinterziehung nur einen Vorwand boten, die Steuerpflichtigen in ein lückenloses Netz präventiver Kontrollen einzubeziehen.[79] In diesem Zusammenhang wurde auch angemerkt, dass keine klare Differenzierung zwischen unzulässiger Steuerhinterziehung und zulässiger Steuervermeidung getroffen worden sei.[80]

Ebenfalls für Kritik sorgte die Vielzahl vorhandener Rechtsgrundlagen der Amtshilfe im internationalen Bereich. Denn durch das Bestreben nach immer neuen Amtshilferegelungen entstünde eine Gemengelage völkerrechtlicher und gemeinschaftsrechtlicher Regelungen, die unter rechtsstaatlichen Gesichtspunkten bedenklich sei und darüber hinaus Rechtsunsicherheit erzeuge. Für einen Betroffenen werde es so unvorhersehbar, auf welcher Rechtsgrundlage ihm gegenüber gehandelt werde.[81] Die behauptete Rechtsvereinheitlichung trete ebenso nicht ein. Denn die vielen bereits bestehenden Rechtsgrundlagen würden nicht eingeschränkt oder aufgehoben, sondern lediglich eine weitere hinzugefügt.[82]

Ebenso ist festzustellen, dass es anfangs noch große Vorbehalte gegen die multilaterale Ausgestaltung von Abkommen gab und unilaterale oder bilaterale Maßnahmen diesen vorgezogen wurden. Dies lag in der Tatsache begründet,

---

77 *Grotherr*, IStR 2015, 845 (846).
78 *Runge*, RIW 1986, 704 (712).
79 *Institut der deutschen Wirtschaft*, WPg 1985, 435.
80 *Internationale Handelskammer*, BB 1986, 1274 (1275).
81 *Institut der deutschen Wirtschaft*, WPg 1985, 435 (436).
82 *Ritter*, in: Vogel, Internationale Steuerauskunft und deutsches Verfassungsrecht, S. 17 (33).

dass mittels des multilateralen Amtshilfeübereinkommens eine Amtshilfe zwischen Staaten mit unterschiedlichster Rechts- und Wirtschaftsstruktur etabliert werden sollte.[83] Alle Staaten wiesen unterschiedliche Standards auf den Gebieten des Datenschutzes, des Steuergeheimnisses und des innerstaatlichen Rechtsschutzes auf. Ein multilaterales Abkommen wurde daher als verfrüht abgelehnt, da eine vorherige Harmonisierung auf den drei erwähnten Gebieten erforderlich gewesen wäre.[84] Teilweise wurde auch bemängelt, dass ein multilaterales Werk das Ende für alle bilateralen Verträge zur Vermeidung von Doppelbesteuerung bedeuten könnte und damit eine mühsame Aufbauarbeit von Jahrzehnten in Gefahr sei.[85]

Der Entwurf wurde weiter aus dem Grund abgelehnt, dass er keine ausreichenden Regelungen vorsah, um Steuerpflichtige vor einer Doppelbesteuerung zu schützen.[86] Zwar enthält Art. 21 Abs. 2 lit. e AmtshÜ[87] einen Auskunftsverweigerungsgrund, sofern die Besteuerung gegen ein bestehendes Doppelbesteuerungsabkommen (im Folgenden: DBA) verstößt. Dies wurde jedoch nicht als ausreichend erachtet, weshalb eine Verpflichtung der Staaten verlangt wurde, bei Auswertung einer Auskunft jegliche Doppelbesteuerung zu unterlassen.[88] Darüber hinaus wurde das Amtshilfeübereinkommen auch dahingehend beanstandet, dass es keinerlei Regelungen im Hinblick auf ein verbindliches Schiedsverfahren enthielt. Ein solches sei erforderlich, um dem steuerlichen Zugriff der Staaten eine verpflichtende Schadensbeseitigung gegenüberzustellen.[89] Ferner entsprächen die Regelungen zum Geheimnisschutz nicht den Anforderungen nach dem nationalen deutschen Recht. Es könnte somit dazu kommen, dass Daten ohne den nationalen verfahrensrechtlichen Schutz an ausländische Finanzverwaltungen übermittelt werden können, obwohl nach den Rechtsordnungen der Empfängerstaaten ein wesentlich niedrigeres Schutzniveau besteht.[90]

---

83 *Helfrich-Laubrock*, BB 1987, 1224 (1225).

84 *Bundessteuerberaterkammer Bonn et al.*, DStR 1986, 662.

85 *Ritter*, BB 1987, 65 (67).

86 Vgl. zum Problem der Doppelbesteuerung bei einer Anwendung des Amtshilfeübereinkommens unter E.X.

87 Vgl. die ausführlichen Erläuterungen zu diesem Auskunftsverweigerungsgrund unter E.VII.1.e.

88 *Helfrich-Laubrock*, BB 1987, 1224 (1226); *Internationale Handelskammer*, BB 1986, 1274 (1275 f.); *Institut der deutschen Wirtschaft*, WPg 1985, 435 (436).

89 *Helfrich-Laubrock*, BB 1987, 1224 (1226).

90 *Institut der deutschen Wirtschaft*, WPg 1985, 435 (436); *Strunk*, StBp 1993, 145 (148); *Bundessteuerberaterkammer Bonn et al.*, DStR 1986, 662.

III. Sinneswandel des deutschen Gesetzgebers

Die Haltung der Bundesrepublik Deutschland zu einem multilateralen Abkommen entsprach zu Beginn weitestgehend derjenigen der deutschen Wirtschaft und anderer Kommentatoren, die sich gegen das Amtshilfeübereinkommen in Stellung gebracht hatten.

Der Finanzausschuss des Deutschen Bundestags empfahl, das Amtshilfeübereinkommens nicht anzunehmen. Begründet wurde diese Empfehlung damit, dass den deutschen Finanzbehörden ausreichend Möglichkeiten zur internationalen Amtshilfe zur Verfügung stünden, wie DBA oder europäische Regelungen. Ein zusätzliches Abkommen wurde daher nicht für notwendig erachtet. Außerdem wurden das Übermaß an staatlicher Einflussnahme sowie die unzureichende Berücksichtigung der Belange der Steuerpflichtigen beanstandet.[91] Letztlich wurde das Amtshilfeübereinkommen gegen die Stimme der Bundesrepublik Deutschland angenommen.[92] Anschließend verschwand das Vorhaben aus dem Fokus des deutschen Gesetzgebers.

Erst am 17.04.2008 wurde das Amtshilfeübereinkommen durch die Bundesrepublik Deutschland unterzeichnet, das dazugehörige Änderungsprotokoll erst am 03.11.2011. Der Sinneswandel dürfte allgemein darin begründet gewesen sein, dass bereits eine Vielzahl an Rechtsgrundlagen für einen zwischenstaatlichen Informationsaustausch existierte sowie jahrzehntelange Erfahrungen der Wirtschaft und der Steuerverwaltungen im internationalen Informationsaustausch. Hinzu kam, dass der Umfang des grenzüberschreitenden Auskunftsverkehrs wegen des bürokratischen Aufwands immer noch überschaubar war.[93] Auch wurden im Zuge der weiteren Ausarbeitung des Übereinkommens in Art. 21 AmtshÜ weitgehende Schutzrechte zugunsten der Steuerpflichtigen eingeführt und damit die ursprünglichen Kritikpunkte weitestgehend entschärft.[94]

Es gab jedoch auch einige konkrete Punkte, die den Gesetzgeber dazu veranlasst haben, das Übereinkommen zu ratifizieren und innerstaatlich umzusetzen. Dies betraf vor allem die Weiterentwicklung des automatischen Informationsaustauschs, für deren Umsetzung es der Rechtsgrundlage des Art. 6 AmtshÜ bedurfte.[95] Ein weiterer Grund für die Umsetzung lag in dem verpflichtenden

---

91 *Helfrich-Laubrock*, BB 1987, 1224 (1227).

92 *Helfrich-Laubrock*, BB 1987, 1224.

93 *Grotherr*, IStR 2015, 845 (846).

94 *Grotherr*, IStR 2015, 845 (858).

95 *Grotherr*, IStR 2015, 845 (846), vgl. ausführlich zum automatischen Informationsaustausch unter E.II.

spontanen Informationsaustausch über steuerbegünstigende verbindliche Steuerauskünfte sowie in dem damals geplanten *Country-by-Country Reporting.*[96] Diese bedurften für Teilnehmerstaaten außerhalb der EU ebenfalls einer Rechtsgrundlage.[97] Außerdem wird heute auch ein großer Vorteil des Amtshilfeübereinkommens in seiner globalen, multilateralen Ausgestaltung gesehen. In der Folge kann ein grenzüberschreitender Auskunftsverkehr sogar mit einigen Steueroasen[98] erfolgen.[99]

Das Gesetz zur Umsetzung des Amtshilfeübereinkommens wurde entsprechend Art. 59 Abs. 2 GG in nationales Recht überführt. Der Bundestag beschloss mit Zustimmung des Bundesrats das entsprechende nationale Umsetzungsgesetz, das am 16.07.2015 durch den Bundespräsidenten ausgefertigt wurde. Die Verkündung im Bundesgesetzblatt erfolgte am 23.07.2015.[100] Nach Durchführung des Gesetzgebungsverfahrens wurde gemäß Art. 28 Abs. 1 AmtshÜ mit Schreiben vom 28.08.2015 das Übereinkommen noch durch Hinterlegung der Ratifikationsurkunde bei einem der Verwahrer ratifiziert. Gemäß Art. 28 Abs. 3 AmtshÜ trat das Übereinkommen daraufhin am 01.12.2015 innerstaatlich in Kraft.[101]

IV. Ergebnis

Die nähere Betrachtung des Prozesses der Entwicklung des Amtshilfeübereinkommens, von dessen Entwurf bis hin zur Umsetzung in der Bundesrepublik Deutschland, bietet nicht nur einen in rechtshistorischer Hinsicht interessanten Einblick in die Umsetzungsgeschichte dieses völkerrechtlichen Vertrags in deutsches Recht. Darüber hinaus wird diese Entstehungsgeschichte auch maßgeblich

---

96 *Grotherr*, IStR 2015, 845 (846).

97 Vgl. ausführlich zum spontanen Informationsaustausch unter E.III.

98 Vgl. hierzu die Übersicht (Stand: 03.06.2020) über die Teilnehmerstaaten am Amtshilfeübereinkommen: *Organisation für wirtschaftliche Zusammenarbeit und Entwicklung (OECD)*, Jurisdictions participating in the Convention on mutual administrative assistance in tax matters: status, abrufbar über www.oecd.org/tax/exchange-of-tax-information/Status_of_convention.pdf (zuletzt überprüft am 03.07.2020).

99 *Grotherr*, IStR 2015, 845 (846 f.).

100 BGBl. II 2015, 966.

101 Vgl. OECD, Reservations and Declarations for Treaty No. 127 – Convention on Mutual Administrative Assistance in Tax Matters, abrufbar über www.coe.int/en/web/conventions/search-on-treaties/-/conventions/treaty/127/declarations, (zuletzt überprüft am 03.07.2020).

die Vorgehensweise bei der Erarbeitung des Themas dieser Arbeit beeinflussen. Denn Ergebnis dieser geschichtlichen Betrachtung ist vor allem, dass bei Ausarbeitung des Amtshilfeübereinkommens viele andere Rechtsgrundlagen der internationalen Amtshilfe als Orientierungsgrundlage dienten. Um das Übereinkommen somit in das System der internationalen Amtshilfe einordnen zu können und die unterschiedlichen Rechtsgrundlagen voneinander abzugrenzen, wird es an verschiedenen Stellen der Bearbeitung notwendig sein, für die Auslegung auf andere Rechtsgrundlagen der internationalen Amtshilfe zurückzugreifen. Dies ist notwendig, weil das Amtshilfeübereinkommen gerade nicht „am grünen Tisch" entworfen wurde, sondern vielmehr bereits bestehende Abkommen und Vereinbarungen als Grundlage der Ausarbeitung dienten. Diese Regelwerke können deshalb im Einzelfall einen Ausgangspunkt für die Auslegung des Amtshilfeübereinkommens bieten. Eine derartige Vorgehensweise hat auch den Vorteil, dass die Auslegung des Amtshilfeübereinkommens im Sinne einer einheitlichen Rechtsanwendung erfolgt und die Auslegung nicht losgelöst von allen anderen Rechtsgrundlagen erfolgt. Dieses Ergebnis der historischen Auslegung entspricht auch dem Willen der Vertragsstaaten des Abkommens.[102]

---

102 Vgl. Absatz 6 der Einführung des AmtshÜ-MK, wonach den Bestimmungen des OECD-Musterabkommens entsprechende Vorschriften dieselbe Bedeutung zukommt.

D. Einführung zum Amtshilfeübereinkommen

I. Allgemeines

1. Ziel und Zweck des Übereinkommens

Ziel des Amtshilfeübereinkommens ist gemäß Art. 1 Abs. 1 AmtshÜ, dass die Vertragsparteien einander Amtshilfe in Steuersachen leisten. Dabei umfasst die Amtshilfe gemäß Art. 1 Abs. 2 AmtshÜ den Informationsaustausch, einschließlich gleichzeitiger Steuerprüfungen und der Teilnahme an Steuerprüfungen im Ausland (Art. 1 Abs. 2 lit. a AmtshÜ). Ferner wird die Amtshilfe bei der Beitreibung einschließlich Sicherungsmaßnahmen erfasst (Art. 1 Abs. 2 lit. b AmtshÜ) sowie die Amtshilfe bei der Zustellung von Schriftstücken (Art. 1 Abs. 2 lit. c AmtshÜ).

Die Erbringung gegenseitiger Amtshilfemaßnahmen folgt der Erwägung, dass durch die Entwicklung des internationalen Wirtschaftsverkehrs auch die Möglichkeiten der Steuervermeidung und Steuerhinterziehung zunahmen und deshalb zwischen den Staaten abgestimmte Anstrengungen erforderlich sind, um alle Formen der Amtshilfe zu fördern. Gleichzeitig soll das Übereinkommen aber nicht nur den Steuerverwaltungen, sondern auch dem Schutz der Steuerpflichtigen dienen.[103] So soll das Übereinkommen auch dafür sorgen, dass die steuerlichen Pflichten zutreffend bestimmt und gleichzeitig die Rechte der Steuerpflichtigen gesichert werden. Bezweckt ist insbesondere deren Schutz vor Diskriminierung und Doppelbesteuerung. Auch sollen keine Maßnahmen durchgeführt werden, die nicht im Einklang mit dem innerstaatlichen Recht oder der Verwaltungspraxis eines Staates stehen. Schließlich ist auch die Vertraulichkeit der Auskünfte zu schützen, ebenso wie die Persönlichkeitsrechte der Steuerpflichtigen.[104] Die Änderung des Übereinkommens durch das Protokoll im Jahr 2010 diente insbesondere dazu, das Vertragswerk an das seit Abschluss

---

103 Vgl. hierzu die Erwägungsgründe 2–7 der Präambel zum Amtshilfeübereinkommen, RegE AmtshÜ vom 15.06.2015, BT-Drs. 18/5173, S. 9.

104 *Runge*, RIW 1986, 704 (705).

veränderte Umfeld anzupassen und es einer größeren Zahl an Staaten zugänglich zu machen.[105]

2. Aufbau des Amtshilfeübereinkommens

Nach einführenden Worten in der Präambel des Amtshilfeübereinkommens werden im ersten Kapitel vor allem allgemeine Fragen behandelt, wie das Ziel des Übereinkommens und die unter das Einkommen fallenden Personen und Steuern (Art. 1 und 2 AmtshÜ).[106] Der Inhalt des Kapitels II beschränkt sich auf die in Art. 3 AmtshÜ enthaltenen Begriffsbestimmungen.[107] In Kapitel III finden sich Regelungen zu den Formen der Amtshilfe. Begonnen wird dieses Kapitel mit Art. 4 AmtshÜ, in dem sich allgemeine Bestimmungen finden, die für alle Formen der Amtshilfe gelten. Art. 5-17 AmtshÜ regeln die einzelnen Instrumente des Amtshilfeübereinkommens, welche gemäß Art. 21 AmtshÜ durch die Auskunftsverweigerungsrechte beziehungsweise gemäß Art. 22 AmtshÜ durch Vorschriften zur Geheimhaltung ergänzt werden.[108] Art. 21, 22 AmtshÜ in Kapitel IV des Übereinkommens schützen die subjektiven Rechte des Steuerpflichtigen und setzen der gegenseitigen Amtshilfe Schranken.[109] In Kapitel V befinden sich technische Regelungen insbesondere zur Durchführung des Übereinkommens sowie zu Sprache, Kosten und zur Unterzeichnung beziehungsweise Inkrafttreten des Übereinkommens, vgl. Art. 24-32 AmtshÜ.

Ferner enthält das Übereinkommen in Bezug auf jeden Teilnehmerstaat drei Anlagen. In Anlage A werden entsprechend Art. 2 Abs. 2 AmtshÜ einzelstaatsbezogen diejenigen Steuern aufgeführt, für die das Übereinkommen gilt. In den Anlagen B und C werden die zuständigen Behörden genannt, vgl. Art. 3 Abs. 1 lit. d AmtshÜ beziehungsweise die Definition des Begriffs der Staatsangehörigkeit, vgl. Art. 3 Abs. 1 lit. e AmtshÜ.

---

105 Vgl. hierzu auch Erwägungsgründe 1–3 der Präambel des Protokolls zur Änderung des Amtshilfeübereinkommens, RegE AmtshÜ vom 15.06.2015, BT-Drs. 18/5173, S. 28; siehe hierzu auch schon die Ausführungen unter C.I.

106 Vgl. hierzu unter D.II.

107 Vgl. hierzu unter D.I.4.

108 Vgl. hierzu unter Abschnitt E.

109 *Grotherr*, IStR 2015, 845 (855 f.).

3. Berücksichtigung von Änderungen durch das Protokoll

Das Amtshilfeübereinkommen wurde im Jahr 2010 durch ein Ergänzungsprotokoll[110] geändert und weiterentwickelt, das der Angleichung des Übereinkommens an den internationalen Standard zum Informationsaustausch diente. Darüber hinaus sollte der Beitritt auch für Staaten ermöglicht werden, die weder Mitglied des Europarats noch der OECD sind.[111]

Obwohl das Amtshilfeübereinkommen erst im Jahr 2015 in deutsches Recht umgesetzt wurde, wurde der Ursprungstext des Übereinkommens aus dem Jahr 1988 im Gesetzentwurf nicht um die Änderungen durch das Protokoll aus dem Jahr 2010 bereinigt. Eine derartige konsolidierte Fassung wurde nicht erstellt, um das Gesetzgebungsverfahren korrekt durchzuführen. Denn Art. IX des Protokolls zum Amtshilfeübereinkommen sieht vor, dass sowohl das Übereinkommen als auch das Protokoll der Ratifikation, Annahme oder Genehmigung bedürfen. Konkret hat dies zur Folge, dass für die richtige Anwendung des Amtshilfeübereinkommens dessen Vorschriften nicht ungeprüft angewendet werden können. Vielmehr muss zunächst das Protokoll auf etwaige Änderungen des Amtshilfeübereinkommens überprüft werden, wobei diese Änderungen anschließend anstelle der ursprünglichen Normen im Amtshilfeübereinkommen angewendet werden.[112]

4. Auslegung des Amtshilfeübereinkommens

Die Auslegung eines internationalen Abkommens weist einige Unterschiede zur Auslegung nationaler Normen auf, da die Normen einen vom innerstaatlichen Steuerrecht unabhängigen und geschlossenen Regelungskreis darstellen. Wegen der unterschiedlichen Begriffswelten verbietet es sich grundsätzlich, die Normen internationaler Abkommen im Lichte des innerstaatlichen Rechts auszulegen.[113] Die folgende Darstellung soll einen Überblick zur Herangehensweise bei der Auslegung internationaler steuerrechtlicher Verträge und insbesondere des Amtshilfeübereinkommens geben. Dabei wird zunächst allgemein auf die

---

110 Vgl. hierzu Ziffer A. der Denkschrift zum Amtshilfeübereinkommen, RegE AmtshÜ vom 15.06.2015, BT-Drs. 18/5173, S. 35.

111 *Czakert*, Neue Entwicklungen bei der steuerlichen Amtshilfe, S. 43.

112 *Grotherr*, IStR 2015, 845 (846).

113 *Schaumburg/Häck*, in: Schaumburg, Internationales Steuerrecht, Rn. 19.50 f; *Vogel*, IStR 2003, 523 (524).

Auslegung im Völkerrecht eingegangen, bevor konkret die Auslegung des Amtshilfeübereinkommens betrachtet wird.

a) Allgemeine Auslegungsregeln im Völkerrecht

Auf völkerrechtliche Verträge wendet der Bundesfinanzhof die Regelungen aus der Wiener Vertragsrechtskonvention[114] an.[115] Da die WÜRV nicht nur auf bilaterale Verträge, sondern auch auf multilaterale Verträge anwendbar ist,[116] kann davon ausgegangen werden, dass diese ebenso auf das Amtshilfeübereinkommen anwendbar ist. Denn hierbei handelt es sich ebenfalls um einen internationalen Vertrag, der nach Art. 59 Abs. 2 GG in nationales Recht umgesetzt wurde.[117] Gemäß Art. 31 Abs. 1 WÜRV ist ein Vertrag nach Treu und Glauben mit der gewöhnlichen, seinen Bestimmungen in ihrem Zusammenhang zukommenden Bedeutung und im Lichte seines Zieles und Zweckes auszulegen. Art. 31 Abs. 1 WÜRV legt somit die Auslegung nach dem Wortlaut, der Systematik sowie nach Sinn und Zweck als grundlegende Auslegungsmethoden fest.[118] Als ergänzende Auslegungsmittel können gemäß Art. 32 WÜRV auch die vorbereitenden Arbeiten und die Umstände des Vertragsschlusses herangezogen werden, um die Bedeutung eines Begriffs zu bestätigen oder die Bedeutung zu bestimmen, wenn die Auslegung nach Art. 31 WÜRV die Bedeutung mehrdeutig oder dunkel lässt oder zu einem offensichtlich sinnwidrigen oder unvernünftigen Ergebnis führt, vgl. Art. 32 lit. a, b WÜRV. Damit ist auch die Entstehungsgeschichte zulässiges Auslegungsmittel, welche wegen Art. 31 Abs. 4 WÜRV nicht nur subsidiär herangezogen werden darf. Denn die danach nötige Absicht der Vertragsparteien kann sich auch aus der Rechtsentwicklung ergeben.[119] So gesehen unterscheidet sich die Auslegung völkerrechtlicher Verträge nicht von der Auslegung anderer Vorschriften, da grundlegend eine Auslegung nach Wortlaut, Systematik, Sinn und Zweck sowie Entstehungsgeschichte zu erfolgen hat. Die Gewichtung der historischen Argumente erfolgt dabei nach ihrer Überzeugungskraft.[120]

---

114 Im Folgenden: WÜRV; die nationale Umsetzung erfolgte durch das Gesetz zu dem Wiener Übereinkommen vom 23.05.1969 über das Recht der Verträge vom 03.08.1985, BGBl. II 1985, 926.

115 Vgl. z.B. BFH, Beschluss v. 21.08.2015 – I R 63/13, BFH/NV 2016, 36 Rn. 19; BFH, Urt. v. 10.06.2015 – I R 79/13, BFHE 250, 110 Rn. 16, 24.

116 *Delbrück*, Völkerrecht I/3, S. 639.

117 Vgl. hierzu schon unter B.III.

118 *Delbrück*, Völkerrecht I/3, S. 640 ff.

119 *Ault*, Intertax 1994, 144 (146).

120 *Lang*, IWB 2011, 281 (283).

b) *Begriffsbestimmungen im Amtshilfeübereinkommen*

Ausgangspunkt der Auslegung des Amtshilfeübereinkommens sind die darin geregelten Begriffsbestimmungen. So werden in Art. 3 AmtshÜ die wichtigsten Begriffe des Amtshilfeübereinkommens erläutert. Diese Begriffsbestimmungen sind deshalb so wichtig, weil die Bedeutung der einzelnen Begriffe im Abkommen und im nationalen Recht voneinander abweichen können. Insoweit gibt es zwar unter Umständen eine Begriffsparallelität zum nationalen Recht, jedoch keine Begriffsidentität.[121] Erst wenn die Auslegungsprobleme nicht anhand der Bestimmungen in Art. 3 AmtshÜ gelöst werden können, stellt sich die Frage nach weiteren Möglichkeiten der Auslegung.

c) *Auslegungsregeln bei Fehlen von Begriffsbestimmungen*

(aa) *Fragestellung*

Hinsichtlich der im Übereinkommen nicht definierten Begriffe bestimmt Art. 3 Abs. 2 AmtshÜ, dass diese die Bedeutung haben, die ihnen nach dem Recht der betreffenden Vertragspartei über die Steuern zukommt, die unter das Übereinkommen fallen. Eingeschränkt wird die Möglichkeit des Rückgriffs auf das nationale Recht durch den Zusammenhang des Amtshilfeübereinkommens. Denn vor einer Anwendung des nationalen Rechts ist zu prüfen, ob der Zusammenhang nicht etwas anderes als eine Auslegung nach innerstaatlichem Recht erfordert, Art. 3 Abs. 2 AmtshÜ. Insbesondere Reichweite und Umfang des Begriffs des „Zusammenhangs“ stellen den Rechtsanwender dabei vor Probleme und werfen damit die Frage auf, unter welchen genauen Umständen für die Auslegung auf das nationale Recht zurückgegriffen werden darf.

Die Regelung im Amtshilfeübereinkommen entspricht in großen Teilen der Regelung des Art. 3 Abs. 2 OECD-MA in den DBA.[122] Grund dafür ist, dass bei der Ausarbeitung des Amtshilfeübereinkommens sowie der vorausgehenden Entwürfe das OECD-Musterabkommen für DBA einen Ausgangspunkt der Arbeit der OECD beziehungsweise des Europarats darstellte.[123] Folglich weisen auch einige der Vorschriften in den beiden Abkommen Ähnlichkeiten auf.[124]

---

121 *Schaumburg/Häck*, in: Schaumburg, Internationales Steuerrecht, Rn. 19.58.

122 Einziger Unterschied ist, dass die DBA noch eine weitere Einschränkung vorgeben, wonach die Bedeutung eines Begriffs nach dem nationalen Steuerrecht Vorrang hat vor der Bedeutung nach einem anderen Recht des betroffenen Staates, vgl. Art. 3 Abs. 2 a.E. OECD-MA.

123 Vgl. hierzu schon C.I.

124 *Runge*, RIW 1986, 704 (705).

Aus diesem Grund orientiert sich auch die im Folgenden vorgenommene Auslegung des Art. 3 Abs. 2 AmtshÜ an der Norm des Art. 3 Abs. 2 OECD-MA. Dabei soll zunächst auf die Auslegung des Art. 3 Abs. 2 OECD-MA eingegangen werden und im Anschluss daran untersucht werden, ob diese Auslegung auch auf Art. 3 Abs. 2 AmtshÜ übertragen werden kann. Dies entspricht auch dem Willen der Vertragsstaaten in Bezug auf Vorschriften, die denen des OECD-Musterabkommens entsprechen.[125]

(bb) Meinungsstand bei Art. 3 Abs. 2 OECD-MA

Beim Begriff des „Zusammenhangs" im Rahmen des Art. 3 Abs. 2 OECD-MA besteht Uneinigkeit darüber, ob sich aus dieser Norm im Ergebnis ein landesrechtlicher Vorrang ergibt, wonach bei einer fehlenden Regelung eines Begriffs das nationale Recht des Anwenderstaates Vorrang hat oder ein völkerrechtlicher Vorrang besteht, wonach die Auslegung eines unbekannten Begriffs zunächst im Rahmen des Abkommens zu erfolgen hat und nur im Ausnahmefall auf das nationale Recht zurückgegriffen werden soll.[126] Dieselbe Frage stellt sich auch bei Art. 3 Abs. 2 AmtshÜ, denn nach dieser Regelung ist der Rückgriff auf das nationale Recht ebenfalls nur dann möglich, wenn der Zusammenhang nichts anderes erfordert.

Teilweise wird im Rahmen des Art. 3 Abs. 2 OECD-MA vertreten, dass sich aus dieser Norm der Vorrang einer landesrechtlichen Abkommensauslegung ablesen lasse.[127] Die Frage, ob der Zusammenhang eine andere Auslegung eines Ausdrucks als nach nationalem Recht erfordere, lasse sich aus logischen Gründen erst dann beantworten, wenn zuvor dessen Bedeutung nach innerstaatlichem Recht festgestellt worden wäre.[128] Ferner erleichtere es die Verwaltungspraxis, wenn die lokalen Behörden bei der Auslegung des Abkommens das aus dem nationalen Recht bekannte Verständnis heranziehen könnten.[129]

Nach der Gegenansicht lasse sich aus der Vorschrift gerade eine abkommensautonome Auslegungsweise herauslesen, da nach dem Wortlaut der Vorschrift vorrangig auf das Abkommen abzustellen sei, bevor auf das nationale Recht zurückgegriffen werden könne.[130] Diese Auslegung folge auch aus historischen

125 Vgl. Absatz 6 der Einführung des AmtshÜ-MK.
126 *Wassermeyer*, in: Wassermeyer et al., DBA, Art. 3 MA Rn. 82.
127 Vgl. zum Meinungsstand bei *Gosch*, ISR 2013, 87 (88).
128 *Dürrschmidt*, in: Vogel/Lehner, DBA, Art. 3 Rn. 119.
129 *Lang*, IWB 2011, 281 (287).
130 *Gosch*, ISR 2013, 87 (88); *Anger/Wagemann*, IStR 2014, 611 (615).

Argumenten sowie aus Sinn und Zweck einer einheitlichen Interpretation des völkerrechtlichen Vertrags. Denn die effektive Durchsetzung wäre gefährdet, wenn jeder Staat sein eigenes Begriffsverständnis anwenden würde.[131] Ein Rückgriff auf das innerstaatliche Recht des jeweiligen Anwenderstaates komme daher nur in höchst seltenen Ausnahmefällen in Betracht.[132]

Der *Bundesfinanzhof* hat zu dieser Frage selten eine eindeutige Position bezogen und häufig pragmatisch entweder den Zusammenhang des Abkommens oder das innerstaatliche Recht in den Mittelpunkt der Auslegung gestellt.[133] Daran lässt sich erkennen, dass die Streitfrage keine große praktische Relevanz aufweist. In einigen Entscheidungen lässt sich allerdings eine Tendenz des *Bundesfinanzhofs* hin zu einer völkerrechtlichen Theorie erkennen.[134] In einer neueren Entscheidung heißt es dazu, dass zunächst nach dem Wortlaut und den Definitionen des Abkommens, sodann nach dem Sinn und dem Vorschriftenzusammenhang innerhalb des Abkommens und schließlich nach den Begriffsbestimmungen des innerstaatlichen Rechts auszulegen sei.[135]

Nimmt man die Reichweite des Art. 3 Abs. 2 AmtshÜ in den Blick, scheint dabei relativ unstreitig zu sein, dass ein subsidiärer Rückgriff auf das nationale Recht entsprechend dem Wortlaut der Vorschrift nur in Bezug auf einzelne Begriffe des Abkommens möglich ist. Hingegen dürfen keine Vertragslücken im Wege der Analogie unter Heranziehung nationalen Rechts geschlossen werden. Anderenfalls käme es zu einer unterschiedlichen Auslegung und Anwendung des Abkommens in den unterschiedlichen Vertragsstaaten und die Regelungshomogenität des Abkommens wäre gestört. Zwar birgt auch hinsichtlich einzelner Begriffe der Rückgriff auf nationales Recht die Gefahr einer unterschiedlichen Anwendung. Diese Gefahr ist jedoch zu rechtfertigen, wenn anderenfalls eine Anwendung von Vorschriften des Abkommens versagt bliebe.[136]

---

131 *Lang*, IWB 2011, 281 (289); *Anger/Wagemann*, IStR 2014, 611 (615); *Gosch*, ISR 2013, 87 (88).

132 *Lang*, IWB 2011, 281 (288).

133 BFH, Urt. v. 25.02.2004 – I R 42/02, BFHE 206, 5 Rn. 29; BFH, Urt. v. 26.08.2010 – I R 53/09, BFHE 231, 63 Rn. 14; BFH, Urt. v. 21.08.1985 – I R 63/80, BFHE 144, 428 Rn. 16 ff.; BFH, Urt. v. 27.01.1988 – I R 241/83, BFHE 153, 5 Rn. 17 ff.; BFH, Urt. v. 11.04.1990 – I R 75/88, BFHE 260, 513 Rn. 12.

134 *Pohl*, in: Schönfeld/Ditz, DBA, Art. 3 Rn. 74.

135 BFH, Urt. v. 26.08.2010 – I R 53/09, BFHE 231, 63 Rn. 14.

136 *Schaumburg/Häck*, in: Schaumburg, Internationales Steuerrecht, Rn. 19.64 f; *Dürrschmidt*, in: Vogel/Lehner, DBA, Art. 3 Rn. 102.

(cc) Stellungnahme zur Auslegung des Art. 3 Abs. 2 AmtshÜ

Da die Regelung des Art. 3 Abs. 2 OECD-MA vorliegend nicht Gegenstand der Untersuchung ist, kann dahingestellt bleiben, ob im Rahmen des Art. 3 Abs. 2 OECD-MA eine völkerrechtliche oder eine abkommensautonome Auslegung zu bevorzugen ist. Allerdings können grundsätzlich in Bezug auf Art. 3 Abs. 2 AmtshÜ dieselben Argumente herangezogen werden, wie es auch bei Art. 3 Abs. 2 OECD-MA der Fall ist. So kann auch hier eine landesrechtliche oder eine abkommensautonome Auslegungsweise dem Begriff des „Zusammenhangs" zugrunde gelegt werden, da auch hier wegen des vergleichbaren Wortlauts der Vorschriften beide dieser Möglichkeiten in Frage kommen. Meiner Auffassung nach sollte aber im Falle des Amtshilfeübereinkommens noch eher als bei Art. 3 Abs. 2 OECD-MA eine Auslegung vorrangig anhand des Übereinkommens erfolgen und daher nur nachrangig auf das nationale Recht zurückgegriffen werden.

Sinn und Zweck des Übereinkommens sprechen für die Annahme, dass im Rahmen des Art. 3 Abs. 2 AmtshÜ eine Auslegung vorrangig anhand des Amtshilfeübereinkommens zu erfolgen hat. Dieser besteht nach der Präambel des Amtshilfeübereinkommens allgemein darin, alle Formen der Amtshilfe im Zusammenhang mit Steuern jeder Art zu fördern. Ferner soll durch eine verstärkte Zusammenarbeit der Zunahme von Steuervermeidung und -hinterziehung entgegengetreten werden. Auch ist es Zweck des Amtshilfeübereinkommens, die ordnungsgemäße Ermittlung der Steuerpflicht zu erleichtern, einen angemessenen Schutz der Steuerpflichtigen zu gewährleisten und die Steuerpflichtigen bei der Wahrnehmung ihrer Rechte zu unterstützen.[137] Hierin liegt der maßgebliche Unterschied zwischen dem Amtshilfeübereinkommen und den DBA. Während ersteres darauf abzielt, die internationale Zusammenarbeit im Bereich der Amtshilfe zu verbessern, geht es bei Letzteren um die Vermeidung einer Doppelbesteuerung beziehungsweise die Vermeidung einer doppelten Nichtbesteuerung.[138] Insofern spielt das nationale Recht im Falle der DBA eine weitaus größere Rolle, weil die Abkommensvorschriften der DBA direkt an nationale Besteuerungstatbestände anknüpfen und das Besteuerungsrecht eines Staates beschränken. Steuerschuldner, Steuergegenstand und die Bemessungsgrundlage des innerstaatlichen Rechts müssen daher abkommensrechtlich aufgegriffen werden, weshalb ein direkter Bezug zum jeweiligen nationalen

---

137 Vgl. Beweggründe 2–5 der Präambel zum Amtshilfeübereinkommen, RegE AmtshÜ vom 15.06.2015, BT-Drs. 18/5173, S. 47.

138 *Dürrschmidt*, in: Vogel/Lehner, DBA, Art. 3 Rn. 116d.

Recht besteht.[139] Im Rahmen des Amtshilfeübereinkommens hingegen muss ein nationaler Besteuerungstatbestand noch nicht zwingend erfüllt sein und das nationale Recht hat eine geringere Bedeutung. Primärer Zweck des Amtshilfeübereinkommens ist die Förderung der internationalen Amtshilfe durch Schaffung eines eigenständigen Regelwerkes, ohne dabei in vergleichbarer Weise wie in den DBA auf nationale Tatbestände Rücksicht zu nehmen. So ist beispielsweise ein Informationsaustausch gemäß Art. 4 Abs. 1 AmtshÜ für die Informationen vorgesehen, die für die Anwendung beziehungsweise Durchsetzung des innerstaatlichen Rechts betreffend die unter das Übereinkommen fallenden Steuern „voraussichtlich" erheblich sind. Ein nationaler Besteuerungstatbestand muss hier somit nicht verwirklicht worden sein und auch in Zukunft nicht zwangsläufig verwirklicht werden. Aus diesen Gründen erscheint ein Rückgriff auf das nationale Recht im Rahmen des Amtshilfeübereinkommens systemfremder als im Falle von DBA.

Dem Ziel der Förderung der internationalen Amtshilfe entspricht es ebenfalls, einen Rückgriff auf das jeweilige nationale Recht zur Auslegung weitestgehend zu vermeiden. Denn ohne das Risiko einer unterschiedlichen Auslegung des Übereinkommens durch verschiedene Vertragsstaaten kann das Ziel einer möglichst großen Effektivität des Übereinkommens am besten durch einheitliche Auslegung und Anwendung erreicht werden.[140]

(dd) Ergebnis

Als Ergebnis kann festgehalten werden, dass die sich in Bezug auf Art. 3 Abs. 2 OECD-MA und Art. 3 Abs. 2 AmtshÜ stellenden Fragen vergleichbar sind. Bei Anwendung des Art. 3 Abs. 2 AmtshÜ sollte eine Auslegung von Begriffen grundsätzlich erst anhand des Abkommens selbst erfolgen. Wenn die Auslegung nicht zu einem eindeutigen Ergebnis führt, kann nachrangig auf das jeweilige nationale Recht zurückgegriffen werden. Zu empfehlen ist daher das folgende Vorgehen:[141] Vorrangig ist zu prüfen, ob der auslegungsbedürftige Begriff in Art. 3 Abs. 1 AmtshÜ definiert ist. Ist dies nicht der Fall, ist zu untersuchen, ob das Amtshilfeübereinkommen andere Hinweise zur Auslegung eines bestimmten Begriffs enthält. Im Hinblick auf die Entstehungsgeschichte des

---

139 *Lang*, IWB 2011, 281 (289 f.).

140 Vgl. zu diesem grundsätzlichen Argument der Effektivität auch *Lang*, IWB 2011, 281 (288).

141 Vgl. ebenso im Zusammenhang mit Art. 3 Abs. 2 OECD-MA: *Wassermeyer*, in: Wassermeyer et al., DBA, Art. 3 MA Rn. 81.

Amtshilfeübereinkommens dürfte hier auch ein Rückblick auf andere Rechtsgrundlagen der internationalen Amtshilfe in Betracht kommen, da diese oftmals Vorbild beim Entwurf des Amtshilfeübereinkommens waren.[142] Erst wenn dies auch nicht der Fall ist, kann auf eine Begriffsdefinition des nationalen Rechts zurückgegriffen werden.[143]

d) Bedeutung des Kommentars zum Übereinkommen

(aa) Fragestellung

Im Zusammenhang mit der Auslegung des Amtshilfeübereinkommens ist auch noch die Rolle des Kommentars zum Amtshilfeübereinkommen und dessen Bedeutung zu untersuchen. Der Kommentar wurde von einem Expertengremium der OECD vorbereitet und dem Ministerkomitee des Europarates sowie dem Rat der OECD übermittelt. Anschließend wurde der Kommentar durch den OECD-Ausschuss in Steuerangelegenheiten gebilligt.[144] Die Kommentare werden als „Empfehlungen" (*recommendations*) des Rates der OECD verabschiedet. Im Gegensatz zu „Entscheidungen" (*decisions*) sind diese Empfehlungen nicht bindend, sondern sie sind nach Art. 18 lit. b der Verfahrensordnung der OECD den Mitgliedsstaaten zur Prüfung zu unterbreiten, ob sie es für angebracht (*opportune*) halten, ihnen zu folgen.[145] Eine unmittelbare völkerrechtliche Bindung der Vertragsstaaten ergibt sich auch nicht aus dem Amtshilfeübereinkommen selbst, da in diesem beziehungsweise im Protokoll nicht auf den Musterkommentar verwiesen wird. Der Kommentar ist somit kein Bestandteil des Übereinkommens selbst. Auch handelt es sich im Hinblick auf seinen Inhalt nicht um Völkergewohnheitsrecht.[146] Selbst die Verfasser des Kommentars gehen nicht davon aus, dass er zwingende Vorgaben für die Auslegung des Amtshilfeübereinkommens enthält. Vielmehr soll er das Verständnis der Vorschriften des Übereinkommens erleichtern.[147]

Ausgangspunkt der Untersuchung ist zunächst die parallele Problematik der Bedeutung des Kommentars bei den DBA, um auf dieser Grundlage

---

142 Vgl. hierzu bereits unter C.I.

143 *Wassermeyer*, in: Wassermeyer et al., DBA, Art. 3 MA Rn. 81.

144 Vgl. Absatz 5 der Einführung des AmtshÜ-MK.

145 *Lehner*, in: Vogel/Lehner, DBA, Grundlagen Rn. 124b.

146 *Schaumburg/Häck*, in: Schaumburg, Internationales Steuerrecht, Rn. 19.76.

147 Vgl. Absatz 5 der Einführung des AmtshÜ-MK.

Rückschlüsse auf die Bedeutung des Kommentars zum Amtshilfeübereinkommen zu ziehen.[148]

(bb) Meinungsstand beim OECD-Musterkommentar

Überwiegend anerkannt ist, dass der OECD-Musterkommentar im Rahmen der allgemeinen Auslegungsregeln der Wiener Vertragsrechtskonvention bei der Auslegung von DBA Bedeutung hat.[149] Es bestehe zumindest eine faktische Verpflichtung, den Empfehlungen zu folgen, da die Mitgliedsstaaten an der Ausarbeitung des Musterabkommens und des Kommentars beteiligt gewesen seien.[150] Hinter dieser Auffassung steht die Vermutung, dass die Vertragsstaaten mit der Übernahme des Abkommenstextes auch dessen Auslegung übernehmen wollten.[151] Es besteht jedoch Uneinigkeit hinsichtlich der Frage, nach welcher Vorschrift der Wiener Vertragsrechtskonvention der Kommentar bei der Auslegung zu berücksichtigen ist und welche Bedeutung dieser somit hat.[152]

Teilweise wird die Ansicht vertreten, bei der in den Kommentaren genannten Auslegung handele es sich um die „gewöhnliche Bedeutung" der in den Abkommen geregelten Begriffe. Die Kommentare zu den DBA seien daher gemäß Art. 31 Abs. 1 WÜRV bei der Auslegung internationaler Abkommen erheblich.[153] Alternativ wird den in den Kommentaren geregelten Begriffen eine „besondere Bedeutung" beigemessen und eine Anwendung daher nach Art. 31 Abs. 4 WÜRV begründet. Der Kommentar sei der Hintergrund des Vertrages, wohingegen die zwischen zwei Vertragsstaaten getroffenen Regelungen einen Ausgleich zwischen den unterschiedlichen Steuersystemen zweier Vertragsstaaten darstellten. Zwar seien vereinzelte Regelungen speziell nur zwischen den beiden Vertragsstaaten ausgehandelt. Der Großteil der Regelungen beruhe jedoch noch immer auf dem Musterabkommen. Man könne daher schlussfolgern, dass die Vertragsstaaten bei einem späteren Auslegungsproblem auf die Auslegung nach dem Musterkommentar zurückgreifen wollten.[154] Gemeinsam ist den beiden genannten Positionen, dass der Kommentar als primäres

---

148 Diese Vorgehensweise erfolgt wiederum im Hinblick auf Abs. 6 der Einführung des AmtshÜ-MK.

149 Generell ablehnend gegenüber einer Anwendung des WÜRV: *Ribes*, Intertax 2010, 21 (24).

150 *Hendricks*, Internationale Informationshilfe, S. 125, 129.

151 *Vogel*, IStR 2003, 523 (527).

152 *Lehner*, in: Vogel/Lehner, DBA, Grundlagen Rn. 125 ff.

153 *Prokisch*, SWI 1994, 52 (58 f.).

154 *Ault*, Intertax 1994, 144 (146).

Auslegungsmittel betrachtet wird und daher nicht nur subsidiär bei der Auslegung zu berücksichtigen ist.[155]

Überwiegend wird diese Betrachtungsweise jedoch abgelehnt und ein Kommentar zu einem DBA nur als ergänzendes Auslegungsmittel gemäß Art. 32 WÜRV betrachtet.[156] Der Kommentar sei bei der Auslegung daher nur subsidiär zu berücksichtigen. Ausschlaggebend sei allein der individuell vereinbarte Abkommenstext. Nur soweit dieser die Möglichkeit einer Auslegung des Abkommens in Übereinstimmung mit dem Kommentar ermögliche, stehe nichts entgegen, den Kommentar als bekräftigend und erläuternd in Position zu bringen. Für eine weitgehendere Auslegung eigne sich der Kommentar jedoch nicht.[157]

Einigkeit besteht somit weitestgehend in der Annahme, dass der Kommentar zum OECD-Musterabkommen bei der Auslegung von DBA Berücksichtigung findet. Unterschiede finden sich jedoch in der Bedeutung, die dem Kommentar beigemessen wird, nämlich ob dieser als primäres Auslegungsmittel (Art. 31 WÜRV) oder lediglich ergänzend (Art. 32 WÜRV) heranzuziehen ist.

Ähnliches gilt auch für den Musterkommentar zum TIEA-Musterabkommen. Schließen zwei oder mehrere Staaten ein spezielles Informationsaustauschabkommen und folgen hierbei weitestgehend dem Muster, spreche die widerlegbare Vermutung dafür, dass die Vertragsstaaten die übereinstimmenden Passagen im Sinne des Musterabkommens und des dazugehörigen Kommentars verstanden wissen wollten. Der Musterkommentar kann daher als ergänzendes Auslegungsmittel herangezogen werden.[158]

(cc) Stellungnahme zum Amtshilfeübereinkommen

Meiner Auffassung nach sollte der Kommentar zum Amtshilfeübereinkommen vorzugsweise als primäres Auslegungsmittel gemäß Art. 31 WÜRV herangezogen werden und nicht nur als ergänzendes Auslegungsmittel gemäß Art. 32 WÜRV, wie dies beim OECD-Musterabkommen der Fall ist.

Dies folgt insbesondere daraus, dass die maßgeblichen Gründe, die gegen eine Berücksichtigung des OECD-Musterkommentars als primäres Auslegungsmittel sprechen, im Zusammenhang mit dem Amtshilfeübereinkommen nicht

---

155 *Lehner*, in: Vogel/Lehner, DBA, Grundlagen Rn. 126 ff.

156 *Lang*, IWB 2011, 281 (285); *Lehner*, in: Vogel/Lehner, DBA, Grundlagen Rn. 126 ff.; vgl. z.B. Urteil des BFH v. 23.09.2008 - I R 57/07, BFH/NV 2009, 390; Urteil des BFH v. 25.05.2011 - I R 95/10, FR 2011, 1175; *Gosch*, ISR 2013, 87 (91).

157 *Gosch*, ISR 2013, 87 (91 f.); *Lehner*, in: Vogel/Lehner, DBA, Grundlagen Rn. 126 ff.

158 *Hendricks*, in: Wassermeyer et al., DBA, Vor Art. 1 MA-InfAust Rn. 23.

übernommen werden können. So wird für eine lediglich ergänzende Auslegung des OECD-Musterabkommens vorgebracht, dass der individuell vereinbarte Vertragstext Vorrang habe vor einer Auslegung anhand des Kommentars.

Zwar trifft dies grundsätzlich auch auf das Amtshilfeübereinkommen zu. Die Situation beim Amtshilfeübereinkommen unterscheidet sich hiervon jedoch in dem Punkt, dass es sich bei diesem nicht um ein bilaterales, sondern um ein multilaterales Abkommen handelt. Einzelne Klauseln werden daher nicht individuell zwischen einzelnen Vertragsstaaten ausgehandelt und vereinbArt. Vielmehr sind die Vertragsstaaten einem bereits feststehenden Abkommen beigetreten, das aufgrund seiner Multilateralität auch noch einer Vielzahl weiterer Staaten zur Verfügung steht. Eine Abweichung von den im Amtshilfeübereinkommen vorgesehenen Regelungen ist zwar in durchaus beachtlichem Umfang möglich, beispielsweise durch das Anbringen von Vorbehalten gemäß Art. 30 AmtshÜ. Allerdings führen diese dazu, dass gewisse Regelungen des Übereinkommens überhaupt nicht angewendet werden, hingegen werden Regelungen nicht nur inhaltlich modifiziert.[159] Aus diesem Grund überzeugt das Argument nicht, die Vertragsstaaten hätten wegen der individuellen Verhandlungen keinen Rückgriff auf die Kommentierung zu den allgemeinen Regelungen eines Musterabkommens beabsichtigt. Denn ein solches Musterabkommen existiert im Bereich des Amtshilfeübereinkommens gerade nicht, da dessen Vorschriften nicht nur Ausgangspunkt bi- oder multilateraler Verhandlungen sind. Es liegt stattdessen bereits ein vollständiges Abkommen vor, das dem Beitritt durch Staaten offensteht. Aus diesem Grund kann in der Konsequenz davon ausgegangen werden, dass sich die Vertragsstaaten bei ihrem Beitritt zum Amtshilfeübereinkommen darüber bewusst waren, dass der Kommentar bei einer Auslegung des Übereinkommens zugrunde gelegt würde. Weitergehend kann sogar unterstellt werden, dass dies gerade der Wille der Vertragsparteien war und sie sogar beabsichtigt haben, dass der Kommentar als primäres Auslegungsmittel gemäß Art. 31 WÜRV berücksichtigt werden soll. Denn wegen der Multilateralität verhilft nur eine möglichst einheitliche Anwendung dem Vertragswerk zu einer möglichst effektiven Durchsetzung und größtmöglichen Geltung.

(dd) Ergebnis

Im Ergebnis sollte somit davon ausgegangen werden, dass der Kommentar zum Amtshilfeübereinkommen als primäres Auslegungsmittel herangezogen werden kann. Ihm kommt daher bei der Auslegung des Amtshilfeübereinkommens

---

159 Vgl. zu einer Einschränkung des Anwendungsbereichs durch Vorbehalte D.I.5.

eine entscheidende Rolle zu. Hingegen dient der Kommentar nicht wie beim OECD-Musterabkommen nur als ergänzendes Auslegungsmittel, da die einzelnen Abkommensvorschriften im Amtshilfeübereinkommen nicht individuell ausgehandelt wurden.

5. Formelle Aspekte des Amtshilfeübereinkommens

Im Rahmen der Betrachtung des Amtshilfeübereinkommens stellen sich auch Fragen formeller Art, die es im Zuge einer Amtshilfemaßnahme zu beachten gilt.

a) Zuständigkeit

Welche Behörde im jeweiligen Vertragsstaat des Amtshilfeübereinkommens für die Durchführung der Amtshilfemaßnahmen zuständig ist, unterscheidet sich innerhalb der Vertragsparteien. Gemäß Art. 3 Abs. 1 lit. d AmtshÜ hat jeder Staat daher gesondert in Anlage B zum Übereinkommen die bei sich zuständige Behörde aufzulisten. Eine einheitliche Regelung wurde mit Rücksicht auf die unterschiedlichen Organisationsformen der am Abkommen beteiligten Staaten vermieden. Vielmehr sollen die Staaten frei entscheiden können, welche Behörde beziehungsweise Behörden für die Durchführung des Abkommens zuständig ist beziehungsweise sind.[160] Zuständige Behörde ist dabei in der Bundesrepublik Deutschland grundsätzlich das Bundeszentralamt für Steuern.[161] Diesem wurde gemäß § 5 Abs. 1 Nr. 5 FVG die Zuständigkeit des Bundesministeriums der Finanzen übertragen, ebenso wie die Abwicklung der internationalen Amtshilfe im Amtshilfeübereinkommen.[162] Abweichungen hiervon ergeben sich lediglich in Bezug auf Sozialversicherungsbeiträge, für die das Bundesministerium für Arbeit und Soziales zuständig ist sowie für besondere Verbrauchsteuern und die Einfuhrumsatzsteuer, für die das Zollkriminalamt zuständig ist.[163] Ferner besteht im Falle der Zustellung von Schriftstücken gemäß Art. 17 AmtshÜ eine Spezialzuständigkeit der Bundesstelle Vollstreckung Zoll beim Hauptzollamt Hannover.[164]

---

160 Vgl. Tz. 45 AmtshÜ-MK.

161 Vgl. Ziffer 1. der Anlage B zum Amtshilfeübereinkommen, RegE AmtshÜ vom 15.06.2015, BT-Drs. 18/5173, S. 47.

162 *Bozza-Bodden*, in: Achatz, Internationales Steuerrecht, S. 133 (161).

163 Vgl. Ziffern 2. und 3. der Anlage B zum Amtshilfeübereinkommen, RegE AmtshÜ vom 15.06.2015, BT-Drs. 18/5173, S. 47.

164 Vgl. Ziffer 4. der Anlage B zum Amtshilfeübereinkommen, RegE AmtshÜ vom 15.06.2015, BT-Drs. 18/5173, S. 47.

b) Verfahren und Form

Als vorgelagerte Form des Rechtsschutzes ist die Frage der Anhörung des betroffenen Steuerpflichtigen von besonderer Bedeutung, ebenso wie andere formelle Anforderungen, die im Rahmen einer Amtshilfemaßnahme zu beachten sind. Da diese formellen Voraussetzungen nach Art der Amtshilfemaßnahme sehr unterschiedlich sein können und sich nicht zwingend entsprechen, wird hierauf erst später im Rahmen der Betrachtung der einzelnen Amtshilfemaßnahmen nach dem Amtshilfeübereinkommen eingegangen. Zunächst sollen vorwiegend die allgemeinen Aspekte untersucht werden, die für alle Instrumente der Amtshilfe nach dem Amtshilfeübereinkommen gelten. Auf das Erfordernis einer Anhörung wird an einer späteren Stelle eingegangen.[165]

c) Formelle Anforderungen an ein Amtshilfeersuchen

Die Anforderungen an den Inhalt eines Amtshilfeersuchens sind in Art. 18 Abs. 1 lit. a-f AmtshÜ explizit aufgeführt. Sie betreffen teilweise alle Formen der Amtshilfe, teilweise nur bestimmte Instrumente. Grundsätzlich hat jedes Amtshilfeersuchen zunächst Angaben über die ersuchende Behörde zu enthalten, Art. 18 Abs. 1 lit. a AmtshÜ. Dies dient dazu, Nachfragen zu erleichtern und dem Steuerpflichtigen die Feststellung der betroffenen Steuerforderung anhand der zuständigen Behörde zu erleichtern.[166] Darüber hinaus sind Angaben zu machen, die die Identifizierung der Person, derentwegen das Ersuchen gestellt wird, ermöglichen, Art. 18 Abs. 1 lit. b AmtshÜ. Diese Angaben dienen dem ersuchten Staat zur Überprüfung, ob im ersuchenden Staat die begehrte Information für das Besteuerungsverfahren voraussichtlich erheblich ist.[167] Außerdem bleibt der ersuchende Staat gemäß Art. 18 Abs. 2 AmtshÜ auch nach Übermittlung eines Amtshilfeersuchens weiter verpflichtet, dem ersuchten Staat sachdienliche Informationen zu übermitteln, die ihm zur Kenntnis gelangen. Denn der ersuchende Staat ist dazu verpflichtet, alles zu unternehmen, um den bei der Leistung der Amtshilfe entstehenden Aufwand für den ersuchten Staat zu minimieren.[168]

---

165 Vgl. hierzu Abschnitt E.IX.1.
166 Vgl. Tz. 166,167 AmtshÜ-MK.
167 Vgl. zum Begriff der voraussichtlichen Erheblichkeit unter E.I.1.b.
168 Vgl. Tz. 173 AmtshÜ-MK.

d) Beantwortung eines Amtshilfeersuchens

In Art. 20 Abs. 1 AmtshÜ ist klarstellend geregelt, dass der ersuchte Staat den ersuchenden Staat so bald wie möglich über die getroffenen Maßnahmen sowie das Ergebnis der Amtshilfe zu unterrichten hat, wenn dem Amtshilfeersuchen entsprochen wird.[169] Wird das Ersuchen hingegen abgelehnt, ist der ersuchende Staat so bald wie möglich über diese Entscheidung sowie deren Gründe zu unterrichten, Art. 20 Abs. 2 AmtshÜ. Damit soll dem ersuchenden Staat die Möglichkeit gegeben werden, sein Ersuchen zu korrigieren oder nachzubessern.[170] Im Falle von Informationsersuchen sind die Informationen in der Form zu übermitteln, welche der ersuchende Staat in seinem Ersuchen um Amtshilfe angegeben hat, Art. 20 Abs. 3 AmtshÜ. Dies gilt jedoch nur, wenn der ersuchte Staat hierzu auch in der Lage ist. Hintergrund dieser Regelung ist es, das Amtshilfeübereinkommen möglichst effektiv auszugestalten, indem die ersuchte Information den größtmöglichen Nutzen für den ersuchenden Staat bietet.[171]

e) Widersprüchliche Informationen

Die Regelung zum Verfahren bei widersprüchlichen Informationen in Art. 10 AmtshÜ macht nochmals den kooperativen Charakter des Amtshilfeübereinkommens deutlich. So hat eine Vertragspartei, die Informationen über die steuerlichen Verhältnisse einer Person erhalten hat, welche mit den ihr zur Verfügung stehenden Informationen im Widerspruch stehen, die Vertragspartei hierüber zu informieren, welche die Informationen erteilt hat. Die Leistung der Amtshilfe beschränkt sich somit nicht auf einen reinen Informationsaustausch, sondern hat darüber hinaus den Zweck, in einem Vertragsstaat vorhandene, aber möglicherweise falsche Informationen zu korrigieren. Konkret kann dieser Fall eintreten, wenn ein Staat bereits von einem anderen Staat Informationen nach dem Amtshilfeübereinkommen erhalten hat. Bei einem Vergleich dieser Informationen mit bereits vorhandenen Informationen stellt der Vertragsstaat fest, dass diese Informationen nicht übereinstimmen. Nach Art. 10 AmtshÜ ist der die Informationen erhaltende Vertragsstaat verpflichtet, den übermittelnden Vertragsstaat über diesen Konflikt zu informieren, damit dieser seine eigenen Informationen auf ihre Richtigkeit überprüfen kann.[172]

---

169 Vgl. Tz. 174 AmtshÜ-MK.
170 Vgl. Tz. 176 AmtshÜ-MK.
171 Vgl. Tz. 177 AmtshÜ-MK.
172 Vgl. Tz. 96 f. AmtshÜ-MK.

f) Frist zur Beantwortung von Amtshilfeersuchen

Eine ausdrückliche Regelung, innerhalb welcher Frist einem Amtshilfeersuchen zu entsprechen ist beziehungsweise dessen Ablehnung bekannt zu geben ist, fehlt im Amtshilfeübereinkommen. Art. 20 Abs. 1 AmtshÜ sieht in diesem Zusammenhang lediglich vor, dass der ersuchte Staat den ersuchenden Staat sobald wie möglich über die getroffenen Maßnahmen und das Ergebnis der Amtshilfe zu informieren hat. Im Lichte einer möglichst effektiven Ausgestaltung der internationalen Amtshilfe scheint das Amtshilfeübereinkommen jedoch davon auszugehen, dass die Vertragsstaaten auch im eigenen Interesse Amtshilfeersuchen innerhalb sehr kurzer Zeit und ohne schuldhaftes Zögern entsprechen beziehungsweise diese zumindest beantworten.[173]

II. Anwendbarkeit

1. Räumliche Anwendbarkeit

a) Multilateralität des Amtshilfeübereinkommens

Beim Amtshilfeübereinkommen handelt es sich um ein multilaterales Abkommen, dem grundsätzlich alle Staaten der Welt beitreten können.[174] Mit Stand vom 03.06.2020 haben insgesamt 137 Staaten das Abkommen unterzeichnet, auch wenn es dabei noch nicht in allen Staaten in Kraft getreten ist.[175] Die Multilateralität führt dazu, dass es nicht mehr notwendig ist, mit den beteiligten Staaten gesonderte Amtshilfeabkommen auszuhandeln und abzuschließen. Vielmehr können Staaten dem Amtshilfeübereinkommen beitreten, um sich nach dessen gegebenenfalls notwendiger Umsetzung in nationales Recht an den darin vorgesehenen Mechanismen der internationalen Amtshilfe zu beteiligen. Somit können auch zügig weitere Staaten in das Abkommen einbezogen werden und mühsame Vertragsverhandlungen zwischen einzelnen Staaten vermieden

---

173 Vgl. Tz. 175 AmtshÜ-MK.

174 Ursprünglich stand das Amtshilfeübereinkommen nur dem Beitritt durch Staaten offen, die Mitglieder des Europarats waren oder der OECD. Seit dem Inkrafttreten des Protokolls von 2010 können sich auch alle anderen Staaten der Welt um einen Beitritt bewerben, vgl. Art. 28 Abs. 5 AmtshÜ und unter C.I.

175 S. hierzu die Übersicht zu den Teilnehmerstaaten (Stand: 03.06.2020): *Organisation für wirtschaftliche Zusammenarbeit und Entwicklung (OECD)*, Jurisdictions participating in the Convention on mutual administrative assistance in tax matters: status, abrufbar über www.oecd.org/tax/exchange-of-tax-information/Status_of_convention.pdf (zuletzt überprüft am 03.07.2020).

werden.[176] Ein multilaterales Abkommen bringt identische Kooperationsstandards, ein Höchstmaß an Rechtsvereinheitlichung und damit größere Rechtsanwendungssicherheit mit sich.[177] Im Gegensatz dazu erfordern beispielsweise die Amtshilfeklauseln als Teil von abzuschließenden DBA oder spezielle TIEA langwierige bilaterale Verhandlungen[178] mit einer Vielzahl von Staaten. Diese Multilateralität kann somit im Ergebnis dazu führen, dass erstmals eine Beziehung steuerlicher Amtshilfe zwischen Staaten entsteht, welche bisher noch nicht aufgrund von DBA oder TIEAs miteinander verbunden waren.[179] Die entsprechenden Staaten können Listen des Bundesfinanzministeriums beziehungsweise der OECD entnommen werden, die laufend aktualisiert werden.[180]

Die multilaterale Ausgestaltung lässt darauf schließen, dass die Nachteile, wie unterschiedliche Steuersysteme, wirtschaftliche Voraussetzungen und Interessen der einzelnen Länder nicht als derart gravierend eingeschätzt wurden, dass sie die Vorteile eines multilateralen Amtshilfeübereinkommens überwogen hätten.[181]

---

176 *Seer*, in: Tipke/Kruse, AO/FGO, § 117 AO Rn. 14.

177 *Hendricks*, in: Wassermeyer et al., DBA, Vor Art. 1 MA-InfAust Rn. 21; *Lehner*, in: Vogel/Lehner, DBA, Grundlagen Rn. 41.

178 Auch wenn die im Musterabkommen vorgesehene multilaterale Fassung vorgibt, es handele sich dabei um einen multilateralen Vertrag, liegen tatsächlich bilaterale Verträge vor. Denn der multilaterale Vertragstext wird vielmehr gemeinsame Grundlage eines zusammengefassten Bündels zweiseitiger Verträge, indem sich die Vertragsparteien in ihren Ratifikationsurkunden gegenseitig benannt haben; vgl. *Hendricks*, in: Wassermeyer et al., DBA, Präambel MA-InfAust, Rn. 3.

179 *Grotherr*, IStR 2015, 845 (849).

180 *Bundesministerium der Finanzen (BMF)*, Stand der Doppelbesteuerungsabkommen und anderer Abkommen im Steuerbereich sowie der Abkommensverhandlungen am 15.01.2020, https://www.bundesfinanzministerium.de/Content/DE/Downloads/BMF_Schreiben/Internationales_Steuerrecht/Allgemeine_Informationen/2020-01-15-stand-DBA-1-januar-2020.pdf;jsessionid=B43565736DB496A9291E6C6419EC4F42.delivery1-replication?__blob=publicationFile&v=3, in Zusammenschau mit: *Organisation für wirtschaftliche Zusammenarbeit und Entwicklung (OECD)*, Jurisdictions participating in the Convention on mutual administrative assistance in tax matters: status, www.oecd.org/tax/exchange-of-tax-information/Status_of_convention.pdf (jeweils zuletzt überprüft am 03.07.2020).

181 *Lehner*, in: Vogel/Lehner, DBA, Grundlagen Rn. 41.

b) *Räumliche Anwendbarkeit innerhalb der Vertragsparteien*

Gemäß Art. 29 Abs. 1 AmtshÜ kann jeder Staat einzelne oder mehrere Hoheitsgebiete bezeichnen, auf die das Amtshilfeübereinkommen Anwendung finden soll. Dies kann nicht nur bei Unterzeichnung beziehungsweise Ratifikation des Übereinkommens erfolgen, sondern gemäß Art. 29 Abs. 2 AmtshÜ auch noch jederzeit danach. Außerdem können derartige Erklärungen gemäß Art. 29 Abs. 3 AmtshÜ auch jederzeit wieder zurückgenommen werden. Bedeutend ist hierbei vor allem, ob ein Unterzeichnerstaat den räumlichen Anwendungsbereich des Amtshilfeübereinkommens auf sämtliche seiner Überseegebiete erstreckt hat. Denn diese gelten häufig als vermeintliche Steueroasen, weshalb deren Einbeziehung in den räumlichen Anwendungsbereich von besonderem Interesse ist.[182] So wurde der Anwendungsbereich des Amtshilfeübereinkommens durch das Vereinigte Königreich, die Niederlande und Dänemark auf weitere Territorien dieser Staaten ausgeweitet, wie Kronbesitzungen und Überseegebiete.[183] Dies stellt eine Erweiterung gegenüber anderen Rechtsgrundlagen dar. So gilt beispielsweise das DBA zwischen der Bundesrepublik Deutschland und dem Vereinigten Königreich nicht für die Kanalinseln sowie die Isle of Man.[184]

c) *Ergebnis*

Dass das Amtshilfeübereinkommen dem Beitritt durch alle Staaten der Welt offensteht und damit eine weltweit gültige, multilaterale Rechtsgrundlage für die internationale steuerliche Amtshilfe darstellt, stellt zugleich seinen größten Vorteil gegenüber allen anderen Rechtsgrundlagen der internationalen Amtshilfe dar. Im Gegensatz dazu gelten DBA oder spezielle Abkommen zum Informationsaustausch immer nur zwischen zwei Staaten. Logische Konsequenz davon ist, dass zwar aufgrund der vorhandenen Musterabkommen, die den Ausgangspunkt der Verhandlungen bilden, ein Mindestmaß an Einheitlichkeit vorherrscht. Die genaue Ausgestaltung als Ergebnis der Verhandlungen kann jedoch variieren. Regelwerke auf europäischer Ebene, wie die EU-Amtshilferichtlinie sowie die

182 *Grotherr*, IStR 2015, 845 (855).

183 Vgl. hierzu auch wieder die Liste mit den Vertragsstaaten (Stand: 03.06.2020): *Organisation für wirtschaftliche Zusammenarbeit und Entwicklung (OECD)*, Jurisdictions participating in the Convention on mutual administrative assistance in tax matters: status, www.oecd.org/tax/exchange-of-tax-information/Status_of_convention.pdf (zuletzt überprüft am 03.07.2020).

184 *Beckmann*, in: Wassermeyer et al., DBA, Art. 3 Großbritannien, Rn. 4.

Zusammenarbeitsverordnungen sind zwar für alle Mitgliedsstaaten der Europäischen Union verbindlich und damit in ihrem räumlichen Anwendungsbereich umfassender als bilaterale Abkommen. Eine Öffnung und Anwendung des Übereinkommens für Staaten, die nicht Mitglieder der Europäischen Union sind, ist hingegen nicht möglich. Somit bleibt auch der Anwendungsbereich unionsrechtlicher Regelungen in räumlicher Hinsicht beschränkt.

2. Sachliche Anwendbarkeit

a) Regelung im Amtshilfeübereinkommen

In Art. 2 AmtshÜ werden alle Steuerarten aufgeführt, auf die das Übereinkommen Anwendung finden soll. In Art. 3 Abs. 1 lit. b AmtshÜ wird der Begriff der Steuer definiert, wobei es sich um jede Steuer oder jeden Sozialversicherungsbeitrag handelt, für die das Übereinkommen nach Art. 2 AmtshÜ gilt. Aus Art. 2 AmtshÜ wird deutlich, dass das Amtshilfeübereinkommen gemäß seinem Entwurf und seiner Grundkonzeption auf alle Steuern anwendbar ist und einen sehr weiten Anwendungsbereich haben soll.[185] Art. 2 Abs. 1 lit. b sublit. I subsublit. G AmtshÜ sieht explizit vor, dass sich die Anwendbarkeit auch auf alle anderen Steuern als die explizit aufgeführten Steuern erstreckt.[186] Ferner sind vom sachlichen Anwendungsbereich auch Pflichtbeiträge zur Sozialversicherung erfasst, die an den Staat oder an öffentlich-rechtliche Sozialversicherungseinrichtungen zu entrichten sind, vgl. Art. 2 Abs. 1 lit. b, sublit. ii AmtshÜ. Wegen des weiten Anwendungsbereichs spielt es dabei auch keine Rolle, ob die Steuern beziehungsweise Abgaben an den Zentralstaat abgeführt werden, an einen der Gliedstaaten, an kommunale Gebietskörperschaften oder an die Sozialversicherung.[187] Erfasst sind somit alle denkbaren bereits existierenden, aber auch zukünftigen Steuern.[188]

In Deutschland gilt das Übereinkommen für alle Steuern, die in Anlage A zum Übereinkommen aufgeführt sind, vgl. Art. 2 Abs. 2 AmtshÜ i.V.m. Anlage A zum Übereinkommen. Dies sind folgende Abgaben: Einkommensteuer, Körperschaftsteuer, Solidaritätszuschlag, Vermögensteuer, Gewerbesteuer, Beiträge

185 Vgl. Tz. 25 AmtshÜ-MK; *Schwandtner/Urtz*, in: Aigner et al., DBA, Art. 26 Rn. 51.

186 Eine Abweichungsmöglichkeit mittels eines Vorbehalts gemäß Art. 30 AmtshÜ besteht zumindest nicht im Hinblick auf die in Art. 2 Abs. 1 lit. a AmtshÜ bezeichneten Steuern, vgl. Art. 30 Abs. 1 lit. a AmtshÜ.

187 Tz. 26 AmtshÜ-MK.

188 *Daniels*, Intertax 1988, 101 (103).

im Rahmen der gesetzlichen Kranken-, Pflege-, Unfall- und Rentenversicherung einschließlich der Alterssicherung der Landwirte sowie der Arbeitsförderung, Erbschaftsteuer, Schenkungsteuer, Ersatzerbschaftsteuer, Grundsteuer und Grunderwerbsteuer, Einfuhrumsatzsteuer und Umsatzsteuer, Branntweinsteuer, Energiesteuer und Tabaksteuer, Luftverkehrsteuer, Rennwett- und Lotteriesteuer, Steuern auf Versicherungsprämien und die Grundsteuer. Entsprechend der Aufzählung in Anlage A zum Übereinkommen werden auch steuerliche Nebenleistungen im Sinne des § 3 Abs. 4 AO erfasst.

Die Steuerarten sind entsprechend der in Art. 2 Abs. 1 AmtshÜ genannten Kategorien aufzuführen. Diese genaue Einordnung erleichtert eine effektive Durchsetzung des Übereinkommens. Denn es wird deutlich, in Bezug auf welche genauen Steuerarten Amtshilfe zu leisten ist, wodurch das Prinzip der Gegenseitigkeit[189] besser verwirklicht werden kann.[190] Eine gegenseitige Amtshilfe kann somit erfolgen, wenn sowohl der ersuchende als auch der ersuchte Staat die betreffende Steuerart in der Anlage A zum Übereinkommen aufgeführt haben.[191]

b) Vergleich mit anderen Rechtsgrundlagen

(aa) Doppelbesteuerungsabkommen

Gemäß Art. 2 Abs. 1 OECD-MA gelten die DBA ohne Rücksicht auf die Art der Erhebung für Steuern vom Einkommen und vom Vermögen, die für Rechnung eines Vertragsstaats oder seiner Gebietskörperschaft erhoben werden. Aus deutscher Sicht handelt es sich hierbei um die Einkommensteuer, Körperschaftsteuer, Gewerbesteuer und Vermögensteuer einschließlich der hierauf erhobenen Zuschläge, wie beispielsweise dem Solidaritätszuschlag.[192] Diese Steuern entsprechen auch denjenigen der deutschen Verhandlungsgrundlage für DBA.[193] Die für Belange der Amtshilfe relevanten Klauseln gemäß Art. 26, 27 OECD-MA erweitern diesen sachlichen Anwendungsbereich. Gemäß Art. 26 Abs. 1 S. 2 OECD-MA wird die Informationshilfe nicht durch Art. 2 OECD-MA eingeschränkt. Das bedeutet, dass eine Amtshilfe auch für

---

189 s. hierzu schon unter B.III.1.

190 Vgl. Tz. 29, 30 AmtshÜ-MK.

191 *Grotherr*, IStR 2015, 845 (859).

192 *Wassermeyer*, in: Wassermeyer et al., DBA, Art. 2 MA Rn. 12.

193 *Bundesministerium der Finanzen*, Verhandlungsgrundlage für Doppelbesteuerungsabkommen im Bereich der Steuern vom Einkommen und Vermögen, Az.: IV B 2 - S 1301/13/10009, Stand: 22.08.2013.

andere als die in Art. 2 OECD-MA vorgesehenen Steuern erfolgen kann.[194] Dasselbe gilt für die Vollstreckungshilfe, welche gemäß Art. 27 Abs. 1 S. 2 OECD-MA ebenfalls nicht durch Art. 2 OECD-MA eingeschränkt wird und daher auch für Steuern jeder Art und Bezeichnung gilt.[195]

In der deutschen Abkommenspraxis ist festzustellen, dass die jeweiligen Maßnahmen der Amtshilfe häufig nur in Bezug auf die Steuern durchgeführt werden, für die das jeweilige Abkommen auch Anwendung findet und der grundsätzlich weite Anwendungsbereich eingeschränkt wird.[196] Eine solche Beschränkung auf die unter das Abkommen fallenden Steuern ist nach der Konzeption des OECD-Musterabkommens zulässig.[197]

Die Erweiterung auf Steuern jeder Art und Bezeichnung erfolgte erst mit dem OECD-Musterabkommen aus dem Jahr 2000.[198] Daher erfassen vor allem die neueren Abkommen auch die nicht vom DBA abgedeckten Steuern.[199] Vor allem für die älteren Abkommen bedeutet dies aber, dass ein Informationsaustausch oftmals nur für die unter das Abkommen fallenden Steuern vereinbart wurde[200] beziehungsweise eine Vollstreckungshilfe nur bei Steuerbescheiden erfolgt, die sich auf Steuern im Sinne des jeweiligen DBA beziehen.[201] Der sachliche Anwendungsbereich der Amtshilfe in DBA ist somit sehr unterschiedlich geregelt und nicht selten auf die Steuern vom Einkommen und Vermögen beschränkt.

(bb) Unionsrechtliche Regelungen der Amtshilfe

Im Rahmen der Europäischen Union regelt § 1 EUAHiG, dass das Gesetz auf jede Art von Steuern anwendbar ist, die von einem oder für einen Mitgliedsstaat oder dessen Gebiets- oder Verwaltungseinheiten einschließlich der örtlichen Behörden erhoben werden. Hiervon ausgenommen sind gemäß § 1 Abs. 2 EUAHiG die

---

194 *Hendricks*, in: Wassermeyer et al., DBA, Art. 26 MA Rn. 36.

195 *Krabbe*, in: Wassermeyer et al., DBA, Art. 27 MA Rn. 9.

196 *Grotherr*, IStR 2015, 845 (849).

197 Tz. 10.1 zu Art. 26 bzw. Tz. 11 zu Art. 27 des Kommentars zum OECD-Musterabkommen (im Folgenden: OECD-MK), vgl. *OECD,* Commentaries on the articles of the Model Tax Convention, abrufbar über read.oecd-ilibrary.org/taxation/model-tax-convention-on-income-and-on-capital-condensed-version-2017_mtc_cond-2017-en#page1 (zuletzt überprüft am 03.07.2020).

198 *Schwandtner/Urtz*, in: Aigner et al., DBA, Art. 26 Rn. 33; *Hendricks*, in: Wassermeyer et al., DBA, Art. 26 MA Rn. 17.

199 *Engelschalk*, in: Vogel/Lehner, DBA, Art. 26 Rn. 63.

200 Vgl. die Übersicht bei *Engelschalk*, in: Vogel/Lehner, DBA, Art. 26 Rn. 58.

201 Vgl. die Übersicht bei *Engelschalk*, in: Vogel/Lehner, DBA, Art. 27 Rn. 22.

Umsatzsteuer, einschließlich der Einfuhrumsatzsteuer, Zölle, harmonisierte Verbrauchsteuern[202] sowie bestimmte Beiträge und Gebühren. Ausgenommen sind dabei ausdrücklich Pflichtbeiträge zu Sozialversicherungen. Auch ist die Amtshilfe gemäß Art. 2 Abs. 4 EUAHiRL auf Steuern begrenzt, die im Unionsgebiet erhoben werden. Durch die Erweiterung auf Steuern aller Art sollte ein möglichst umfassender Anwendungsbereich ermöglicht werden.[203] Aus deutscher Sicht ist eine innereuropäische Amtshilfe vor allem für die Einkommen-, Körperschaft-, Gewerbe- und Erbschaftsteuer möglich.[204] Insbesondere die Einbeziehung der Erbschaftsteuer ist dabei von besonderer Bedeutung, da bisher nur wenige DBA existieren, deren Amtshilfeklauseln die Erbschaftsteuer mit einbeziehen.[205] Ergänzt wird die europäische Amtshilfe nach der EU-Amtshilferichtlinie durch die MwSt-ZVO und die VerbrSt-ZVO. Hierdurch wird auch der Bereich der Umsatzsteuer von der Amtshilfe erfasst (Art. 1 Abs. 1 MwSt-VZO) sowie der Bereich der Verbrauchsteuern (Art. 1 Abs. 1 VerbrSt-ZVO).

(cc) Tax Information Exchange Agreements

Das TIEA-Musterabkommen enthält unterschiedliche Regelungen im Hinblick darauf, ob ein multilateraler oder ein bilateraler Vertrag geschlossen werden soll.[206] Nach der multilateralen Version findet das Abkommen Anwendung auf Steuern vom Einkommen oder Gewinn, auf Steuern vom Vermögen und vom Nettovermögen sowie auf Nachlass-, Erbschaft- und Schenkungsteuern. Gemäß Art. 3 Abs. 2 TIEA-MA ist eine Erweiterung auf indirekte Steuern möglich. In der bilateralen Fassung existiert hingegen keine explizite Auflistung der erfassten Steuern, sondern diese sind in Form einer Positivliste durch die Vertragsparteien festzusetzen.[207] Dabei wird davon ausgegangen, dass in diese Positivliste die in der multilateralen Fassung genannten Steuern aufgenommen werden, was jedoch nicht zwingend ist.[208]

---

202 Das EUAHiG gilt daher beispielsweise für die Kaffeesteuer und die Alkopopsteuer, da es sich hierbei um rein nationale, nicht harmonisierte Verbrauchsteuern handelt, vgl. *Rätke*, in: Klein, AO, § 117 Rn. 101.

203 *Gabert*, FR 2013, 986 (987); *Söhn*, in: Hübschmann et al., AO/FGO, § 117 Rn. 224; BT-Drs. 17/10000, S. 43.

204 *Schaumburg*, in: Schaumburg/Englisch, Europäisches Steuerrecht, Rn. 20.17.

205 *Marquardt/Betzinger*, BB 2014, 3033 (3035).

206 Die Regelungen werden als „multilateral version" bzw. „bilateral Version" bezeichnet.

207 *Hendricks*, in: Wassermeyer et al., DBA, Art. 3 MA-InfAust Rn. 2 f.

208 Tz. 9 des Kommentars zum TIEA-Musterabkommen (im Folgenden: TIEA-MK), vgl. *OECD*, Agreement on exchange of information on tax matters, abrufbar über

Aufgrund der in Art. 3 Abs. 1 TIEA-MA vorgesehenen und zu erstellenden Positivliste unterscheiden sich die durch die Bundesrepublik Deutschland abgeschlossenen TIEAs im Hinblick auf die erfassten Steuerarten teilweise sehr stark. In die Positivliste aufgenommen werden normalerweise direkte Steuern, wobei auch eine Ausdehnung auf indirekte Steuern möglich ist.[209] Erfasst sind regelmäßig auf deutscher Seite die Einkommen-, Körperschaft-, Gewerbe-, Vermögen- und Erbschaftsteuer, bei anderen Abkommen treten noch vereinzelte Steuerarten hinzu, wie die Versicherungssteuer oder die Umsatzsteuer. Vereinzelt werden aber auch alle Steuern von den Abkommen erfasst.[210]

(dd) EU-Beitreibungsgesetz

Das EU-Beitreibungsgesetz stellt insofern eine Besonderheit zu den anderen untersuchten Regelwerken der internationalen Amtshilfe dar, als es nicht die zwischenstaatliche Amtshilfe im Rahmen des Festsetzungsverfahrens einschließlich des Ermittlungsverfahrens ermöglicht. Vielmehr geht es um die Amtshilfe bei der Vollstreckung von Steuerforderungen, also die Geltendmachung des Steueranspruchs seitens der Steuerbehörden der Mitgliedsstaaten.[211] In sachlicher Hinsicht werden gemäß § 1 Abs. 1 EUBeitrG alle in den Mitgliedsstaaten entstandenen Forderungen erfasst. Der Begriff der Forderungen bezieht sich auf Steuern und Abgaben aller Art, die erhoben werden von einem oder für einen Mitgliedsstaat oder dessen Gebiets- oder Verwaltungseinheiten einschließlich der lokalen Behörden oder für die Europäische Union, vgl. § 1 Abs. 1 S. 2 Nr. 1 EUBeitrG. Es gibt somit keinerlei Beschränkung in sachlicher Hinsicht.[212]

(ee) FATCA/FKAustG

Die Regelungen im FATCA-Übereinkommen beziehungsweise im Finanzkonten-Informationsaustauschgesetz unterscheiden sich von den übrigen Rechtsgrundlagen der steuerlichen Amtshilfe darin, dass sie sich nicht auf eine Amtshilfe im Rahmen der Erhebung einer bestimmten Art von Steuer beziehen. Vielmehr geht es ganz grundsätzlich um einen gegenseitigen Informationsaustausch über Finanzkonten, um dadurch eine effektive Besteuerung sicherzustellen.[213]

---

www.oecd.org/ctp/exchange-of-tax-information/2082215.pdf (zuletzt überprüft am 03.07.2020).

209 Vgl. Tz. 10 TIEA-MK.

210 *Seer/Gabert*, StuW 2010, 3 (10).

211 *Schaumburg*, in: Schaumburg/Englisch, Europäisches Steuerrecht, Rn. 20.39.

212 *Beermann*, in: Hübschmann et al., AO/FGO, § 250 AO Rn. 85.

213 *Anemüller*, Erb-Stb 2018, 23 (26).

Konkreter Gegenstand dieser Regelungen ist ein Austausch von Informationen über meldepflichtige Konten, vgl. § 8 FKAustG beziehungsweise Art. 2 FATCA-Gesetz i.V.m. § 8 FATCA-USA-UmsV.

c) *Ergebnis*

Bei einem Vergleich der unterschiedlichen Regularien der steuerlichen Amtshilfe kann man erkennen, dass deren sachlicher Anwendungsbereich sehr unterschiedlich und auch immer vom Einzelfall abhängig ist. So hängt die Breite der von der Amtshilfe erfassten Steuern vom jeweiligen Regelwerk beziehungsweise den daran beteiligten Staaten ab.

Betrachtet man jedoch konkret am Beispiel der Bundesrepublik Deutschland die Abkommenspraxis, so stellt man fest, dass der Vorteil des Amtshilfeübereinkommens vor allem in seinem sehr weiten sachlichen Anwendungsbereich liegt, da es im Vergleich die größte Anzahl an Steuern sowie darüber hinaus auch Sozialversicherungsbeiträge erfasst. Auf europäischer Ebene bringt das Amtshilfeübereinkommen jedoch keinen entscheidenden Vorteil mit sich, da auch die europäischen Regelungen der Amtshilfe einen weiten sachlichen Anwendungsbereich aufweisen.[214] Einzig Sozialversicherungsbeiträge werden von den europarechtlichen Vorschriften überhaupt nicht erfasst. Die in den DBA vereinbarten Amtshilfemaßnahmen beschränken sich aufgrund der Abkommenspraxis der Bundesrepublik Deutschland in ihrer sachlichen Anwendbarkeit oft auf die vom Abkommen erfassten Steuern. Dies sind in der Regel die Steuern vom Einkommen und vom Vermögen. Im Hinblick auf die TIEAs gilt, dass die Anzahl der erfassten Steuerarten höchst unterschiedlich sein kann und diese je nach Einzelfall einen ähnlichen sachlichen Anwendungsbereich haben können wie das Amtshilfeübereinkommen. Dieser kann jedoch auch deutlich geringer sein.

Das Amtshilfeübereinkommen hat somit in seiner Grundkonzeption den klaren Vorteil gegenüber allen anderen Rechtsgrundlagen darin, dass der sachliche Anwendungsbereich besonders weit gewählt wurde. Diese im Sinne der Effektivität der Amtshilfe positive Regelungskonzeption darf jedoch nicht darüber hinwegtäuschen, dass ein Staat nicht automatisch in Bezug auf alle Steuerarten verpflichtet ist, Amtshilfe zu leisten, sondern entsprechende Vorbehalte anbringen kann, um bestimmte Steuern der sachlichen Anwendbarkeit zu entziehen.[215] Somit ist es auch eine Frage des Einzelfalles, ob der durch das

---

214 *Seer*, in: Tipke/Kruse, AO/FGO, § 117 AO Rn. 84.

215 Vgl. hierzu noch unter 4.

Amtshilfeübereinkommen bezweckte, besonders weite Anwendungsbereich auch tatsächlich zur Geltung kommt. Im Falle der Bundesrepublik Deutschland ist jedoch positiv hervorzuheben, dass der sachliche Anwendungsbereich sehr weit gewählt wurde, um vom Übereinkommen möglichst umfassend Gebrauch machen zu können.

3. Personelle Anwendbarkeit

a) Regelung im Amtshilfeübereinkommen

Eine Regelung zur personellen Anwendbarkeit des Amtshilfeübereinkommens findet sich in Art. 1 AmtshÜ. Gemäß Art. 1 Abs. 3 AmtshÜ leistet eine Vertragspartei Amtshilfe unabhängig davon, ob die betroffene Person im beteiligten Vertragsstaat ansässig ist oder die Staatsangehörigkeit einer Vertragspartei oder eines anderen Staates besitzt.[216] Gegenseitige Amtshilfe ist somit auch dann möglich, wenn die vom Informationsaustausch betroffene Person in einem Drittstaat ansässig ist oder die Staatsangehörigkeit eines Drittstaats besitzt.[217] Auch kommt es nicht darauf an, ob der Drittstaat selbst dem Amtshilfeübereinkommen beigetreten ist oder nicht.[218] Durch diese Regelung sollen steuerliche Beziehungen eines Staates zu einem Steuerpflichtigen effektiv durchgesetzt werden, ohne dass sich dieser auf eine fehlende Ansässigkeit oder Staatsangehörigkeit in dem um Amtshilfe ersuchenden Staat berufen könnte.[219]

b) Vergleich mit anderen Rechtsgrundlagen

(aa) Doppelbesteuerungsabkommen

Nach dem OECD-Musterabkommen gilt das Abkommen für Personen, die in einem Vertragsstaat oder in beiden Vertragsstaaten ansässig sind, Art. 1 OECD-MA. Der Begriff der Ansässigkeit ist in Art. 4 OECD-MA definiert und beinhaltet sowohl natürliche als auch juristische Person, die nach dem Recht dieses Staates auf Grund ihres Wohnsitzes, ihres ständigen Aufenthalts, des Ortes ihrer Geschäftsleitung oder eines anderen ähnlichen Merkmals steuerpflichtig sind.

---

216 In Anlage C zum Übereinkommen wird entsprechend der Vorgabe in Art. 3 Abs. 1 lit. e AmtshÜ der Begriff des „Staatsangehörigen" erläutert. Dabei handelt es sich um alle Deutschen im Sinne des Grundgesetzes sowie um alle juristischen Personen, die nach dem Recht der BRD gegründet worden sind.

217 *Schwandtner/Urtz*, in: Aigner et al., DBA, Art. 26 Rn. 50.

218 *Grotherr*, IStR 2015, 845 (849).

219 Vgl. Tz. 21 AmtshÜ-MK.

Dieses Ansässigkeitserfordernis bedeutet somit grundsätzlich, dass ein Informationsaustausch, wie er in Art. 26 OECD-MA vorgesehen ist, nur solche Personen betreffen kann, die mindestens in einem der beteiligten Staaten ansässig sind. Hierbei ist jedoch zu beachten, dass gemäß Art. 26 Abs. 1 S. 2 OECD-MA der Informationsaustausch nicht durch Art. 1 OECD-MA eingeschränkt ist. Ein Informationsaustausch kann folglich auch eine Person betreffen, die in keinem der beiden Vertragsstaaten ansässig ist.[220] Ferner kann er in Bezug auf Personen erfolgen, die in den Vertragsstaaten lediglich der beschränkten Steuerpflicht unterliegen.[221] Dieser weite Anwendungsbereich nach dem OECD-Musterabkommen wird in der praktischen Anwendung jedoch häufig eingeschränkt. So sehen deutsche DBA in vielen Fällen einen Informationsaustausch nur dann vor, wenn die betroffene Person in einem der beiden Vertragsstaaten ansässig ist.[222]

Dasselbe gilt für die Vollstreckungshilfe nach Art. 27 OECD-MA. Bei dieser wird zwar gemäß Art. 27 Abs. 1 S. 2 OECD-MA die Amtshilfe ebenfalls nicht durch Art. 1 und 2 OECD-MA eingeschränkt. Allerdings sehen eine Reihe deutscher DBA in der Praxis auch hier ein Ansässigkeitserfordernis vor, so dass eine Vollstreckungshilfe nur in solchen Fällen gewährt wird, in denen der Steuerpflichtige in einem der Vertragsstaaten ansässig ist.[223] Auf die Staatsangehörigkeit des betroffenen Steuerschuldners kommt es hingegen nicht an.[224]

(bb) Unionsrechtliche Regelungen der Amtshilfe

Nach dem EU-Amtshilfegesetz ist dessen Anwendungsbereich nicht auf Personen beschränkt, die in einem Mitgliedsstaat der Europäischen Union ansässig sind, § 2 Abs. 1 EUAHiG. Sinn und Zweck der Amtshilfenrichtlinie ist die Zusammenarbeit zwischen den Mitgliedsstaaten der EU und der Austausch aller Informationen, die für die Anwendung und Durchführung des innerstaatlichen

---

220 *Aumayr*, in: Lang, Internationale Amtshilfe in Steuersachen, S. 47 (57).

221 *Hendricks*, in: Wassermeyer et al., DBA, Art. 26 MA Rn. 35.

222 *Engelschalk*, in: Vogel/Lehner, DBA, Art. 26 Rn. 58. Vgl. beispielhaft das DBA Deutschland-Indien, in dessen Art. 1 geregelt ist, dass das Abkommen nur für Personen gilt, die in einem Vertragsstaat oder in beiden Vertragsstaaten ansässig sind. Eine Ausnahme von diesem Ansässigkeitserfordernis für die Fälle des Informationsaustauschs, vergleichbar mit Art. 26 Abs. 1 S. 2 OECD-MA existiert hingegen nicht, vgl. *Strauß*, in: Wassermeyer et al., DBA, Art. 1 Indien Rn. 20.

223 *Engelschalk*, in: Vogel/Lehner, DBA, Art. 27 Rn. 11.

224 *Loser/Urtz*, in: Aigner et al., DBA, Art. 27 Rn. 24; *Engelschalk*, in: Vogel/Lehner, DBA, Art. 27 Rn. 20.

Steuerrechts der Mitgliedstaaten voraussichtlich erheblich sind, Art. 1 Abs. 1 EUAHiRL. Der Anwendungsbereich der Amtshilferichtlinie beschränkt sich somit nicht nur auf die steuerlichen Angelegenheiten von Unionsbürgern und erfordert daher keine Ansässigkeit der von einer Amtshilfemaßnahme betroffenen Person in einem der EU-Mitgliedsstaaten. Somit werden auch Sachverhalte beschränkter Steuerpflicht erfasst.[225]

Dasselbe gilt für die Mehrwertsteuer-Zusammenarbeitsverordnung sowie die Verbrauchsteuer-Zusammenarbeitsverordnung. Diese unionsrechtlichen Verordnungen erstrecken sich auf das gesamte Unionsgebiet, weshalb die Zusammenarbeit auch alle steuerbaren Umsätze erfasst, welche in der Europäischen Union getätigt werden. Dabei spielt es keine Rolle, ob die betroffenen Steuerpflichtigen im Unionsgebiet ansässig sind oder nicht. Nur so kann der besondere Zweck dieser Verordnungen, den Mehrwertsteuer- und Verbrauchsteuerbetrug zu bekämpfen, erreicht werden.[226]

(cc) EU-Beitreibungsgesetz

Auch das EU-Beitreibungsgesetz hat einen sehr weiten persönlichen Anwendungsbereich, da die EU-Beitreibungsrichtlinie vor allem den finanziellen Interessen der Mitgliedsstaaten dienen soll. Eine Vollstreckungshilfe ist daher gegen Schuldner möglich, die weder in einem anderen EU-Mitgliedsstaat ansässig sind noch Unionsbürger sind.[227]

(dd) Tax Information Exchange Agreements

In den TIEAs ist eine spezielle Regelung der persönlichen Anwendbarkeit nicht vorgesehen. Der persönliche Anwendungsbereich muss daher im Wege der Auslegung der Vorschriften des Musterabkommens zum Informationsaustausch ermittelt werden. Sinn und Zweck des Abkommens ist gemäß Art. 1 TIEA-MA gegenseitige Unterstützung bei der Durchführung des Rechts der jeweiligen Vertragsparteien betreffend der unter das Abkommen fallenden Steuern. Hinzu kommt gemäß Art. 2 TIEA-MA, dass die ersuchte Vertragspartei dann nicht zur Erteilung von Auskünften verpflichtet ist, wenn sie ihren Behörden nicht vorliegen und sich auch nicht im Besitz oder in der Verfügungsmacht von Personen

---

225 *Schaumburg*, in: Schaumburg/Englisch, Europäisches Steuerrecht, Rn. 20.16.

226 *Schaumburg*, in: Schaumburg/Englisch, Europäisches Steuerrecht, Rn. 20.76. Vgl. auch Erwägungsgründe Nr. 2-4 Mwst-ZVO und Erwägungsgründe Nr. 1, 9 VerbrSt-ZVO.

227 *Beermann*, in: Hübschmann et al., AO/FGO, § 250 AO Rn. 94; *Schaumburg*, in: Schaumburg/Englisch, Europäisches Steuerrecht, Rn. 20.41.

in ihrem Hoheitsgebiet befinden. Art. 2 TIEA-MA schränkt somit lediglich die Zusammenarbeit ein, sofern sich die Informationen nicht im Hoheitsgebiet des ersuchten Staates befinden. Eine Einschränkung im Hinblick auf die Ansässigkeit der von der zwischenstaatlichen Zusammenarbeit betroffenen Person besteht hingegen gerade nicht. Die Auskunftsverpflichtung ist daher nicht beschränkt durch die Ansässigkeit oder Staatsangehörigkeit der Person, auf die sich die Auskunft bezieht.[228] Dies entspricht auch dem Willen der Verfasser des TIEA-Musterabkommens.[229]

(ee) FATCA/FKAustG

Sowohl das FATCA-Gesetz als auch das Finanzkonten-Informationsaustauschgesetz betreffen inhaltlich denselben Regelungsbereich, indem sie den Austausch von Informationen über Finanzkonten betreffen. Von der Zusammenarbeit werden nur Konten einer meldepflichtigen Person erfasst, vgl. § 8 Abs. 1 FKAustG. Eine solche meldepflichtige Person ist gemäß § 9 Nr. 36 FKAustG eine Person eines meldepflichtigen Staates, welche wiederum gemäß § 9 Nr. 37 FKAustG eine natürliche Person oder ein Rechtsträger ist, die oder der nach dem Steuerrecht eines beliebigen anderen meldepflichtigen Staates in diesem ansässig ist. Das FATCA-Gesetz unterscheidet sich zum Finanzkonten-Informationsaustauschgesetz vor allem in US-Besonderheiten, da dort beispielsweise auch die Staatsangehörigkeit die steuerliche Ansässigkeit begründen kann, was nach dem FKAustG nicht möglich ist.[230]

c) Ergebnis

Bei einem Vergleich der unterschiedlichen Regelwerke miteinander stellt man fest, dass das Amtshilfeübereinkommen in personeller Hinsicht die weitestgehende Möglichkeit einer gegenseitigen Amtshilfe bietet, wie sie nach einem Abkommen vorstellbar ist. Denn eine zwischenstaatliche Zusammenarbeit ist auf dessen Grundlage unabhängig von der Ansässigkeit beziehungsweise Staatsangehörigkeit der betroffenen Person möglich. Demgegenüber erfahren der nach Art. 26 OECD-MA ermöglichte Informationsaustausch beziehungsweise die Vollstreckungshilfe nach Art. 27 OECD-MA vor allem in praktischer Hinsicht Einschränkungen, da hier in einer Vielzahl von Abkommen ein

---

228 *Hendricks*, in: Wassermeyer et al., DBA, Art. 2 MA-InfAust Rn. 5; *Schwandtner/Urtz*, in: Aigner et al., DBA, Art. 26 Rn. 32.

229 Vgl. Tz. 7 TIEA-MK.

230 *Czakert*, Neue Entwicklungen bei der steuerlichen Amtshilfe, S. 61.

Ansässigkeitserfordernis der betroffenen Person statuiert wird. Dasselbe gilt für den Austausch von Konteninformationen nach dem FKAustG, da hier der Kontoinhaber ebenfalls in einem beteiligten Staat ansässig sein muss.

Eine unbeschränkte Anwendbarkeit in personeller Hinsicht besteht daher – vergleichbar zum Amtshilfeübereinkommen – nur in den auf europäischem Recht beruhenden Regelwerken, wie dem EUAHiG, der Mwst-ZVO und der VerbrSt-ZVO sowie in den TIEAs. Gegenüber diesen Regelwerken weist das Amtshilfeübereinkommen somit keinen entscheidenden Vorteil auf, was dessen Anwendbarkeit in personeller Hinsicht betrifft.

4. Beschränkungen des Anwendungsbereichs

Gemäß Art. 30 AmtshÜ besteht für die Vertragsstaaten des Übereinkommens die Möglichkeit, durch Vorbehalte den Anwendungsbereich des Amtshilfeübereinkommens zu beschränken und in gewissen Bereichen keine beziehungsweise nur eingeschränkt Amtshilfe zu leisten. Ferner erlauben mehrere Artikel des Übereinkommens, Auslegungserklärungen an den Verwahrer zu richten und damit zu erkennen zu geben, wie bestimmte Vorschriften des Übereinkommens durch die Verwaltung in Zukunft angewendet werden sollen.[231] Es ist den Vertragsstaaten somit möglich, vom Übereinkommen bausteinartig Gebrauch zu machen.[232] Die Vorbehalte und Erklärungen können aufgeschlüsselt nach den einzelnen Vertragsstaaten auf der Website der OECD eingesehen werden.[233]

a) Vorbehalte

Die Bereiche, in denen ein Vertragsstaat die Leistung von Amtshilfe mittels Vorbehalts ausschließen kann, sind in Art. 30 Abs. 1 AmtshÜ abschließend aufgezählt. Weitere Vorbehalte sind gemäß Art. 30 Abs. 2 AmtshÜ nicht zulässig. Rechtsfolge eines erklärten Vorbehalts gemäß Art. 30 Abs. 1 AmtshÜ ist, dass die vertraglichen Pflichten des den Vorbehalt erklärenden Staates abweichend vom Vertragstext modifiziert werden. Diese Modifikation gilt aufgrund des Prinzips der Gegenseitigkeit auch für den jeweiligen Vertragspartner des Abkommens.[234]

231 Vgl. beispielhaft Art. 4 Abs. 3, 9 Abs. 3 AmtshÜ.

232 *Runge*, RIW 1986, 704 (706).

233 Vgl. Reservations and Declarations for Treaty No. 127 – Convention on Mutual Administrative Assistance in Tax Matters, abrufbar über www.coe.int/en/web/conventions/search-on-treaties/-/conventions/treaty/127/declarations (zuletzt überprüft am 03.07.2020).

234 *Kimminich/Hobe*, Einführung in das Völkerrecht, S. 480.

Umgekehrt kann der Vertragsstaat aber auch nicht verlangen, dass ein anderer Vertragsstaat eine Bestimmung anwendet, zu der der Vorbehalt erklärt wurde, Art. 30 Abs. 5 AmtshÜ. Dies folgt schon aus dem Gegenseitigkeitsprinzip, das den Amtshilfemaßnahmen zugrunde liegt.[235] Für die Finanzverwaltung hat das zur Folge, dass bei einem Amtshilfeersuchen eines anderen Vertragsstaates zu prüfen ist, ob der ersuchende Staat eine derartige Amtshilfemaßnahme durch das Anbringen eines Vorbehalts ausgeschlossen hat. Sollte dies der Fall sein, hätte die Finanzbehörde das Amtshilfeersuchen des anderen Vertragsstaates abzulehnen.[236]

Vorbehalte stellen im Völkerrecht allgemein ein Mittel dar, Meinungsverschiedenheiten von Vertragspartnern in Bezug auf einzelne Vorschriften eines internationalen Abkommens auszuräumen. Aufgrund der oftmals großen Anzahl beteiligter Staaten gelingt es nicht immer, einen vollständigen Konsens herbeizuführen.[237] So können die Interessen der Vertragsstaaten je nach ihrer individuellen Situation oder nach Art des Vertrages sehr unterschiedlich sein. Es ist jedoch in der Regel beabsichtigt, dass möglichst viele Staaten an einem internationalen Abkommen beteiligt werden. Durch diese Tendenz zur Universalität kann dem jeweiligen Abkommen zu größtmöglicher Geltung und Effektivität verholfen werden.[238]

Das Instrument der Vorbehalte hat auch den Sinn, dass Staaten das Amtshilfeübereinkommen ratifizieren können, denen es aufgrund innerstaatlicher Bestimmungen nicht möglich ist, die Umsetzung aller Vorschriften des Übereinkommens zu gewährleisten. So ist es beispielsweise denkbar, dass innerhalb eines Staates ein dem Zentralstaat untergeordneter Gliedstaat für die Erhebung bestimmter Steuern zuständig ist und der Zentralstaat eine Amtshilfe in Bezug auf diese Steuern nicht leisten kann beziehungsweise darf. Amtshilfe kann dann immerhin noch im Rahmen des verbleibenden Anwendungsbereichs des Übereinkommens geleistet werden.[239] Als Nachteil dieser Einschränkungsmöglichkeit darf jedoch nicht übersehen werden, dass der sachliche Anwendungsbereich des Übereinkommens eingeschränkt und die praktische Anwendung durch die Steuerverwaltungen erheblich verkompliziert wird.[240] In der Folge bedeutet dies

---

235 Vgl. hierzu bereits unter B.III.1.
236 *Grotherr*, IStR 2015, 845 (851).
237 *Delbrück*, Völkerrecht I/3, S. 558.
238 *Seidl-Hohenveldern*, Völkerrecht, Rn. 304 ff.
239 Tz. 281 f. AmtshÜ-MK.
240 *Grotherr*, IStR 2015, 845 (861).

weniger Rechtsklarheit und Rechtssicherheit, weshalb der Vertrag die beabsichtigte Ordnungsfunktion nur noch teilweise erfüllen kann. Dieser Nachteil wird jedoch in Kauf genommen, um die mögliche Teilnehmerzahl eines Übereinkommens zu erweitern, auch wenn dies zur Folge hat, dass in manchen Punkten Differenzen verbleiben können.[241] Einzelne Staaten können hingegen mittels eines Vorbehalts nicht vom sachlichen Anwendungsbereich des Übereinkommens ausgeschlossen werden.[242]

Hervorzuheben als konkreter Fall eines Vorbehalts ist Art. 30 Abs. 1 lit. a AmtshÜ, wonach ein Vorbehalt in Bezug auf Steuern erklärt werden kann, die unter eine der in Art. 2 Abs. 1 lit. b AmtshÜ aufgelisteten Kategorien fallen, sofern diese Steuern nicht in Anlage A des Übereinkommens durch den Vertragsstaat aufgenommen wurden. Ein Vorbehalt hinsichtlich der in Art. 2 Abs. 1 lit. a AmtshÜ genannten Steuern kann im Umkehrschluss nicht erklärt werden, weshalb das Übereinkommen in Bezug auf diese Steuerarten von allen Vertragsstaaten angewendet werden muss.[243] In der Anlage A wird ein Vertragsstaat daher keine Steuern aufführen, für die er nach Art. 30 Abs. 1 lit. a AmtshÜ einen Vorbehalt erklärt hat.[244] Ebenfalls von Bedeutung ist die Möglichkeit eines Vorbehalts bei der Beitreibung von Steuerforderungen gemäß Art. 30 Abs. 1 lit. b AmtshÜ.[245]

Vorbehalte können gemäß Art. 30 Abs. 3 AmtshÜ auch nachträglich, d.h. nach Inkrafttreten des Übereinkommens für die jeweiligen Vertragsstaaten erklärt werden. Auch kann ein bereits angebrachter Vorbehalt jederzeit wieder zurückgenommen werden, Art. 30 Abs. 4 AmtshÜ.

b) Erklärungen

Neben dem Anbringen von Vorbehalten besteht nach Art. 4 Abs. 3, Art. 9 Abs. 3 AmtshÜ die Möglichkeit, sog. Erklärungen abzugeben. Durch Erklärungen wird nicht ein Teil des Übereinkommens für gänzlich nicht anwendbar erklärt. Vielmehr handelt es sich um Stellungnahmen der Vertragsstaaten, wie bestimmte Abkommensvorschriften in der Verwaltungspraxis angewendet werden.[246]

---

241 *Delbrück*, Völkerrecht I/3, S. 559.

242 *Grotherr*, IStR 2015, 845 (851).

243 Vgl. Tz. 31 AmtshÜ-MK.

244 Vgl. Denkschrift zum Amtshilfeübereinkommen, RegE AmtshÜ vom 15.06.2015, BT-Drs. 18/5173, S. 35.

245 Vgl. zum Vorbehalt im Bereich der Vollstreckungshilfe durch die Bundesrepublik Deutschland unter E.V.1.

246 *Grotherr*, IStR 2015, 845 (851).

Gemäß Art. 4 Abs. 3 AmtshÜ ist eine Erklärung beispielsweise dahingehend möglich, dass ein betroffener Staatsangehöriger vor Übermittlung von Informationen nach Art. 5, 7 AmtshÜ hierüber informiert wird. Ferner kann nach Art. 9 Abs. 3 AmtshÜ eine Erklärung abgegeben werden, dass Ersuchen auf Anwesenheit von Steuerbeamten an einer Betriebsprüfung im ersuchten Staat in der Regel nicht angenommen werden.

5. Ergebnis

Aufgrund seines weiten Anwendungsbereichs weist das Amtshilfeübereinkommen einige Besonderheiten und Vorteile gegenüber anderen Regelwerken der internationalen steuerlichen Amtshilfe auf. In sachlicher Hinsicht ist vor allem auf die Vielzahl der davon erfassten Steuern hinzuweisen. Auch in personeller Hinsicht liegt ein klarer Vorteil im Fehlen eines Ansässigkeitserfordernisses. In Bezug auf die weite sachliche und persönliche Anwendbarkeit vergleichbar sind lediglich die Regelungen innerhalb der europäischen Union, auch wenn sie räumlich nur auf die Mitgliedsstaaten der EU anwendbar sind. TIEAs sind grundsätzlich dazu geeignet, einen ebenso weiten Anwendungsbereich abzudecken, was jedoch stark vom Einzelfall und dem Ergebnis der jeweiligen Verhandlungen abhängt. Dies gilt auch für Amtshilfeklauseln in DBA, deren Nachteil darin besteht, dass sie in der Praxis häufig in ihrem Anwendungsbereich beschränkt werden und die Reichweite somit ebenfalls von dem Ergebnis bilateraler Verhandlungen abhängig ist. Zwar ist bei Beurteilung der Vor- und Nachteile des Amtshilfeübereinkommens zu berücksichtigen, dass auch bei diesem der sehr weite Anwendungsbereich variieren kann, da auch hier Möglichkeiten bestehen, den Anwendungsbereich zu beschränken. Als besonders positives und im Vergleich einzigartiges Merkmal ist aber der räumliche Anwendungsbereich hervorzuheben, wonach dem Amtshilfeübereinkommen grundsätzlich alle Staaten der Welt beitreten können. Diese Multilateralität stellt den deutlichsten und größten Vorteil des Amtshilfeübereinkommens gegenüber den vielen anderen Rechtsgrundlagen der internationalen Amtshilfe dar, was die Frage seiner Anwendbarkeit betrifft.

III. Konkurrenzverhältnis verschiedener Rechtsgrundlagen

1. Allgemeine Überlegungen

Erwägt die Finanzverwaltung eines Staates, einen anderen Staat um Amtshilfe zu ersuchen, muss eine Entscheidung getroffen werden, auf welche Rechtsgrundlage ein Ersuchen im konkreten Fall zu stützen ist. Ergeben sich in sachlicher

Hinsicht aus mehreren Regelwerken entsprechende Amtshilfeansprüche, stellt sich das Problem eines etwaigen Konkurrenzverhältnisses. Die Entscheidung für eine bestimmte Rechtsgrundlage ist allerdings zwingend, damit der andere Vertragsstaat sowie der Steuerpflichtige die Rechtmäßigkeit der Amtshilfemaßnahme überprüfen können. Wegen des Bestimmtheitsgebots kann eine Amtshilfemaßnahme nicht auf mehrere Rechtsgrundlagen gleichzeitig gestützt werden.[247]

Allgemein gilt für das Konkurrenzverhältnis der unterschiedlichen Regelwerke, dass sich die Rechtsgrundlagen zur internationalen Amtshilfe nicht grundsätzlich ausschließen oder gegenseitig verdrängen. Denn aufgrund der in den Rechtsgrundlagen regelmäßig enthaltenen Öffnungsklauseln[248] ist eine weitgehendere Kooperation nach anderen Rechtsgrundlagen zumeist möglich und sogar ausdrücklich erlaubt.[249] Auch das Amtshilfeübereinkommen selbst sieht eine Kooperation nach anderen Rechtsgrundlagen vor, da gemäß Art. 27 Abs. 1 AmtshÜ die Möglichkeiten der Amtshilfe nach anderen bestehenden oder zukünftigen Abkommen nicht beschränkt werden. Diese beschränken wiederum ihrerseits die Anwendbarkeit des Amtshilfeübereinkommens nicht.[250] Sind daher die Voraussetzungen für einen Informationsaustausch nach einem Abkommen nicht erfüllt, kann der Informationsaustausch aufgrund eines anderen innerstaatlich anwendbaren Übereinkommens durchgeführt werden, sofern dieses anwendbar ist.[251]

Soweit aus diesem grundsätzlichen Nebeneinander der unterschiedlichen Rechtsgrundlagen teilweise gefolgert wird, die beteiligten Staaten könnten sich regelmäßig nach freiem Ermessen auf eine der einschlägigen Rechtsgrundlagen berufen,[252] kann dem nicht gefolgt werden. Zwar mag dem zuzustimmen sein, soweit das Konkurrenzverhältnis zwischen mehreren völkerrechtlichen Rechtsgrundlagen betroffen ist.[253] Zwischen den Mitgliedsstaaten der Europäischen Union kann aufgrund der europarechtlichen Besonderheiten, wie dem Anwendungsvorrang des Unionsrechts, jedoch nicht ohne weiteres von einem freien

247 *Grotherr*, IStR 2015, 845 (859 f.).

248 Vgl. Art.1 Abs. 3 EUAHiRL, Art. 60 Abs. 1 Mwst-ZVO, § 22 Abs. 1 EUBeitrG, Art. 12 TIEA-MA, wonach eine umfassendere Zusammenarbeit nach anderen Rechtsinstrumenten weiterhin möglich bleibt.

249 *Hendricks*, in: Gosch, AO/FGO, § 117 Rn. 38.

250 Vgl. hierzu die Ausnahme nach Art. 21 Abs. 2 lit. e AmtshÜ unter E.VII.

251 *Grotherr*, RIW 2015, 179 (185 f.); *Grotherr*, ISR 2015, 297 (298).

252 *Hendricks*, in: Gosch, AO/FGO, § 117 AO Rn. 38.

253 Vgl. Urteil des BFH v. 23.07.1968, I R 306/82, BStBl. II 1987, 92, 93.

Ermessen hinsichtlich der Auswahl der anzuwendenden Rechtsgrundlage ausgegangen werden. Denn ein möglicherweise bestehender Anwendungsvorrang hat zur Konsequenz, dass die europarechtliche Rechtsgrundlage vorrangig wäre und ein paralleles völkerrechtliches Abkommen gerade nicht zur Anwendung gelangen dürfte. Daher empfiehlt es sich meiner Einschätzung nach, bei der Frage des Konkurrenzverhältnisses zwischen Fällen der Amtshilfe unter EU-Mitgliedsstaaten und im Verhältnis zu einem Drittstaat zu unterscheiden.[254]

2. Amtshilfe im Verhältnis zu einem EU-Mitgliedsstaat

Für den Amtshilfeverkehr zwischen Mitgliedsstaaten der Europäischen Union ist zu beachten, dass den unionsrechtlichen Rechtsgrundlagen ein Anwendungsvorrang[255] gegenüber nationalen Regelungen beziehungsweise den in nationales Recht umgesetzten völkerrechtlichen Regelungen zukommt. Die EU-Mitgliedsstaaten haben vorrangig zunächst im gegenseitigen Verkehr die Mwst-ZVO, die VerbrSt-ZVO sowie die durch das EUAHiG in nationales Recht umgesetzte Amtshilferichtlinie anzuwenden, bevor auf Rechtsgrundlagen völkerrechtlichen Ursprungs zurückgegriffen werden kann.[256] Dies gilt unabhängig davon, ob es sich um Altabkommen, also um Abkommen, die vor Inkrafttreten des EG-Vertrages beziehungsweise AEUV abgeschlossen wurden, oder um Neuabkommen handelt.[257] Die europarechtlichen Normen stehen untereinander selbständig nebeneinander, weshalb Maßnahmen auf das EUAHiG, auf die Zusammenarbeitsverordnungen oder auf etwaige andere Normen gestützt werden können, sofern dies trotz des unterschiedlichen Anwendungsbereichs in Betracht kommt.[258]

Da das Unionsrecht jedoch nicht abschließend ist und insoweit nur einen Mindeststandard setzt, ist es als Ausnahme zum Anwendungsvorrang

254 Vgl. auch *Seer*, in: Tipke/Kruse, AO/FGO, § 117 Rn. 21 f; *Engelschalk*, in: Vogel/Lehner, DBA, Art. 26 Rn. 15 f; *Seer*, in: Gosch et al., DBA, Art. 26 Rn. 18 f; *Czakert*, in: Schönfeld/Ditz, DBA, Art. 26 Rn. 36.

255 Dass ein Anwendungsvorrang des EU-Rechts gegenüber nationalem Recht besteht, ergibt sich aus der wegweisenden Entscheidung des Europäischen Gerichtshofs; vgl. EuGH, Urt. v. 03.06.1964, Rs. 6/64, Slg. 1964, 1251 – Costa/ENEL.

256 *Seer*, in: Tipke/Kruse, AO/FGO, § 117 Rn. 21; *Seer*, in: Gosch et al., DBA, Art. 26 Rn. 18; *Rätke*, in: Klein, AO, § 117 Rn. 67.

257 *Schaumburg/Häck*, in: Schaumburg, Internationales Steuerrecht, Rn. 19.42.

258 *Hendricks*, Internationale Informationshilfe, S. 314.

möglich, auf ein weitgehenderes internationales Abkommen zurückzugreifen.[259] Art. 1 Abs. 3 EUAHiRL[260] sieht hierzu ausdrücklich vor, dass die Richtlinie nicht die Erfüllung der Verpflichtungen berührt, die den Mitgliedsstaaten in Bezug auf eine umfassendere Zusammenarbeit aus anderen Rechtsinstrumenten, einschließlich bi- oder multilateralen Abkommen, erwachsen. Auch das Amtshilfeübereinkommen geht davon aus, dass im Verhältnis von EU-Mitgliedsstaaten die europarechtlichen Normen grundsätzlich vorrangig heranzuziehen sind, ausnahmsweise aber andere weitgehendere Rechtsgrundlagen herangezogen werden können. Gemäß Art. 27 Abs. 2 AmtshÜ ist den Mitgliedsstaaten der Europäischen Union das Recht eingeräumt, das Amtshilfeübereinkommen insofern als Rechtsgrundlage heranzuziehen und anzuwenden, als es eine umfassendere Zusammenarbeit bietet, als die anzuwendenden Regeln der Europäischen Union.

Die EU-Mitgliedsstaaten sind somit in erster Linie an das Unionsrecht gebunden, sofern ein internationales Abkommen nicht weitgehendere Möglichkeiten der Amtshilfe vorsieht. Nach hier vertretener Auffassung ist wegen des Anwendungsvorrangs des Unionsrechts nicht nur bei geringerer, sondern selbst bei gleicher Regelungsweite des internationalen Vertrages vorrangig auf die unionsrechtliche Rechtsgrundlage zurückzugreifen.[261] Anwendungsvorrang bedeutet allgemein, dass das gesamte Primär- und Sekundärrecht des Unionsrechts gegenüber sämtlichem mitgliedsstaatlichem Recht vorrangig anzuwenden ist. Der Anwendungsvorrang ist dabei von allen mitgliedsstaatlichen Instanzen zu beachten, einschließlich der Verwaltung.[262] Entgegenstehendes nationales Recht wird in einem Kollisionsfall durch das Unionsrecht verdrängt, es wird jedoch nicht nichtig.[263] Auch in Bezug auf die steuerliche Amtshilfe gilt, dass die europäischen Rechtsgrundlagen die internationalen Rechtsgrundlagen überlagern. Alle Formen der Amtshilfe sind daher vorrangig nach den europarechtlichen Regelungen vorzunehmen, da diese bezwecken, die Zusammenarbeit zwischen den Steuerverwaltungen innerhalb der Union nach gemeinsamen Grundsätzen und Regeln zu verstärken. Der Förderung der Zusammenarbeit entspricht eine möglichst einheitliche und vorrangige Anwendung der unionsrechtlichen

---

259 *Engelschalk*, in: Vogel/Lehner, DBA, Art. 26 Rn. 16; *Seer*, in: Tipke/Kruse, AO/FGO, § 117 AO Rn. 21.

260 Vgl. ähnliche Regelungen in Art. 60 Abs. 1 Mwst-ZVO sowie in § 22 Abs. 1 EUBeitrG.

261 A. A. wohl *Czakert*, in: Schönfeld/Ditz, DBA, Art. 26 Rn. 36.

262 *Ruffert*, in: Calliess/Ruffert, EUV/AEUV, Art. 1 AEUV Rn. 19 ff.

263 *Streinz*, in: Streinz/Kruis, EUV/AEUV, Art. 4 EUV Rn. 37.

Regelungen bei gleichem oder geringerem Anwendungsbereich, bevor ein internationales Abkommen angewendet werden kann.[264] Auf die internationale Rechtsgrundlage kann nur dann zurückgegriffen werden, wenn diese inhaltlich weiter ist als die EU-Norm. Diese Auslegung entspricht auch dem Wortlaut von Art. 1 Abs. 3 EUAHiRL, der einen Rückgriff auf andere Rechtsgrundlagen nur erlaubt, wenn hieraus eine „umfassendere" Zusammenarbeit erwächst. Eine nur „gleiche" oder „vergleichbare" Zusammenarbeit reicht hingegen nicht aus.

Für die Einzelheiten des Auskunftsverkehrs, wie zum Beispiel das Steuergeheimnis,[265] bleibt hingegen als Mindeststandard das Unionsrecht weiterhin maßgeblich.[266] Es besteht jedoch die Möglichkeit, dass auch insofern internationale Regelungen heranzuziehen sind, wenn sie zum Schutz der betroffenen Steuerpflichtigen Schranken mit größerer Reichweite enthalten.[267] Wegen des hohen Schutzniveaus der europäischen Regelungen und der Möglichkeiten, die Leistung von Amtshilfe zu verweigern, ist dies jedoch unwahrscheinlich.[268] So enthalten die europäischen Regelungen ebenso Schutzklauseln[269] gegen die Preisgabe von Berufs- oder Geschäftsgeheimnissen, Informationshilfeverweigerungsrechte oder Beschränkungen des nationalen Rechts, die dazu führen können, dass eine Amtshilfemaßnahme verweigert werden kann.[270]

In der praktischen Anwendung der Regelungen zur Amtshilfe werden zwischen EU-Staaten in der Regel die unionsrechtlichen Rechtsgrundlagen herangezogen werden. Ein Rückgriff auf eine völkerrechtliche Regelung, wie zum Beispiel das Amtshilfeübereinkommen wird hingegen eher nur in Ausnahmefällen notwendig sein. Dies kommt in Betracht, wenn die einzelnen Amtshilfepflichten eine umfassendere Zusammenarbeit ermöglichen als sie nach den EU-Regelungen vorgesehen ist.[271]

---

264 A.A. wohl *Czakert*, in: Schönfeld/Ditz, DBA, Art. 26 Rn. 36, der davon ausgeht, dass bei gleichem Regelungsgehalt die verschiedenen Rechtsgrundlagen gleichwertig nebeneinander herangezogen werden können.

265 Vgl. hierzu genauer unter E.VIII.2.e.

266 *Engelschalk*, in: Vogel/Lehner, DBA, Art. 26 Rn. 16; *Seer*, IWB 2009, 951 (958).

267 *Seer*, in: Spindler et al., FS Schaumburg, S. 151 (156).

268 *Seer/Gabert*, StuW 2010, 3 (11 f.).

269 Vgl. insbesondere Art. 17 EUAHiRL.

270 *Seer*, in: Spindler et al., FS Schaumburg, S. 151 (156).

271 *Hendricks*, Internationale Informationshilfe, S. 317.

3. Amtshilfe im Verhältnis zu einem Drittstaat

Hinsichtlich des Amtshilfeverkehrs mit Drittstaaten gelten die abgeschlossenen völkerrechtlichen Verträge, wie DBAs, TIEAs oder multilateralen Verträge über Amtshilfe, wie das Amtshilfeübereinkommen. Sie gehen ihrerseits unilateralen Steuergesetzen nach § 117 Abs. 2 AO vor.[272] Sofern mehrere Abkommen nebeneinander bestehen, sind diese Rechtsgrundlagen unabhängig voneinander und wahlweise nebeneinander anwendbar,[273] es sei denn, in dem jeweiligen Abkommen ist ausdrücklich etwas anderes bestimmt.[274] In der Praxis wird die Finanzverwaltung daher bei mehreren anwendbaren internationalen Rechtsgrundlagen diejenige wählen, welche die größtmögliche Effektivität bietet. Das entspricht auch dem Rechtsgedanken der internationalen Regelwerke zur Amtshilfe, welche nicht darauf ausgelegt sind, dass jedes für sich ausschließlich und exklusiv zur Anwendung gelangt, sondern im Zweifel zugunsten eines anderen Abkommens zurücktritt.[275]

4. Unilaterale Vorschriften

Die von der Bundesrepublik Deutschland in § 117 Abs. 1, 3 AO vorgesehene Möglichkeit, Amtshilfe im Wege einseitiger, unilateraler Maßnahmen zu leisten, wird in der Praxis lediglich selten zur Anwendung kommen, da in der Regel eine europäische oder internationale Rechtsgrundlage im Sinne des § 117 Abs. 2 AO zur Verfügung steht. Ein völlig vertragloser Zustand betrifft nur sehr wenige Staaten.[276] Darüber hinaus stellt § 117 Abs. 3 AO jedoch auch eine selbständige Rechtsgrundlage dar, die der Ergänzung und Verstärkung der zwischenstaatlichen Amtshilfe dient. Dies ist vor allem dann von Bedeutung, wenn eine Amtshilfemaßnahme von einem internationalen Abkommen oder einer europarechtlichen Regelung zur steuerlichen Amtshilfe nicht gedeckt wird.[277]

---

272 *Seer*, in: Tipke/Kruse, AO/FGO, § 117 AO Rn. 22.

273 Vgl. BFH, Urt. v. 23.07.1986, I R 306/82, BStBl. II 1987, 92, 93; Urt. v. 20.01.1988, I B 72/87, BStBl. II 1988, 412, 413.

274 *Seer/Gabert*, StuW 2010, 3 (12).

275 S. hierzu auch Tz. 267 AmtshÜ-MK und Tz. 102 TIEA-MK, die jeweils davon ausgehen, dass ein Staat diejenige Rechtsgrundlage heranziehen soll, die er für am geeignetsten hält, um die begehrte Information zu erhalten.

276 *Seer*, in: Tipke/Kruse, AO/FGO, § 117 AO Rn. 117.

277 *Söhn*, in: Hübschmann et al., AO/FGO, § 117 AO Rn. 169.

5. Ergebnis

Wie ausgeführt, stellt sich das Problem eines möglichen Konkurrenzverhältnisses immer dann, wenn unterschiedliche Rechtsgrundlagen der zwischenstaatlichen Amtshilfe der Sache nach anwendbar sind. Im Verhältnis zu anderen EU-Staaten ist dabei vorrangig auf die europarechtlichen Regularien, wie das EUAHiG, die Mwst-ZVO und die VerbrSt-ZVO zurückzugreifen, wobei diese Rechtsgrundlagen auch nebeneinander zur Anwendung kommen können. Lediglich in Fällen, in denen ein internationales Abkommen eine weitgehendere und umfassendere Zusammenarbeit ermöglicht, kann auf dieses zurückgegriffen werden. Ansonsten ist die Anwendung dieser Rechtsgrundlagen wegen des Anwendungsvorrangs des Unionsrechts gesperrt. Im Verhältnis zu Drittstaaten kommen nur die völkerrechtlichen Rechtsgrundlagen zur Anwendung, wie DBAs, TIEAs oder andere Amtshilfevereinbarungen, die gleichrangig und in Konkurrenzfällen unabhängig voneinander anwendbar sind.

Für das Amtshilfeübereinkommen ergibt sich daraus die Konsequenz, dass es sowohl im Verhältnis zu EU-Staaten als auch im Verhältnis zu Drittstaaten relevant werden kann. Es ist vor allem dann von Bedeutung, wenn es allgemein einen umfassenderen Anwendungsbereich als bereits bestehende Regularien hat oder weitgehendere Möglichkeiten der steuerlichen Amtshilfe vorsieht.[278] Darüber hinaus kann das Amtshilfeübereinkommen in Bezug auf Drittstaaten Relevanz aufweisen, wenn zu diesen Staaten bisher noch keinerlei rechtliche Grundlage für eine gegenseitige steuerliche Amtshilfe bestand.

278 Die Reichweite des Amtshilfeübereinkommens im Vergleich zu anderen Rechtsgrundlagen der internationalen steuerlichen Amtshilfe ist Gegenstand der Untersuchung in Abschnitt E.

E. Instrumente des Amtshilfeübereinkommens

Bevor in diesem Abschnitt intensiv auf die Instrumente des Amtshilfeübereinkommens eingegangen wird und dessen Einordnung in das System der internationalen steuerlichen Amtshilfe erfolgen kann, wird zunächst ein Überblick über die Instrumente des Amtshilfeübereinkommens gegeben.

Der Begriff des Informationsaustauschs umfasst den Informationsaustausch auf Ersuchen, den automatischen Informationsaustausch sowie den spontanen Informationsaustausch (Art. 5-7 AmtshÜ). Es darf jedoch nicht der vorschnelle Schluss gezogen werden, dass nur diese drei Instrumente vom Begriff des Informationsaustauschs erfasst seien. Denn bei einer systematischen Betrachtung des Amtshilfeübereinkommens wird deutlich, dass dessen Abschnitt I in Kapitel III, in dem der Informationsaustausch geregelt ist, auch die gleichzeitigen Steuerprüfungen (Art. 8 AmtshÜ) sowie die Steuerprüfungen im Ausland (Art. 9 AmtshÜ) umfasst.[279] Die im Folgenden dargestellten allgemeinen Bestimmungen gemäß Art. 4 AmtshÜ gelten daher auch für diese Instrumente der internationalen Amtshilfe. Hingegen finden sie wegen der systematischen Stellung keine Anwendung für die in Abschnitt II geregelte Amtshilfe bei der Beitreibung von Steuerforderungen (Art. 11-16 AmtshÜ) und auch nicht für die in Abschnitt III geregelte Amtshilfe bei der Zustellung von Schriftstücken (Art. 17 AmtshÜ).

Beim Informationsaustausch auf Ersuchen handelt es sich um den Grundfall der Amtshilfe im Sinne der §§ 111 ff. AO, bei der die ersuchende Behörde aufgrund einer Einzelfallprüfung bei der ersuchten Behörde um Informationen beziehungsweise eine Sachverhaltsklärung anfragt. Beim spontanen Informationsaustausch werden hingegen ohne Ersuchen aufgrund einer Einzelfallprüfung Informationen an eine ausländische Behörde erteilt. Der automatische Informationsaustausch ist dadurch gekennzeichnet, dass der Übersendung von Informationen keine Einzelfallprüfung zugrunde liegt, sondern in abstrakt definierten Fallgruppen automatisch Informationen übersendet werden.[280] Zwischen diesen Auskunftsarten besteht kein Hierarchieverhältnis, da keine von ihnen besser geeignet ist, die Ziele des Informationsaustauschs zu erfüllen, als die andere.

279 Vgl. Tz. 51 AmtshÜ-MK.

280 *Seer*, IWB 2009, 951 (959); *Schwandtner/Urtz*, in: Aigner et al., DBA, Art. 26 Rn. 244.

Tatsächlich decken die verschiedenen Arten der Informationshilfe unterschiedliche Risikobereiche ab und ergänzen sich gegenseitig. Ersuchensauskunft und Spontanauskunft beziehen sich auf konkrete Risiken und sind damit zielgenauer.[281] Der automatische Informationsaustausch hingegen zielt auf die Minderung eines abstrakten Steuerausfallrisikos ab und hat damit eine breitere Streuung.[282] Daher können die Auskunftsarten auch kombiniert werden. Beispielsweise kann eine Auskunft auf Ersuchen erlangt werden und anschließend eine darüber hinausgehende Information im Wege der Spontanauskunft erteilt werden.[283] In praktischer Hinsicht spielen der spontane sowie der automatische Auskunftsaustausch eine wesentlich größere Rolle als die Erteilung von Auskünften auf Ersuchen, was vor allem mit dem erheblich größeren Verwaltungsaufwand bei Ersuchensauskünften zusammenhängt.[284]

Gleichzeitige Steuerprüfungen nach Art. 8 AmtshÜ verfolgen den Zweck, in zwei oder mehreren Vertragsparteien die steuerlichen Verhältnisse einer Person im Wege einer koordinierten Vorgehensweise zu überprüfen, vgl. Art. 8 Abs. 2 AmtshÜ. Durch Art. 9 AmtshÜ soll die Anwesenheit ausländischer Behördenvertreter bei Durchführung einer Steuerprüfung im ersuchten Staat ermöglicht werden.

I. Informationsaustausch auf Ersuchen

Bevor auf den Umfang des Informationsaustauschs auf Ersuchen nach dem Amtshilfeübereinkommen eingegangen wird (vgl. unter 2.) und daran anschließend dieser zu ähnlichen Regelungen anderer Rechtsgrundlagen ins Verhältnis gesetzt und abgegrenzt wird (vgl. unter 3.), wird zunächst die tatbestandliche Voraussetzung der voraussichtlichen Erheblichkeit dargestellt, die erfüllt sein muss, damit nach dem Amtshilfeübereinkommen ein Anspruch auf Erteilung der gewünschten Informationen besteht (vgl. unter 1.). Dabei handelt es sich beim Informationsaustausch auf Ersuchen um den Grundfall des Informationsaustauschs. Ein Staat ersucht einen anderen Staat um Informationen, die für einen steuerlichen Fall im eigenen Staat voraussichtlich erheblich sind. Die zuständige Behörde im ersuchten Staat übermittelt sodann der zuständigen Behörde des ersuchenden Staates die angefragten Informationen.[285]

---

281 *Seer*, in: Tipke/Kruse, AO/FGO, § 117 AO Rn. 110.
282 *Seer/Gabert*, StuW 2010, 3 (15).
283 *Klaproth*, in: Schwarz/Pahlke, AO/FGO, § 117 AO Rn. 29b.
284 *Engelschalk*, in: Vogel/Lehner, DBA, Art. 26 Rn. 7.
285 *Czakert*, Neue Entwicklungen bei der steuerlichen Amtshilfe, S. 25.

1. Voraussetzung: Voraussichtliche Erheblichkeit

a) Von Erforderlichkeit zu voraussichtlicher Erheblichkeit

Gemäß Art. 4 Abs. 1 AmtshÜ tauschen die Vertragsparteien alle Informationen aus, die für die Anwendung beziehungsweise Durchsetzung ihres innerstaatlichen Rechts voraussichtlich erheblich sind. Der Begriff der voraussichtlichen Erheblichkeit stammt aus Art. 26 Abs. 1 S. 1 OECD-MA und wird auch in den Auskunftsklauseln der DBA verwendet.[286] Da diese schon als Grundlage für die Ausarbeitung von Auskunftsklauseln anderer Rechtsgrundlagen dienten, wurde dieser OECD-Standard auch zur Voraussetzung einer Auskunftserteilung nach dem Amtshilfeübereinkommen gemacht.[287] Damit handelt es sich bei der voraussichtlichen Erheblichkeit um eine einheitliche Voraussetzung des Informationsaustauschs in verschiedenen internationalen Rechtsgrundlagen.[288]

Im Folgenden wird bei der Auslegung des Begriffs daher davon ausgegangen, dass dieser dieselbe Bedeutung aufweist wie in den anderen Regelwerken. Aufgrund der Entstehungsgeschichte des Amtshilfeübereinkommens und der ähnlichen Konzepte liegt es nahe, den Begriff der voraussichtlichen Erheblichkeit im Amtshilfeübereinkommen ebenso auszulegen, wie dies bei Art. 26 OECD-MA beziehungsweise in anderen Rechtsgrundlagen der Fall ist, in denen der Begriff ebenso verwendet wird.[289] Von einer solchen Bedeutung gingen offensichtlich auch die Verfasser des Amtshilfeübereinkommens aus.[290] So soll Regelungen des Amtshilfeübereinkommens dieselbe Regelungen beigemessen werden wie denen des OECD-Musterabkommens, sofern sich die Vorschriften entsprechen.[291]

Im OECD-Musterabkommen ersetzte die „voraussichtliche Erheblichkeit" den vor dem Jahr 2005 verwendeten und strengeren Begriff der Erforderlichkeit. Grund war die Erkenntnis, dass ein ersuchter Staat im Zweifel nicht in der

---

286 *Grotherr*, IStR 2015, 845 (848).

287 Vgl. hierzu schon unter C.I.

288 Vgl. beispielsweise § 4 Abs. 1 S. 1 EUAHiG, Art. 1 TIEA-MA, § 5 Abs. 1 EUBeitrG,

289 Auch der *Europäische Gerichtshof* misst dem Begriff der voraussichtlichen Erheblichkeit nach der Amtshilferichtlinie die Bedeutung zu, die er auch nach dem OECD-Musterabkommen hat und sorgt damit für eine einheitliche Rechtsauslegung. Diese gespiegelte Auslegung ergebe sich aus der Entstehungsgeschichte sowie aus der Ähnlichkeit der verwendeten Konzepte, vgl. EuGH, Urt. v. 16.05.2017, C-682/15, ECLI:EU:C:2017:373.

290 Vgl. die Bezugnahme auf die anderen Rechtsgrundlagen der internationalen Amtshilfe in Tz. 49 des Kommentars zum Amtshilfeübereinkommen 1988.

291 Vgl. S. 1 letzter Absatz des AmtshÜ-MK.

Lage ist, sich ein vollständiges Bild über die Notwendigkeit einer Information im ersuchenden Staat zu machen.[292] Die Wirkung der Regelung sollte durch die geänderten Begrifflichkeiten jedoch nicht verändert werden.[293]

b) Bedeutung der voraussichtlichen Erheblichkeit

Das Tatbestandsmerkmal der „voraussichtlichen Erheblichkeit" setzt voraus, dass zum Zeitpunkt des Ersuchens und der Informationsweitergabe aus Sicht des ersuchenden Vertragsstaates eine vernünftige Möglichkeit besteht, dass die begehrte Information für steuerliche Zwecke relevant sein wird.[294] Eine rechtliche Erheblichkeit ist zu bejahen, wenn die Informationen für die Subsumtion unter Besteuerungstatbestände des ersuchenden Vertragsstaates von Bedeutung sind.[295] Dabei reicht ein bloßer Verdacht nicht aus, sondern es bedarf stets eines konkreten Anlasses.[296] Ein solcher besteht immer dann, wenn die ernstliche Möglichkeit besteht, dass der andere Vertragsstaat abkommensrechtlich ein Besteuerungsrecht hat und ohne die Auskunft von dem Gegenstand des Besteuerungsrechts keine Kenntnis erlangen würde.[297] Hingegen ist es nicht notwendig, dass ohne die Auskunft die Verfolgung von Steueransprüchen des anderen Vertragsstaates vereitelt würde oder konkret gefährdet wäre.[298] Die Relevanz der erbetenen Information für das Besteuerungsverfahren ist somit im Rahmen einer ex-ante-Betrachtung zu beurteilen. Ob die Daten später tatsächlich von rechtlicher Bedeutung sind und in der Folge das Besteuerungsverfahren beeinflussen, ist hingegen ohne Bedeutung.[299] Dies ergibt sich schon aus dem Wort „voraussichtlich" in Art. 4 Abs. 1 AmtshÜ.

Insofern entspricht diese Auslegung auch der Auslegung des Begriffs der „Erforderlichkeit" im Rahmen des § 117 Abs. 1 AO.[300] Denn die Frage, ob

---

292 *Engelschalk*, in: Vogel/Lehner, DBA, Art. 26 Rn. 34.

293 Tz. 4.1 zu Art. 26 OECD-MK; *Herlinghaus*, in: Kessler et al., Rechtsschutz Informationsaustausch, S. 933 (946).

294 FG Köln, Beschluss v. 23.02.2018 – 2 V 814/17, juris. *Aumayr*, in: Lang, Internationale Amtshilfe in Steuersachen, S. 47 (59 f.).

295 *Hendricks*, in: Wassermeyer et al., DBA, Art. 26 MA Rn. 29.

296 *Klaproth*, in: Schwarz/Pahlke, AO/FGO, § 117 AO Rn. 23.

297 BFH, Urt. v. 13.01.2006, I B 35/05, BFH/NV 2006, 922 (923).

298 *Herlinghaus*, in: Kessler et al., Rechtsschutz Informationsaustausch, S. 933 (944).

299 *Czakert*, in: Schönfeld/Ditz, DBA, Art. 26 Rn. 55.

300 Vgl. hierzu schon B.I.; vgl. a.A. für § 117 Abs. 1 AO z.B. FG Köln, Urt. v. 26. Februar 2004, 2 K 1993/02, EFG 2004, 1734 (1736); *Hendricks*, in: Wassermeyer et al., DBA, Art. 26 MA Rn. 13; *Hendricks*, IStR 2008, 31 (34 f.).

ersuchte Auskünfte tatsächlich für die Besteuerung erforderlich sind, kann erst beantwortet werden, wenn die Auskünfte tatsächlich erteilt wurden. Daher ist auch hier die Notwendigkeit der entsprechenden Informationen im Besteuerungsverfahren im Wege einer ex-ante-Betrachtung zu ermitteln. Eine derartige Auslegung sorgt auch dafür, dass die Voraussetzungen in den verschiedenen Regelungen zum Informationsaustausch einheitlich verstanden werden.[301]

Fehlt es an der Voraussetzung der „voraussichtlichen Erheblichkeit", welche der ersuchte Staat prüfen kann, so besteht nach Art. 4 Abs. 1, Art. 5 Abs. 1 AmtshÜ keine Auskunftspflicht und der ersuchte Staat kann die Auskunft verweigern. Bestehen hingegen Zweifel an der Erheblichkeit, kann der ersuchte Staat die Darlegung der Tatsachen und der Rechtslage verlangen, aus denen sich nach Meinung des ersuchenden Staates die Erheblichkeit ergibt. Die Verweigerung der Auskunft durch den ersuchten Staat darf jedoch nicht mit der Situation einer unbefugten Auskunftserteilung verwechselt werden. Insofern ist es einem Staat möglich, eine Auskunft zu erteilen, auch wenn er aufgrund des Übereinkommens hierzu nicht verpflichtet ist. Denn dies ist ausschließlich eine Frage seines innerstaatlichen Rechts.[302]

c) Ausschluss von sog. „fishing expeditions"

Der Kommentar zum Amtshilfeübereinkommen stellt für die Beschreibung der Anforderungen an die „voraussichtliche Erheblichkeit" einer Information vor allem auf eine Abgrenzung zu sog. *„fishing expeditions"* ab. So soll durch das Erfordernis der voraussichtlichen Erheblichkeit zwar ein Informationsaustausch in einem möglichst großen Ausmaß ermöglicht werden. Gleichzeitig sollen jedoch reine Ausforschungsersuchen ausgeschlossen sein.[303] Als solche werden Ersuchen bezeichnet, die weder ein Mindestmaß an materiell-rechtlicher Relevanz noch darüber hinausgehend einen Einzelfallbezug aufweisen.[304] Es handelt sich hierbei um Anfragen „ins Blaue hinein", die sich nicht auf ausreichend konkrete Sachverhalte beziehen.[305] Für die voraussichtliche Erheblichkeit der gewünschten Information ist es notwendig, dass sie konkret bestimmte

301 FG Köln, Beschluss v. 20.10.2017 – 2 V 1055/17, juris.

302 *Engelschalk*, in: Vogel/Lehner, DBA, Art. 26 Rn. 36.

303 Tz. 50 AmtshÜ-MK.

304 *Hendricks*, in: Wassermeyer et al., DBA, Art. 26 MA Rn. 30.

305 *Czakert*, in: Schönfeld/Ditz, DBA, Art. 26 Rn. 56.

Steuerpflichtige betrifft und sich auf einen konkreten Steuerfall bezieht.[306] Bei „fishing expeditions" handelt es sich hingegen um rein spekulative Anfragen, die keinen klaren Bezug zu einem einzelnen Besteuerungsvorgang aufweisen.[307] Bei dieser Art von Anfragen wird um Auskünfte ersucht, die wahrscheinlich für die Steuerangelegenheiten eines bestimmten Steuerpflichtigen unerheblich sind.[308] Der notwendige Einzelfallbezug ergibt sich in aller Regel aus der Individualisierung des betroffenen Steuerpflichtigen, indem im Ersuchen der Name und die Anschrift der betroffenen Person genannt werden. Allerdings kann es auch ausreichend sein, wenn die Individualisierung nach anderen Kriterien möglich ist (zum Beispiel durch eine Sozialversicherungsnummer oder eine Steuernummer). Entscheidend ist dabei, dass deutlich wird, dass das Ersuchen nicht „ins Blaue hinein" erfolgt.[309] Da die Anforderungen von Staat zu Staat variieren werden, kann es im Einzelfall auch erforderlich sein, weitergehende Informationen im Ersuchen anzugeben, wie den Steuerzweck, die betroffene Zeitperiode, für die Informationen verlangt werden, oder eine Beschreibung der verlangten Informationen.[310]

Von den Ausforschungsersuchen wiederum abzugrenzen sind zulässige Gruppenanfragen durch den ersuchenden Vertragsstaat. Bei diesen ist von einer Auskunft nicht ein einzelner, sondern eine Gruppe von Steuerpflichtigen betroffen. Bei derartigen Gruppenanfragen handelt es sich um ein standardisiertes Auskunftsersuchen, welches eine Vielzahl von Steuerpflichtigen betreffen kann, die einen bestimmten Sachverhalt erfüllen und der Anlass zu der Annahme gibt, dass die von der Gruppe umfassten Personen steuerliche Pflichten verletzt haben könnten.[311] Gruppenanfragen dienen den Steuerverwaltungen insbesondere dazu, ausländische Konten ohne vorherige Kenntnis der konkreten Kundennamen zu erforschen.[312] Das Amtshilfeübereinkommen sowie der dazugehörige Kommentar gehen von der Möglichkeit aus, dass Gruppenanfragen gestellt

306 Modellfall einer „fishing expedition" ist es, wenn Informationen über sämtliche Konten der Staatsbürger eines Vertragsstaats im anderen Vertragsstaat eingeholt werden. Anders, wenn das Bankinstitut für Steuerpflichtige des ersuchenden Staates Produkte anbietet, die eine gesetzeswidrige Steuerreduzierung ermöglichen, vgl. *Engelschalk*, in: Vogel/Lehner, DBA, Art. 26 Rn. 34b.

307 *Engelschalk*, in: Vogel/Lehner, DBA, Art. 26 Rn. 34b.

308 *Czakert*, IStR 2013, 596 (598).

309 *Hendricks*, in: Wassermeyer et al., DBA, Art. 26 MA Rn. 30.

310 *Aumayr*, in: Lang, Internationale Amtshilfe in Steuersachen, S. 47 (63 f.).

311 *Grotherr*, IStR 2015, 845 (852).

312 *Grotherr*, IStR 2015, 845 (852).

werden können. So spricht Art. 5 Abs. 1 AmtshÜ ausdrücklich davon, dass Auskünfte auch über mehrere bestimmte Personen erteilt werden können. Nach dem Kommentar zum Amtshilfeübereinkommen können die auszutauschenden Informationen ausdrücklich auch eine bestimmbare Gruppe von Personen betreffen.[313] Die Problematik bei der Beurteilung der rechtlichen Zulässigkeit besteht darin, dass auch bei einer Gruppenanfrage der notwendige Einzelfallbezug gegeben sein muss, damit die Voraussetzung der voraussichtlichen Erheblichkeit gewahrt wird. Insofern kann die Abgrenzung zwischen Ausforschungsersuchen und zulässigen Gruppenanfragen schwierig sein.[314] In Anlehnung an die Vorschrift des Art. 26 OECD-MA erscheint es daher zur Erfüllung der Voraussetzung der Erheblichkeit notwendig, eine detaillierte Beschreibung der Gruppe und der spezifischen Tatsachen und Umstände abzugeben, die zu dem Ersuchen geführt haben. Ferner muss erläutert werden, weshalb die Steuerpflichtigen der Gruppe sich nicht rechtskonform verhalten haben und weshalb die erbetene Information geeignet ist, den Rechtsverstoß innerhalb der Gruppe festzustellen.[315]

2. Umfang des Informationsaustauschs

Um die Bedeutung des Amtshilfeübereinkommens für den internationalen Informationsaustausch bestimmen zu können, ist zunächst die Reichweite der darin enthaltenen Informationshilfeklausel für Ersuchensauskünfte zu untersuchen. Hierfür soll zunächst dargestellt werden, welche Arten von Auskunftsklauseln es allgemein gibt und welchen unterschiedlichen Umfang diese aufweisen können (vgl. lit. a). Anschließend soll die Klausel im Amtshilfeübereinkommen in dieses System eingeordnet werden und deren Reichweite bestimmt werden (vgl. lit. b).

a) Reichweite von Auskunftsklauseln

Die Reichweite von Auskunftsklauseln kann sehr unterschiedlich sein. Im Grunde wird dabei zwischen „kleiner“ und „großer“ Auskunftsklausel unterschieden. Die kleine Auskunftsklausel zeichnet sich dadurch aus, dass Auskünfte allein der Durchführung des konkreten Abkommens dienen, auf das sich

---

313 Vgl. Tz. 50, 167 AmtshÜ-MK.

314 *Hendricks*, in: Wassermeyer et al., DBA, Art. 26 MA Rn. 31.

315 *Seer*, in: Gosch et al., DBA, Art. 26 MA Rn. 29.

das Auskunftsersuchen stützt.[316] Informationen werden hingegen nicht mehr erfasst, wenn sie über das hinausgehen, was zur unmittelbaren Anwendung des jeweiligen Abkommens erforderlich ist. Eine Auskunft dient der Durchführung eines Abkommens, wenn sich die Rechtslage nach dem Abkommen anders darstellt als ohne das Abkommen. Unter den Begriff der Durchführung fallen Angaben über tatsächliche und rechtliche Verhältnisse, die über die Zuweisung des Besteuerungsrechts an den einen oder anderen Vertragsstaat entscheiden und der Durchführung der Besteuerung dem Grunde und/oder der Höhe nach dienen.[317] Anwendungsfall für eine kleine Auskunftsklausel ist im Falle der DBA, wenn der Quellenstaat einem im anderen Staat ansässigen Steuerpflichtigen nach dem DBA einbehaltene Abzugsteuern zurückgewährt hat und sich beim anderen Staat erkundigt, ob diese Erträge dort versteuert wurden.[318]

Von einer großen Auskunftsklausel ist hingegen die Rede, wenn eine Auskunft nicht nur zur Durchführung des Abkommens erteilt werden kann, sondern darüber hinaus auch zur Durchführung des innerstaatlichen Rechts der Vertragsstaaten.[319] Ob die Steuer, für die um eine Information ersucht wird, auch im ersuchten Staat existiert, ist daher ebenso wenig entscheidend wie die Frage, ob die Information der Durchführung des Abkommens dient. Diese Voraussetzungen sind erfüllt, wenn der ersuchende Staat Tatsachen erfragen möchte, die bei der Entscheidung über das Bestehen und die Höhe eines Steueranspruchs rechtlich erheblich sind.[320] In Bezug auf den Informationsaustausch geht die große Auskunftsklausel somit über den im materiellen Teil eines Abkommens geregelten Anwendungsbereich hinaus.[321] Der Zweck der großen Auskunftsklausel ist somit ein anderer beziehungsweise weiterer als derjenige der sonstigen Vorschriften eines Abkommens. Denn die große Auskunftsklausel in einem DBA hat keinen Zusammenhang mehr mit einer Vermeidung der Doppelbesteuerung, sondern dient allein nationalen Interessen der Vertragsstaaten. Denn Auskünfte werden in erster Linie vom Ansässigkeitsstaat des Steuerpflichtigen wegen der

---

316 *Engelschalk*, in: Vogel/Lehner, DBA, Art. 26 Rn. 47; *Aumayr*, in: Lang, Internationale Amtshilfe in Steuersachen, S. 47 (53).

317 *Söhn*, in: Hübschmann et al., AO/FGO, § 117 AO Rn. 47; *Schwandtner/Urtz*, in: Aigner et al., DBA, Art. 26 Rn. 151.

318 *Klaproth*, in: Schwarz/Pahlke, AO/FGO, § 117 AO Rn. 25.

319 *Engelschalk*, in: Vogel/Lehner, DBA, Art. 26 Rn. 47; *Aumayr*, in: Lang, Internationale Amtshilfe in Steuersachen, S. 47 (53).

320 *Czakert*, in: Schönfeld/Ditz, DBA, Art. 26 Rn. 51; *Schaumburg*, in: Schaumburg, Internationales Steuerrecht, Rn. 22.87.

321 *Hendricks*, in: Wassermeyer et al., DBA, Art. 26 MA Rn. 27.

unbeschränkten Steuerpflicht benötigt und damit zur Durchsetzung des Welteinkommensprinzips.[322] Diese Erweiterung durch die große Auskunftsklausel dient vor allem der Bekämpfung von Steuerhinterziehung und -umgehung.[323]

Der Umfang großer Auskunftsklauseln kann wiederum sehr unterschiedlich ausgestaltet sein. Sobald der vereinbarte Informationsaustausch weitgehender ist als bei der kleinen Auskunftsklausel, wird von einer großen Auskunftsklausel gesprochen.[324] Eine Variante der großen Auskunftsklausel stellt die sog. „beschränkt große Auskunftsklausel" dar. Es existieren Abkommen, die zwar einen Informationsaustausch auch zur Durchführung des innerstaatlichen Rechts vorsehen. Dies wird aber auf den Bereich der in dem Abkommen geregelten Steuern beschränkt.[325]

Historisch gesehen wurden kleine Auskunftsklauseln vor allem mit Entwicklungsländern und den früheren sozialistischen Staatshandelsländern, aber auch mit Israel, Japan und Südafrika und wenigen EU-Mitgliedsstaaten vereinbart.[326] Heutzutage ist die kleine Auskunftsklausel jedoch auf dem Rückzug und wird nach und nach durch die Vereinbarung großer Auskunftsklauseln verdrängt.[327]

b) Ausgestaltung im Amtshilfeübereinkommen

Die Informationsaustauschklausel des Art. 5 AmtshÜ fügt sich in das allgemeine System der Auskunftsklauseln ein. Gemäß Art. 5 Abs. 1 AmtshÜ tauschen die Staaten alle in Art. 4 AmtshÜ genannten Informationen über Personen und Transaktionen aus. Dabei handelt es sich gemäß Art. 4 Abs. 1 AmtshÜ um alle Informationen, die für die Anwendung beziehungsweise Durchsetzung ihres innerstaatlichen Rechts betreffend die unter das Übereinkommen fallenden Steuern voraussichtlich erheblich sind. Es handelt sich somit um eine große Auskunftsklausel, die einen Informationsaustausch auch zur Anwendung beziehungsweise Durchsetzung des innerstaatlichen Rechts ermöglicht. Da die Amtshilfe aber nur hinsichtlich der Steuern möglich ist, die unter das Abkommen fallen, handelt es sich dabei auf den ersten Blick um eine „beschränkt große

322 *Engelschalk*, in: Vogel/Lehner, DBA, Art. 26, Rn. 3.

323 *Schwandtner/Urtz*, in: Aigner et al., DBA, Art. 26 Rn. 160.

324 *Söhn*, in: Hübschmann et al., AO/FGO, § 117 AO Rn. 49.

325 *Seer*, in: Tipke/Kruse, AO/FGO, § 117 AO Rn. 34.

326 *Söhn*, in: Hübschmann et al., AO/FGO, § 117 AO Rn. 46.

327 Zum aktuellen Umfang vereinbarter Klauseln in Abkommen der Bundesrepublik Deutschland vgl. die Übersicht bei *Klaproth*, in: Schwarz/Pahlke, AO/FGO, § 117 AO Rn. 25a.

Auskunftsklausel". Bei näherer Betrachtung ist die konkrete Ausgestaltung aber logische Folge von Sinn und Zweck des Amtshilfeübereinkommens und keine Beschränkung des Geltungsbereichs. Denn das Amtshilfeübereinkommen verfolgt keinen inhaltlich eigenen Zweck, sondern möchte gerade die internationale Amtshilfe stärken. Ein DBA beispielsweise verfolgt hingegen einen weitgehenderen Zweck, nämlich die Vermeidung einer Doppelbesteuerung beziehungsweise einer Nichtbesteuerung. Insofern kann eine darin enthaltene Auskunftsklausel auch über den sachlichen Anwendungsbereich des Abkommens hinaus erweitert werden. Durch das Amtshilfeübereinkommen soll hingegen dem innerstaatlichen Recht mittels einer verbesserten Amtshilfe zu mehr Durchsetzung verholfen werden, aber nur im Bereich der Steuern, die auch dem sachlichen Anwendungsbereich des Übereinkommens unterfallen. Es kann somit vom Vorliegen einer großen Auskunftsklausel gesprochen werden, da die Einrichtung der Amtshilfe gerade der Durchsetzung des innerstaatlichen Rechts des ersuchenden Staates dient.

Inhaltlich kann nicht nur um Informationen ersucht werden, die auf Ebene der Steuererhebung relevant sind, da das Amtshilfeübereinkommen auch noch weitere Regelungsbereiche enthält. So kommen beispielsweise auch Ersuchensauskünfte in Betracht, die die Beitreibung von Steuern ermöglichen beziehungsweise erleichtern, indem Informationen über Vermögensgegenstände des Schuldners im Ausland übermittelt werden.[328]

Die Pflicht des ersuchten Staates, dem ersuchenden Staat gewisse Informationen zur Verfügung zu stellen, beschränkt sich jedoch nicht auf bloßes „Aktenwissen", das heißt Informationen, die der Finanzbehörde ohne weiteres vorliegen. Vielmehr ist der ersuchte Staat gemäß Art. 5 Abs. 2 AmtshÜ dazu verpflichtet, alle erforderlichen Maßnahmen zu treffen, um dem ersuchenden Staat die erbetenen Informationen zu erteilen. Dies bedeutet, dass der Staat alle zulässigen Maßnahmen ergreifen muss, um die gewünschte Information zu erhalten.[329]

3. Ersuchensauskünfte nach anderen Rechtsgrundlagen

a) Doppelbesteuerungsabkommen

Art. 26 Abs. 1 S. 1 OECD-MA sieht einen Austausch von Informationen vor, die zur Durchführung des Abkommens oder zur Verwaltung oder Anwendung des innerstaatlichen Rechts betreffend Steuern jeder Art voraussichtlich erheblich

328 Vgl. Tz. 55 AmtshÜ-MK.
329 Vgl. Tz. 60 AmtshÜ-MK.

sind.[330] Die Vorschrift ermöglicht somit einen großen Auskunftsverkehr und bezieht sich sogar auf Steuern, die nicht vom DBA selbst erfasst sind. Der Anwendungsbereich wird hinsichtlich des Informationsaustauschs auf andere Steuern als die vom Einkommen und Vermögen erstreckt, welche regelmäßig von DBA erfasst werden, vgl. Art. 2 Abs. 1 OECD-MA.[331] In Art. 26 Abs. 1 S. 2 OECD-MA wird auch ausdrücklich noch einmal klargestellt, dass der Informationsaustausch nicht durch Art. 2 OECD-MA eingeschränkt wird und daher auch hinsichtlich Steuern möglich ist, die nicht vom Abkommen selbst erfasst werden.[332]

Aufgrund der geschichtlichen Entwicklung der Musterabkommen zu den DBA kann in der praktischen Anwendung jedoch nicht davon ausgegangen werden, dass alle geschlossenen Abkommen eine derart weitreichende Auskunftsklausel vorsehen. In dem Musterabkommen von 1963 war ursprünglich nur der Austausch von Informationen vorgesehen, die zur Durchführung des Abkommens selbst und des innerstaatlichen Rechts der Vertragsstaaten betreffend der unter das Abkommen fallenden Steuern erforderlich waren.[333] Erst später wurde der Auskunftsaustausch auch auf Steuern erweitert, die nicht vom jeweiligen DBA selbst umfasst sind.[334] Darüber hinaus weist selbst der Musterkommentar darauf hin, dass es den Staaten frei stehe, die Anwendbarkeit der Informationshilfeklausel auf diejenigen Steuerarten zu beschränken, die von dem jeweiligen DBA selbst erfasst werden.[335] Diese Unterschiede werden noch dadurch verstärkt, dass einige DBA eine Auskunftserteilung nur zur Anwendung des jeweiligen DBAs vorsehen und damit nur eine kleine Auskunftsklausel. Auskünfte zum Zwecke der Durchsetzung innerstaatlichen Rechts scheiden somit aus.[336]

Daraus ergibt sich, dass die Reichweite der Auskunftsklauseln je nach konkretem Inhalt des geschlossenen Doppelabkommens stark variieren kann. Es

---

330 Ähnliches gilt für den Informationsaustausch nach dem Musterabkommen zur Vermeidung der Doppelbesteuerung auf dem Gebiet der Nachlass-, Erbschaft- und Schenkungsteuern. Nach dessen Art. 12 Abs. 1 S. 1 ist ebenfalls eine große Auskunftsklausel vorgesehen, weshalb auch Auskünfte zur ordnungsgemäßen Anwendung des innerstaatlichen Rechts eingeholt werden können, vgl. *Hendricks*, in: Wassermeyer et al., DBA, Art. 12 ErbSt-MA Rn. 8.

331 *Hendricks*, in: Wassermeyer et al., DBA, Art. 26 MA Rn. 27.

332 Vgl. hierzu schon D.II.2.b.aa.

333 *Czakert*, in: Schönfeld/Ditz, DBA, Art. 26 Rn. 13.

334 Vgl. hierzu bereits D.II.2.b.aa.

335 Vgl. Tz. 10.1 zu Art. 26 OECD-MK.

336 *Engelschalk*, in: Vogel/Lehner, DBA, Art. 26 Rn. 62.

können kleine oder große Auskunftsklauseln vereinbart worden sein, ferner variiert der Umfang der von den Auskunftsklauseln umfassten Steuern.[337]

b) Unionsrechtliche Regelungen

Gemäß § 4 Abs. 1 S. 1 EUAHiG hat die zuständige Finanzbehörde auf Ersuchen alle Antworten zu erstellen, die für die Festsetzung von Steuern nach § 1 EUAHiG erforderlich sind. Die Amtshilfeklausel sieht somit einen umfassenden Informationsaustausch im Sinne einer großen Auskunftsklausel vor, da die Amtshilfe dazu dient, dass der ersuchende Staat die Durchsetzung seines innerstaatlichen Rechts sicherstellen kann. Allerdings ist der Informationsaustausch gemäß § 4 Abs. 1 S. 1 EUAHiG wiederum auf die Steuern beschränkt, die nach § 1 EUAHiG unter das Abkommen fallen.[338]

Ergänzt wird das EU-Amtshilfegesetz auf den Gebieten der Verbrauchsteuern und der Mehrwertsteuer durch Auskunftsklauseln in den entsprechenden europäischen Zusammenarbeitsverordnungen. Zum Zwecke der korrekten Festsetzung der Mehrwertsteuer nach Art. 1 Abs. 1 UAbs. 2 Mwst-ZVO ist ein Informationsaustausch auf Ersuchen gemäß Art. 7 Abs. 1 Mwst-ZVO möglich. Auf dem Gebiet der Verbrauchsteuern ist ein Informationsaustausch auf Grundlage des Art. 8 Abs. 1 VerbrSt-ZVO möglich, um die erforderlichen Informationen für die ordnungsgemäße Anwendung der Verbrauchsteuervorschriften zu erhalten.

Dadurch, dass auch Auskünfte hinsichtlich Mehrwertsteuer und Verbrauchsteuern erfasst werden, ist auf europäischer Ebene ein umfassender Informationsaustausch auf Ersuchen möglich.

c) Tax Information Exchange Agreements

In den speziellen Abkommen über den steuerlichen Informationsaustausch findet sich ebenfalls eine Klausel, nach der steuerliche Informationen auf Ersuchen ausgetauscht werden können. Gemäß Art. 5 Abs. 1 TIEA-MA erteilt die zuständige Behörde dem ersuchenden Staat Auskünfte für die in Art. 1 TIEA-MA genannten Zwecke. Ein Hilfeleistungsanspruch besteht daher nur dann, wenn die angefragten Informationen für die Durchführung des Rechts der jeweiligen Vertragspartei betreffend die unter das Abkommen fallenden Steuern voraussichtlich erheblich sind.[339] Auch die speziellen Informationsaustauschabkommen

337 *Engelschalk*, in: Vogel/Lehner, DBA, Art. 26 Rn. 58.
338 Vgl. hierzu D.II.2.b.bb.
339 *Hendricks*, in: Wassermeyer et al., DBA, Art. 5 MA-InfAust Rn. 5.

enthalten daher nach der Konzeption des Musterabkommens eine große Auskunftsklausel für die Informationshilfe auf Ersuchen. Sie entsprechen ihrem Umfang dabei der großen Auskunftsklausel in den DBA.[340]

d) FATCA/FKAustG

Das FATCA-Abkommen mit den USA beziehungsweise das Finanzkonten-Informationsaustauschgesetz beinhalten ausschließlich einen automatischen Austausch von Informationen über Finanzkonten in Steuersachen, vgl. Art. 2 Abs. 1 FATCA-Gesetz beziehungsweise §§ 7, 1 Abs. 1 FKAustG. Ein Auskunftsanspruch, der auf Grundlage eines Ersuchens durch einen der beteiligten Staaten erfolgt, ist hingegen nicht geregelt.

4. Ergebnis

Die im Amtshilfeübereinkommen geregelte Informationshilfeklausel auf Ersuchen hat grundsätzlich eine sehr große Reichweite, da sämtliche Informationen eingeholt werden dürfen, die der effektiven Anwendung und Durchsetzung des nationalen Rechts dienen. Voraussetzung ist jedoch, dass ein Ersuchen Steuern betrifft, die vom Anwendungsbereich des Übereinkommens umfasst sind.

Die europäischen Regelungen der Amtshilfe umfassen ebenfalls einen weiten und umfassenden Informationsaustausch, weshalb das Amtshilfeübereinkommen diesen gegenüber keinen großen Vorteil aufweist. Die europäischen Regelungen haben ihren Nachteil lediglich darin, dass von ihnen Sozialversicherungsbeiträge nicht erfasst werden.[341]

Komplizierter ist der Vergleich der Reichweite mit Informationshilfeklauseln in DBA. Ein DBA wird vor allem bei Nicht-EU-Staaten relevant, welche nicht untereinander Auskünfte aufgrund des EU-Amtshilfegesetzes erteilen können. Die Reichweite kann sehr unterschiedlich sein und hängt maßgeblich von der Frage ab, ob in dem jeweiligen Abkommen eine kleine oder eine große Auskunftsklausel vereinbart wurde und ob auch Steuern von den Auskünften erfasst werden, die nicht dem Anwendungsbereich des DBAs unterfallen. Im Vergleich mit einem DBA mit großer Auskunftsklausel ergeben sich daher keine grundsätzlichen Unterschiede zum Amtshilfeübereinkommen, da auf Grundlage einer solchen auch Auskünfte eingeholt werden können, die der Durchführung des innerstaatlichen Rechts dienen. Ein Unterschied kann sich dann höchstens aus

340 *Grotherr*, IStR 2015, 845 (849 f.).
341 *Grotherr*, IStR 2015, 845 (847).

der Zahl der vom sachlichen Anwendungsbereich umfassten Steuern ergeben, welche beim Amtshilfeübereinkommen in aller Regel höher ist. Dasselbe Ergebnis gilt für den Fall, dass zwischen zwei Staaten ein TIEA geschlossen wurde wegen der darin enthaltenen großen Auskunftsklausel. Der konkrete Umfang hängt dabei aber wiederum von der Zahl der erfassten Steuern ab.

Ein deutlicher Unterschied in der Wirkungsweise der Informationshilfeklauseln besteht allerdings dann, wenn das Amtshilfeübereinkommen mit einem DBA mit kleiner Auskunftsklausel verglichen wird. Denn in einem solchen Fall ist der Informationsaustausch auf Steuerinformationen beschränkt, die für die Anwendung der Bestimmungen des Abkommens von Bedeutung sind. Durch das Amtshilfeübereinkommen wird der Informationsaustausch hingegen auch auf den Zweck der Anwendung oder Durchführung des innerstaatlichen Steuerrechts im ersuchenden Staat erstreckt, weshalb die Klausel im Amtshilfeübereinkommen eine größere Reichweite aufweist.[342]

Daraus ergibt sich, dass das Amtshilfeübereinkommen in seiner Reichweite vor allem gegenüber einer kleinen Auskunftsklausel in einem DBA beziehungsweise bei einer nur begrenzten Anzahl der darin geregelten Steuern viel umfassender ist. Bei bestehenden DBA mit großer Auskunftsklausel beziehungsweise gegenüber EU-Mitgliedsstaaten ergeben sich hingegen keine Vorteile.

Klar ist auch, dass zwischen Vertragsstaaten des Amtshilfeübereinkommens, die vorher noch keinerlei vertragliche Beziehung mit Regelung einer Informationshilfe unterhielten, durch das Amtshilfeübereinkommen erstmals eine solche zustande kommt.

II. Automatischer Informationsaustausch

Als automatischer Informationsaustausch wird die systematische Übermittlung zuvor festgelegter Informationen an einen anderen Staat ohne dessen vorheriges Ersuchen in regelmäßigen, im Voraus bestimmten Abständen bezeichnet. Diese Form des Informationsaustauschs erleichtert es den Finanzbehörden, steuerliche Informationen aus dem Ausland zu erhalten. Der Vergleich dieser Daten mit den bei steuerlichen Veranlagungsverfahren erhobenen Daten erlaubt die Identifizierung von Steuervermeidungsstrategien und soll für eine gerechte Besteuerung sorgen. Steuerhinterziehern wird es dadurch erschwert, erzielte Einkünfte vor dem Fiskus zu verbergen und Vermögen zu verschleiern.[343] Dabei erlangt

342 Vgl. auch *Grotherr*, IStR 2015, 845 (848).
343 *Czakert*, Neue Entwicklungen bei der steuerlichen Amtshilfe, S. 52.

der automatische Informationsaustausch immer größere Bedeutung, da er sich zum schlagkräftigen Instrument gegen Steuerhinterziehung entwickelt.[344] Wie bereits dargestellt, war diese absehbar immer größer werdende Bedeutung des automatischen Informationsaustauschs maßgeblicher Beweggrund für den deutschen Gesetzgeber, das Amtshilfeübereinkommen nach sehr langer Zeit doch noch in deutsches Recht umzusetzen.[345]

Zur Darstellung des Instruments des automatischen Informationsaustauschs soll zunächst auf dessen Entstehung und Entwicklung eingegangen werden (vgl. unter 1.), bevor dargestellt wird, inwiefern das Amtshilfeübereinkommen eine Rechtsgrundlage für einen automatischen Informationsaustausch darstellt (vgl. unter 2.). Im Anschluss daran soll dessen Inhalt nach dem Übereinkommen aufgezeigt werden (vgl. unter 3.), bevor er mit den Möglichkeiten nach anderen Rechtsgrundlagen verglichen wird (vgl. unter 4.).

1. Entwicklung des automatischen Informationsaustauschs

a) Zinsrichtlinie

Der erste Schritt auf dem Weg zu einem automatischen Informationsaustausch war die EU-Zinsrichtlinie, welche im Jahr 2003 eingeführt wurde. Sie sollte eine effektive Besteuerung von Zinserträgen im Ansässigkeitsstaat einer natürlichen Person sicherstellen, die diese in einem anderen EU-Mitgliedsstaat erhielt. Zu diesem Zweck wurde die Zinszahlung an den Staat gemeldet, in dem die natürliche Person ansässig war.[346] Nach der EU-Zinsrichtlinie waren die die Zinsen auszahlenden Stellen insbesondere verpflichtet, bei der Eröffnung eines Kontos die Identität und den Wohnsitz des Zahlungsempfängers festzustellen. Anonyme Konten waren daher in der EU unzulässig.[347] Die Umsetzung der Richtlinie mittels eines automatisierten Informationsaustauschverfahrens über Zinseinkünfte erfolgte in Deutschland gemäß § 45e EStG auf Basis der Zinsinformationsverordnung. Anstelle des automatischen Informationsaustauschs war in der EU-Zinsrichtlinie auch die Möglichkeit zu einem Quellensteuereinbehalt vorgesehen, wovon Österreich, Luxemburg und Belgien Gebrauch machten.[348]

---

344 *Hörhammer/Fehling*, NWB 2014, 3402.

345 Vgl. hierzu bereits Ziffer C.III.

346 *Czakert*, Neue Entwicklungen bei der steuerlichen Amtshilfe, S. 52.

347 *Füllsack/Bürger*, BB 2016, 2652 (2653).

348 *Seer/Wilms*, StuW 2015, 118 (119); *Marquardt/Betzinger*, BB 2014, 3033 (3034).

Bereits in einem ersten Erfahrungsbericht bemängelte die europäische Kommission Lücken und Unzulänglichkeiten der Zinsrichtlinie. Später kam sie daher zu dem Ergebnis, dass eine Aktualisierung der Richtlinie dringend geboten sei, um die bestehenden Umgehungsmöglichkeiten einzuschränken.[349] Problematisch war vor allem der Geltungsbereich der Zinsrichtlinie allein für bestimmte Zinseinkünfte, weshalb sie durch die Wahl anderer Finanzprodukte umgangen werden konnte.[350] Aus diesem Grund wurde die EU-Zinsrichtlinie zum 01.01.2016 wieder aufgehoben. Hinzu kam, dass im Juli 2014 eine Änderung der EU-Amtshilferichtlinie in Kraft trat, welche der Umsetzung des globalen Standards der OECD für den automatischen Informationsaustausch über Finanzkonten diente. Wegen dieser Novelle der EU-Amtshilferichtlinie war die EU-Zinsrichtlinie nicht mehr notwendig, da deren Anwendungsbereich nun weitestgehend von der Amtshilferichtlinie erfasst wurde.[351]

b) Amtshilferichtlinie

Ein weiterer Schritt auf dem Weg zur Entwicklung eines automatischen Informationsaustauschs war die bereits genannte Einführung der EU-Amtshilferichtlinie im Jahr 2011, die in Deutschland durch das EU-Amtshilfegesetz in nationales Recht umgesetzt wurde. Nach Art. 8 Abs. 1 EUAHiRL beziehungsweise § 7 Abs. 1 EUAHiG sind die Mitgliedsstaaten verpflichtet, seit dem 01.01.2014 bestimmte Informationen über die in einem anderen Mitgliedsstaat ansässigen Personen an diesen Mitgliedsstaat zu übermitteln. Erfasst sind hiervon beispielsweise Informationen über Vergütungen aus nichtselbständiger Arbeit oder über Eigentum an unbeweglichem Vermögen und Einkünften daraus, vgl. Art. 8 Abs. 1 lit. a-e EUAHiRL.[352] Grund für die Einführung und Umsetzung der EU-Amtshilferichtlinie und den darin geregelten Informationsaustausch zwischen den Mitgliedsstaaten war, dass diese in einem funktionierenden europäischen Binnenmarkt notwendig sind, um die Wettbewerbsgleichheit tatsächlich zu gewährleisten. Ferner dient dies dazu, die Gesetzmäßigkeit und Gleichmäßigkeit der Besteuerung bei Auslandsbeziehungen in gleicher Weise zu gewährleisten wie bei Inlandsbeziehungen.[353]

---

349 *Marquardt/Betzinger*, BB 2014, 3033 (3035).
350 *Hörhammer/Fehling*, NWB 2014, 3402 (3407).
351 *Czakert*, Neue Entwicklungen bei der steuerlichen Amtshilfe, S. 53.
352 *Marquardt/Betzinger*, BB 2014, 3033 (3035).
353 *Seer*, in: Tipke/Kruse, AO/FGO, § 117 AO Rn. 91.

c) *Foreign Account Tax Compliance Act*

Beim *Foreign Account Tax Compliance Act* (FATCA) handelte es sich ursprünglich um ein nationales Gesetz der USA vom 18.03.2010, wodurch eine Anpassung der nationalen Quellenbesteuerungsregeln beschlossen wurde. Ziel war es dabei, die Steuerflucht von in den USA steuerpflichtigen Personen wirksam zu bekämpfen.[354] Inhaltlich wurde die amerikanische Gesetzgebung einseitig dahingehend verändert, dass ausländische Kreditinstitute für sämtliche Konten amerikanischer Staatsbürger automatisiert Informationen an den amerikanischen Fiskus (IRS) zu liefern hatten. Bei Weigerung durch das verpflichtete Finanzinstitut wurde eine Steuer auf Zahlungen an die ausländischen Kreditinstitute von 30 % auf amerikanische Quellen einbehalten.[355] Ziel war kein Informationsaustausch, sondern eine einseitige Meldepflicht der Finanzinstitute.[356] Um die im jeweiligen ausländischen Staat ansässigen Finanzinstitute von der Gefahr einer derartigen Strafsteuer zu befreien, entwickelten die USA sog. *Intergovernmental Agreements*, die sie anderen Vertragsstaaten entweder als gegenseitiges oder als einseitiges Auskunftsabkommen anboten.[357] Eine einseitige Auskunftspflicht war aus datenschutzrechtlichen und auch aus völkerrechtlichen Gesichtspunkten unzulässig, da FATCA in die Souveränitätsrechte anderer Staaten in massiver Form eingriff.[358] Deshalb schloss die Bundesrepublik Deutschland mit den USA am 31.05.2013 ein bilaterales Abkommen (FATCA-Abkommen) ab, das die Staaten gegenseitig verpflichtet, Kontoinformationen ihrer Steuerpflichtigen, die Konten im jeweils anderen Vertragsstaat haben, zu übermitteln.[359] In diesem Zusammenhang sei jedoch darauf hingewiesen, dass das Abkommen dem deutschen Fiskus keine echte Gegenseitigkeit bietet. Denn der Umfang der durch die USA zu meldenden Informationen bleibt deutlich hinter dem des deutschen Meldesatzes zurück.[360]

Neben der Umsetzung des Abkommens in nationales Recht durch das FATCA-Gesetz hat der Gesetzgeber gleichzeitig mit § 117c AO die Grundlagen geschaffen, die zur Erfüllung der Verpflichtungen aus innerstaatlich anwendbaren

354 *Marquardt/Betzinger*, BB 2014, 3033 (3035).
355 *Klaproth*, in: Schwarz/Pahlke, AO/FGO, § 117 AO Rn. 26c; *Hörhammer/Fehling*, NWB 2014, 3402 (3404 f.).
356 *Dölker*, BB 2017, 279,; *Seer/Wilms*, StuW 2015, 118 (119).
357 *Seer*, IWB 2015, 870 (871).
358 *Czakert*, DStR 2015, 2697 (2698 f.).
359 *Czakert*, Neue Entwicklungen beim Informationsaustausch, S. 54 f.
360 Vgl. hierzu genauer *Beier/Schulte*, RIW 2013, 527 (530 f.).

völkerrechtlichen Vereinbarungen über einen automatischen Informationsaustausch in Steuersachen nach nationalem Recht erforderlich sind. Die §§ 117-117b AO ermächtigen zwar die Finanzbehörden zur Übermittlung von Daten an andere Staaten, sehen aber keine Verpflichtung zur Erhebung relevanter Daten vor.[361] Auch das FATCA-Abkommen selbst stellt keine ausreichende Rechtsgrundlage dar für konkrete Maßnahmen des deutschen Staates gegenüber Steuerpflichtigen und Finanzinstituten. Ferner kann es nicht als hinreichende datenschutzrechtliche Erlaubnisnorm angesehen werden.[362] § 117c Abs. 1 S. 1 AO enthält aus diesem Grund eine Ermächtigung des Bundesministeriums der Finanzen zum Erlass von Rechtsverordnungen, mit denen die Prüfungs-, Erhebungs- und Übermittlungspflichten unter Berücksichtigung der Besonderheiten der jeweiligen völkerrechtlichen Vereinbarung im Einzelnen ausgestaltet werden können.[363] Die Vorschrift ist allgemein gefasst und gilt daher auch für zukünftige weitere Abkommen, nicht nur für FATCA.[364] In Bezug auf FATCA ist die derartige Ausgestaltung durch die FATCA-USA-Umsetzungsverordnung erfolgt.[365]

Nach der Verordnung sind alle deutschen Finanzinstitute verpflichtet, US-Kunden beziehungsweise -Investoren unter ihren Kunden zu identifizieren. Wird hierbei eine Beteiligung von US-Steuerpflichtigen festgestellt, müssen bestimmte Angaben zur Identität des Finanzinstituts und des US-Steuerpflichtigen sowie zum Kontostand und zu den auf die US-Steuerpflichtigen entfallenden Erträge elektronisch an das Bundeszentralamt für Steuern übermittelt werden.[366] Diese Daten werden dann mit der amerikanischen Finanzverwaltung ausgetauscht. Bei Weigerung oder nicht erfolgter Übermittlung sind US-Zahlstellen verpflichtet, auf Kapitalerträge und bestimmte weitere Zahlungen aus US-Quellen, die ins Ausland geleistet werden, eine Quellensteuer in Höhe von 30 % einzubehalten.[367]

---

361 *Heidner*, in: Hübschmann et al., AO/FGO, § 117c AO Rn. 4.

362 *Seer*, in: Tipke/Kruse, AO/FGO, § 117c AO Rn. 2.

363 *Heidner*, in: Hübschmann et al., AO/FGO, § 117c AO Rn. 7.

364 *Seer*, in: Tipke/Kruse, AO/FGO, § 117c AO Rn. 2.

365 Vgl. Verordnung vom 23.07.2014 zur Umsetzung der Verpflichtungen aus dem Abkommen zwischen der Bundesrepublik Deutschland und den Vereinigten Staaten von Amerika zur Förderung der Steuerehrlichkeit bei internationalen Sachverhalten und hinsichtlich der als Gesetz über die Steuerehrlichkeit bezüglich Auslandskonten bekannten US-amerikanischen Informations- und Meldebestimmungen (im Folgenden: FATCA-USA-UmsV), BGBl. I 2014, 1222.

366 *Van der Ham et al.*, ISR 2018, 26 (33).

367 *Kraft et al.*, DB 2017, 2243 (2247).

Das FATCA-Abkommen und die darin enthaltenen Regelungen waren dafür verantwortlich, dass der automatische Informationsaustausch zum allgemeinen Standard erhoben wurde.[368] Vor allem war es der Grundstein für die Entwicklung des „*Common Reporting Standards*" durch die OECD, der maßgeblich für das Instrument des automatischen Informationsaustauschs im Amtshilfeübereinkommen ist,[369] und dessen Inhalt im Folgenden dargestellt werden soll.

2. Umsetzung im Amtshilfeübereinkommen

Das Amtshilfeübereinkommen sieht keine konkrete Ausgestaltung eines automatischen Informationsaustauschs vor. Neben der bestehenden Rechtsgrundlage in Art. 6 AmtshÜ bedarf es daher weiterer Schritte der Umsetzung, bis ein automatischer Informationsaustausch auf Grundlage des Amtshilfeübereinkommens durchgeführt werden kann.

a) Das Amtshilfeübereinkommen als Rechtsgrundlage

Art. 6 AmtshÜ enthält lediglich die Regelung, dass für zwei oder mehr Vertragsstaaten die Möglichkeit besteht, für Fallkategorien und nach Verfahren, die sie einvernehmlich festlegen, die in Art. 4 AmtshÜ genannten Informationen automatisch auszutauschen. Es handelt sich bei Art. 6 AmtshÜ um eine bloße Rechtsgrundlage für einen automatischen Informationsaustausch, die erst durch konkrete Vereinbarungen ausgefüllt werden muss, wenn überhaupt ein automatischer Informationsaustausch stattfinden soll und in welchem Umfang. Die Unvollkommenheit des Art. 6 AmtshÜ liegt darin begründet, dass es nicht in allen Situationen und in Bezug auf alle vom Amtshilfeübereinkommen erfassten Steuern sinnvoll ist, einen automatischen Informationsaustausch durchzuführen. Dies kann der Fall sein, wenn zu wenige austauschbare Informationen vorhanden sind, wirtschaftliche Beziehungen zwischen zwei Ländern nur begrenzt bestehen oder wenn der Informationsaustausch einen zu großen Verwaltungsaufwand bedeuten würde.[370] Neben der innerstaatlichen Anwendbarkeit des Art. 6 AmtshÜ ist daher eine eigenständige bilaterale oder multilaterale Verwaltungsvereinbarung zwischen den zuständigen Steuerbehörden als Durchführungsbestimmung erforderlich.[371] In dieser kann eine genaue

368 *Seer*, in: Tipke/Kruse, AO/FGO, § 117c AO Rn. 1.
369 *Czakert*, DStR 2015, 2697 (2699).
370 Vgl. Tz. 64 AmtshÜ-MK.
371 *Grotherr*, IStR 2015, 845 (853).

Regelung des durchzuführenden Verfahrens getroffen werden, außerdem können die auszutauschenden Daten festgelegt werden. Letzteres ist auch gerade deshalb notwendig, weil es zum einen nicht effektiv ist, sämtliche verfügbaren Daten auszutauschen, auch wenn diese überhaupt nicht benötigt werden. Zum anderen ist es abhängig vom Steuerrecht der einzelnen Staaten, welche genauen Informationen diese benötigen.[372] Auch ist zu bedenken, dass der Grundsatz der voraussichtlichen Erheblichkeit in Art. 4 Abs. 1 AmtshÜ wegen seiner systematischen Stellung auch für den automatischen Informationsaustausch gilt. Durch die Vereinbarung der genauen Informationen, die generell ausgetauscht werden sollen, wird durch die Vertragsstaaten festgelegt, welche Informationen für sie voraussichtlich erheblich sind.[373]

b) Ausarbeitung des automatischen Informationsaustauschs

Auf der Basis von FATCA entwickelte die OECD mit den G20-Staaten sowie in enger Zusammenarbeit mit der Europäischen Union einen globalen Standard für den automatischen Informationsaustausch über Finanzkonten. Dieser *„Common Reporting Standard"* (CRS) ist mittlerweile der weltweit akzeptierte Standard für den automatischen Informationsaustausch und umfasst mehrere Dokumente.[374] Dies ist zum einen ein Muster für eine Verwaltungsvereinbarung zwischen den zuständigen Behörden der Vertragsstaaten *(Model Competent Authority Agreement, MCAA)* sowie ein gemeinsamer Meldestandard *(Common Reporting Standard, CRS)*. Darüber hinaus existieren entsprechende Kommentare zu MCAA und CRS sowie Leitlinien zu technischen Lösungen für die Übertragung von Informationen.[375]

(aa) Model Competent Authority Agreement

Das *Model Competent Authority Agreement* der OECD war die Grundlage für den Abschluss eines völkerrechtlichen Vertrages, nämlich der sog. Mehrseitigen

---

372 Vgl. Tz. 65 AmtshÜ-MK.

373 *Engelschalk*, in: Vogel/Lehner, DBA, Art. 26 Rn. 41.

374 *Czakert*, Neue Entwicklungen bei der steuerlichen Amtshilfe, S. 57 f.

375 Vgl. Standard for Automatic Exchange of Financial Account Information in Tax Matters, S. 14 ff., abrufbar über https://www.oecd-ilibrary.org/docserver/9789264216525-en.pdf?expires=1593780484&id=id&accname=guest&checksum=9906A077E874980DBFA62F7E84A17427, zuletzt überprüft am 03.07.2020.

Vereinbarung in Berlin am 29.10.2014.[376] Diese knüpft an Art. 6 AmtshÜ an und stellt eine Vereinbarung in diesem Sinne dar, nach der die Vertragsparteien einvernehmlich Fallkategorien und Verfahren festlegen können, um automatisch Informationen auszutauschen. Die mehrseitige Vereinbarung enthält dabei Regelungen zum gegenseitigen automatischen Informationsaustausch über Finanzkonten zwischen zwei Staaten. Sie stellt damit neben Art. 6 AmtshÜ eine zwingende Voraussetzung dar, dass Informationen überhaupt ausgetauscht werden können.[377] Ihr Ziel ist es, grenzüberschreitende Steuerverkürzung zu bekämpfen und die Steuerehrlichkeit zu fördern.[378] Sie stellt die Verbindung her zwischen dem CRS und der Rechtsgrundlage in Art. 6 AmtshÜ. In der Vereinbarung enthalten sind die Modalitäten, die sicherstellen sollen, dass die entsprechenden Informationen auch ausgetauscht werden können.[379] Die mehrseitige Vereinbarung wurde durch Gesetz vom 21.12.2015 in nationales Recht umgesetzt.[380]

(bb) Common Reporting Standard

Der *Common Reporting Standard* enthält die Melde- und Sorgfaltspflichten, die dem automatischen Austausch zugrunde liegen.[381] Er legt damit den genauen Umfang der zu meldenden Finanzinformationen fest, die meldepflichtigen Finanzinstitute sowie die zu meldenden Kontoinhaber. Auch werden im *CRS* Verfahren zur Erfüllung der Sorgfaltspflichten durch die Finanzinstitute geregelt.[382] Die nationale Umsetzung des *CRS* erfolgte in Deutschland durch das Finanzkonten-Informationsaustauschgesetz[383] vom 21.12.2015. Dieses Gesetz diente zugleich der Umsetzung der EU-Amtshilferichtlinie. Die Umsetzung des

376 Der Originaltext dieser Vereinbarung ist abrufbar über www.oecd.org/tax/automatic-exchange/international-framework-for-the-crs/multilateral-competent-authority-agreement.pdf, zuletzt überprüft am 03.07.2020.

377 *Czakert*, Neue Entwicklungen bei der steuerlichen Amtshilfe, S. 58 f.

378 *Klaproth*, in: Schwarz/Pahlke, AO/FGO, § 117 AO Rn. 26d.

379 Vgl. Standard for Automatic Exchange of Financial Account Information in Tax Matters, S. 14 f; *Seer*, IWB 2015, 870 (871).

380 Vgl. Gesetz vom 21.12.2015 zu der Mehrseitigen Vereinbarung vom 29.10.2014 zwischen den zuständigen Behörden über den automatischen Austausch von Informationen über Finanzkonten, BGBl. II 2015, 1630.

381 *Seer*, IWB 2015, 870 (871).

382 *Czakert*, DStR 2015, 2697 (2699).

383 Vgl. Gesetz vom 21.12.2015 zum automatischen Austausch von Informationen über Finanzkonten in Steuersachen, BGBl. I 2015, 2531.

CRS ist somit sowohl für die EU-Mitgliedsstaaten als auch für Drittstaaten einheitlich erfolgt.[384]

(cc) Weitere Entwicklung: Country-by-Country-Reporting

Mehrere Staaten schlossen am 27.01.2016 eine weitere mehrseitige Vereinbarung ab, die den Austausch von länderbezogenen Berichten (sog. *„Country-by-Country-Reporting“)* vorsieht und durch § 138a AO in nationales Recht umgesetzt wurde.[385] Der Abschluss dieser Vereinbarung war Teil der Maßnahmen zur Bekämpfung von Gewinnverkürzungen und -verlagerungen von multinational tätigen Konzernen (sog. *Base Erosion and Profit Shifting* – BEPS-Projekt[386]).[387] Diese BEPS-Projekte zielen darauf ab, Informationsdefizite der Steuerverwaltungen abzubauen, das Ausmaß und den Ort der Besteuerung stärker an die tatsächliche wirtschaftliche Substanz zu knüpfen, die Kohärenz der einzelnen nationalen Steuersysteme der Staaten zu erhöhen und unfairen Steuerwettbewerb einzudämmen.[388] Der zwischenstaatliche Informationsaustausch über die länderbezogenen Berichte erfolgt auf Grundlage des Art. 6 AmtshÜ und der entsprechenden Verwaltungsvereinbarung vom 27.01.2016. Länderbezogene Berichte wurden erstmals für das Steuerjahr 2016 erstellt.[389] Mittels des *Country-by-Country-Reportings* sollte auch in Bezug auf Verrechnungspreise und Wertschöpfungsketten größere Transparenz hergestellt werden. Denn das Hauptproblem der Steuerverwaltungen liegt hierbei in einem Informationsvorsprung der Steuerpflichtigen, durch den der Fremdvergleichsgrundsatz zu Lasten der betroffenen Staaten untergraben werden kann.[390] Durch das *Country-by-Country-Reporting* kann überprüft werden, ob Steuerpflichtige bei der Festlegung von Verrechnungspreisen in grenzüberschreitenden Vertragsbeziehungen mit nahestehenden Personen oder verbundenen Unternehmen den Fremdvergleichsgrundsatz beachtet haben. Hieraus kann geschlossen werden, ob ein

---

384 *Czakert*, Neue Entwicklungen bei der steuerlichen Amtshilfe, S. 60.

385 Vgl. Gesetz vom 19.10.2016 zu der Mehrseitigen Vereinbarung vom 27.01.2016 zwischen den zuständigen Behörden über den Austausch länderbezogener Berichte, BGBl. II 2016, 1178.

386 Für einen Überblick über die BEPS-Abschlussberichte der OECD/G20 vgl. *van Lück*, IWB 2015, 758.

387 *Seer*, in: Tipke/Kruse, AO/FGO, § 117 AO Rn. 87.

388 *Schallmoser*, in: Hübschmann et al., AO/FGO, § 138a AO Rn. 1.

389 *Czakert*, Neue Entwicklungen beim Informationsaustausch, S. 77 f.

390 *Hendricks*, in: Oestreicher/Dorenkamp, BEPS - Base Erosion and Profit Shifting, 122; *Dölker*, BB 2017, 279 (280).

Steuerpflichtiger durch die Verrechnungspreisgestaltung Einkünfte gemindert haben könnte und in der Folge kann eine Entscheidung darüber getroffen werden, ob die Verrechnungspreise geprüft werden sollten.[391]

Inhaltlich werden multinationale Unternehmen durch das *Country-by-Country-Reporting* dazu verpflichtet, länderbezogene Berichte für den Gesamtkonzern abzugeben. Die länderbezogenen Berichte versetzen die Finanzverwaltung in die Lage, ein steuerliches Risikomanagement, insbesondere für den Bereich der Verrechnungspreise durchzuführen. Dies gilt aber auch für andere Bereiche, auf denen Gewinnverlagerungen und -verkürzungen besser erkannt und in der Folge besser bekämpft werden können.[392]

Ziel des *Country-by-Country-Reporting* ist es, einen Überblick über gruppenweite Finanzinformationen und deren Aufteilung auf die Tätigkeiten im Ausland zu ermöglichen.[393] Die Finanzverwaltungen können hieraus ableiten, ob hinsichtlich bestimmter Steuerpflichtiger besondere steuerliche Risiken bestehen, die eine Außenprüfung erforderlich machen.[394] Außerdem soll es den Finanzbehörden erleichtert werden, künstliche Gewinnverlagerungen in Niedrigsteuergebiete zu identifizieren, gleichzeitige Betriebsprüfungen abzustimmen und Erkenntnisse für zukünftige Gesetzesinitiativen oder Verwaltungsmaßnahmen zu gewinnen.[395]

3. Inhalt des automatischen Informationsaustauschs

Aufgrund der unterschiedlichen Rechtsgrundlagen, aus denen sich der automatische Informationsaustausch nach dem Amtshilfeübereinkommen zusammensetzt, werden zunächst dessen Funktionsweise und Inhalt dargestellt, wie sie sich aus MCAA und CRS samt nationaler Umsetzung durch das Finanzkonten-Informationsaustauschgesetz ergeben. Klargestellt sei aber gleich vorweg, dass

---

391 *Andresen*, in: Lüdicke, BEPS - Herausforderungen für die Unternehmen, S. 87 (94 f.) Dieser kritisiert jedoch auch, dass ein *Country-by-Country-Reporting* gar nicht notwendig sei, da die Finanzverwaltungen bereits durch die anderen bestehenden rechtlichen Regelungen ausreichend Informationen erhielten, die für die zwischenstaatliche Einkünfteabgrenzung erforderlich seien.

392 *Czakert*, Neue Entwicklungen beim Informationsaustausch, S. 77 f. Vgl. zum genauen Inhalt des Country-by-Country Reportings bei *Grotherr*, IStR 2016, 991 (991 ff.); *Czakert*, ISR 2017, 216 (216 ff.).

393 *Bärsch et al.*, DB 2016, 972 (976).

394 *Czakert*, Neue Entwicklungen bei der steuerlichen Amtshilfe, S. 78.

395 *Seer*, IWB 2016, 6 (8).

der momentan auf dem Amtshilfeübereinkommen beruhende automatische Informationsaustausch alleine Informationen über Finanzkonten betrifft. Ein weitgehenderer automatischer Informationsaustausch ist – abgesehen von den Regelungen über das *Country-by-Country-Reporting* – noch nicht vorgesehen.

Hauptregelungspunkte des MCAA sind zum einen die in Abschnitt 2 geregelten Arten an Informationen, die ausgetauscht werden sollen. Zeitpunkt sowie Art und Weise des Austauschs werden in Abschnitt 4 der Vereinbarung geregelt. Es sind keine eigenständigen Geheimhaltungs- und Datenschutzvorschriften geregelt, sondern in Abschnitt 5 wird dafür auf die Vorschrift des Art. 22 AmtshÜ Bezug genommen.[396] Die Besonderheit des hier betrachteten automatischen Informationsaustauschs über Finanzkonten liegt somit darin, dass trotz der gesonderten Regelungen der hohe Schutzstandard des Amtshilfeübereinkommens dennoch erhalten bleibt.

Genauere Regelungen über den Ablauf und Inhalt des Informationsaustauschs ergeben sich aus dem CRS beziehungsweise den Umsetzungsvorschriften des Finanzkonten-Informationsaustauschgesetzes. Gemäß § 8 Abs. 1 FKAustG lautet die Grundregel, dass jedes meldende Finanzinstitut für jedes meldepflichtige Konto dem Bundeszentralamt für Steuern bestimmte Informationen übermitteln muss.

a) *Meldepflichtiges Finanzkonto*

Unter einem Finanzkonto wird ein von einem Finanzinstitut geführtes Konto verstanden, § 19 Nr. 18 FKAustG. Hiervon umfasst werden Einlagekonten, Verwahrkonten oder eine bestimmte Eigen- beziehungsweise Fremdkapitalbeteiligung an einem Finanzinstitut. Einlagekonten sind beispielsweise Geschäftskonten, Girokonten, Sparkonten, Terminkonten, Einlagenzertifikate oder Schuldtitel. Unter Verwahrkonten wird das klassische Depot verstanden und demnach ein Konto, in welchem Finanzinstrumente verwahrt werden, wie zum Beispiel Anteile an Kapitalgesellschaften, Anleihen, Obligationen, Schuldverschreibungen, Währungsgeschäfte, Derivate oder Swaps.[397] Ferner gibt es auch Konten, bei denen ein geringeres Risiko besteht, dass sie zur Steuerhinterziehung genutzt werden, weshalb es sich bei diesen um nicht meldepflichtige Konten handelt.[398] Dies sind Altersvorsorgekonten, steuerbegünstigte

---

396 Vgl. genauer zu den Fragen der Geheimhaltung und des Datenschutzes unter E.VIII.

397 *Schmidt/Ruckes*, IStR 2014, 652 (656).

398 *Czakert*, ISR 2017, 216 (219).

Nicht-Altersvorsorgekonten, Risikolebensversicherungsverträge, Nachlasskonten und Treuhandkonten, § 19 Nr. 34 FKAustG.

Für die Meldepflicht eines Kontos ist es zudem erforderlich, dass der Kontoinhaber als meldepflichtige Person identifiziert wurde. Zur Bestimmung dieser Meldepflicht und der Identifizierung der Konteninhaber wird der Kundenbestand gemäß §§ 11-16 FKAustG in vier Kategorien aufgeteilt.[399] Hinsichtlich dieser unterschiedlichen Kategorien werden auch unterschiedliche Sorgfaltspflichten gestellt.[400] In allen Fällen geht es darum, Konten nicht in Deutschland steuerpflichtiger Personen zu überprüfen, die entsprechenden Daten zu speichern und diese regelmäßig an das Bundeszentralamt für Steuern zu übermitteln.[401]

b) Meldepflichtiges Finanzinstitut

Meldende Finanzinstitute im Sinne des FKAustG sind verpflichtet, ihre Kunden zu identifizieren und zu melden. Ein meldendes Finanzinstitut liegt vor, wenn es sich um einen Rechtsträger handelt, der in einem teilnehmenden Staat ansässig ist und bei dem es sich um ein Finanzinstitut im Sinne des § 19 Nr. 3 FKAustG handelt.[402] Ist dies der Fall, ist dieses auch in der Regel meldendes Finanzinstitut im Sinne der §§ 8 Abs. 1, 19 Nr. 1 FKAustG. Allerdings werden gemäß § 19 Nr. 9 FKAustG bestimmte Unternehmen vom Begriff des meldenden Finanzinstituts ausgenommen. Diese sog. „nicht meldenden Finanzinstitute" sind zum Beispiel staatliche Rechtsträger, internationale Organisationen, Zentralbanken, bestimmte Altersvorsorgefonds und sonstige Fonds, vgl. § 19 Nr. 10-17 FKAustG.[403] Bei diesen besteht allgemein ein geringeres Risiko dafür, dass Steuern vermieden oder hinterzogen werden, weshalb sie von der Informationspflicht ausgenommen wurden.[404]

c) Inhalt der Meldung

Der Inhalt der jeweiligen Meldung, die von den Finanzinstituten an das BZSt und von diesem später an die ausländischen Staaten zu übermitteln ist, ist ausführlich

---

399 *Schmidt/Ruckes*, IStR 2014, 652 (656).

400 Vgl. hierzu genauer die Regelungen in §§ 11 ff. FKAustG sowie die genauen Erläuterungen bei *Schmidt/Ruckes*, IStR 2014, 652 (656 ff.).

401 *Czakert*, DStR 2015, 2697 (2701).

402 *Czakert*, ISR 2017, 216 (218).

403 *Schmidt/Ruckes*, IStR 2014, 652 (655).

404 Vgl. Standard for Automatic Exchange of Financial Account Information in Tax Matters, S. 15.

in § 2 FKAustG geregelt. Zusammenfassend handelt es sich dabei um drei Arten von Informationen, die mitgeteilt werden müssen. Dies sind Informationen, die zur Identifizierung des betreffenden Kontoinhabers notwendig sind (Identifizierungsinformationen), zur Identifizierung des Kontos und des kontoführenden Finanzinstituts (Kontoinformationen) sowie zu Aktivitäten auf dem Konto und zum Kontosaldo (Finanzinformationen).[405]

4. Automatischer Austausch nach anderen Rechtsgrundlagen

a) OECD-Musterabkommen

Der Wortlaut des Art. 26 Abs. 1 OECD-MA, der den Informationsaustausch im Allgemeinen regelt, trifft keine klare und hinreichend genaue Aussage darüber, ob ein automatischer Informationsaustausch im Rahmen eines DBAs in Betracht kommt. So ist darin lediglich allgemein festgehalten, dass die Behörden der Vertragsstaaten Informationen austauschen. Es ist daher eine Frage der Auslegung, ob automatische Auskünfte von Art. 26 Abs. 1 OECD-MA erfasst werden oder nicht.[406]

Bereits der Wortlaut spricht dafür, dass automatische Auskünfte von Art. 26 OECD-MA erfasst werden, da diese Vorschrift ein Ersuchen nicht explizit voraussetzt.[407] Betrachtet man die historische Entwicklung des OECD-Musterabkommens, so stellt man fest, dass die verschiedenen Fassungen des Musterkommentars zum OECD-Musterabkommen eine Aussage treffen, ob ein automatischer Informationsaustausch im Rahmen des Art. 26 OECD-MA möglich ist. Der Musterkommentar des Jahres 1963 ging noch davon aus, dass eine Informationshilfe nur auf ausdrückliches Ersuchen erfolgen sollte, wohingegen der Musterkommentar ab dem Jahr 1977 auch automatische und unaufgeforderte Auskünfte für möglich hielt.[408] Der Musterkommentar sieht insoweit vor, dass ein automatischer Informationsaustausch möglich ist, zum Beispiel wenn Mitteilungen über eine bestimmte Art oder mehrere Arten von Einkünften, die aus einem Vertragsstaat in den anderen Vertragsstaat fließen, dem anderen Staat regelmäßig gegeben werden.[409] Automatische Auskünfte zwischen den durch ein

---

405 *Czakert*, Neue Entwicklungen bei der steuerlichen Amtshilfe, S. 72. Vgl. hierzu genauer bei *Hörhammer/Fehling*, NWB 2014, 3402 (3406).

406 *Söhn*, in: Hübschmann et al., AO/FGO, § 117 AO Rn. 51a.

407 *Pohl*, in: Mössner et al., Steuerrecht international tätiger Unternehmen, Rz. 13.33.

408 *Hendricks*, in: Wassermeyer et al., DBA, Art. 26 MA Rn. 41.

409 Vgl. Tz. 9 zu Art. 26 OECD-MK.

DBA vertraglich gebundenen Staaten sind daher als abkommenskonform einzustufen[410] und kommen somit grundsätzlich in Betracht.[411]

Im Zuge dieser Entwicklung wurden im Jahr 2005 die Absätze 4 und 5 zu Art. 26 OECD-MA hinzugefügt. Dadurch wird der mögliche Informationsaustausch nach nationalen Regelungen und nach Art. 26 Abs. 3 OECD-MA ergänzt.[412] Durch den neu hinzugefügten Art. 26 Abs. 5 OECD-MA wird erreicht, dass nationale Regelungen des Bankgeheimnisses ausgehebelt werden, um zu vermeiden, dass Amtshilfemaßnahmen unter Verweis auf das Bankgeheimnis gemäß Art. 26 Abs. 3 OECD-MA verweigert werden können.[413] Die Einführung des Art. 26 Abs. 5 OECD-MA folgte der Idee, das traditionell „amtshilfefeste" Bankgeheimnis für Zwecke der internationalen Amtshilfe aufzuweichen und damit einen Zugriff auf bestimmte Finanzdaten zu erleichtern.[414] Eine Verweigerung der Amtshilfe unter Verweis auf das Bankgeheimnis nach Art. 26 Abs. 3 OECD-MA ist daher nicht möglich. Die Entstehung „amtshilfefester Geheimnissphären" ist ausgeschlossen.[415]

Dieses Vorgehen wurde jedoch von einzelnen Staaten heftig kritisiert und abgelehnt, weshalb Art. 26 Abs. 5 OECD-MA häufig nur in abgeschwächter Form oder gar nicht in neu verhandelte DBA aufgenommen wird. Aus diesem Grund konnte ein übergreifendes System zum internationalen Austausch von Bankinformationen für steuerliche Zwecke im Rahmen des OECD-Musterabkommens bisher nicht erfolgreich etabliert werden.[416]

Auch bedarf es zur Wahrung des Kriteriums der „voraussichtlichen Erheblichkeit" einer gesonderten Verwaltungsvereinbarung, die die Informationen definiert, die generell im anderen Vertragsstaat erheblich sind.[417] Hierin sollten

---

410 *Hendricks*, in: Wassermeyer et al., DBA, Art. 26 MA Rn. 42.

411 Hierbei wird im Hinblick auf die Änderung der Kommentierung durch die OECD auch die Frage diskutiert, ob die Auskünfte auf Grund aller dem OECD-Muster entsprechenden Auskunftsklauseln erteilt werden können oder ob dies nur bei Auskunftsklauseln möglich ist, die auf dem Muster seit 1977 basieren, vgl. hierzu *Hendricks*, Internationale Informationshilfe, S. 164 ff; *Engelschalk*, in: Vogel/Lehner, DBA, Art. 26 Rn. 39.

412 *Schmidt/Ruckes*, IStR 2014, 652 (653).

413 *Schmidt/Ruckes*, IStR 2014, 652 (653); *Czakert*, IStR 2013, 596 (598).

414 *Hendricks*, in: Wassermeyer et al., DBA, Art. 26 MA Rn. 87.

415 *Hendricks*, in: Wassermeyer et al., DBA, Art. 26 MA Rn. 86.

416 *Schmidt/Ruckes*, IStR 2014, 652 (653); *Grotherr*, IStR 2015, 845 (853).

417 *Engelschalk*, in: Vogel/Lehner, DBA, Art. 26 Rn. 41.

die Fallgruppen, in denen automatische Auskünfte erteilt werden können, klar aufgeführt werden.[418]

b) Tax Information Exchange Agreements

Die TIEAs sehen in ihrem Musterabkommen gemäß Art. 5 TIEA-MA einen Informationsaustausch auf Ersuchen vor. Ein automatischer Informationsaustausch war hingegen bisher noch nicht vorgesehen und damit in der Praxis auch noch nicht Bestandteil abgeschlossener TIEAs.[419]

Im Jahr 2015 verabschiedete die OECD jedoch ein Musterprotokoll zur Erweiterung bestehender TIEA auf den automatischen Informationsaustausch und auf Spontanauskünfte.[420] Zwar erkannte die OECD an, dass mit Art. 6 AmtshÜ bereits eine Regelung über einen automatischen Informationsaustausch besteht, und die meisten Staaten wegen des multilateralen Charakters am ehesten von dieser Gebrauch machen würden. Allerdings könnten sich auch Umstände ergeben, in denen die Vereinbarung eines automatischen Informationsaustauschs im Rahmen eines TIEA Sinn macht. Dies vor allem dann, wenn der andere Staat das Amtshilfeübereinkommen noch nicht unterzeichnet hat oder es noch nicht in Kraft getreten ist und ein automatischer Informationsaustausch möglichst schnell eingerichtet werden soll.[421]

Der neue Art. 5A TIEA-MA entspricht einer bloßen Rechtsgrundlage, wie sie auch in Art. 6 AmtshÜ vorgesehen ist. Sie bedarf somit ebenfalls der genaueren Ausgestaltung. In Verhandlungen über neue TIEAs wird die Finanzverwaltung von den Erweiterungen durch das Protokoll Gebrauch machen. Damit kann insbesondere auf dieser Basis ein automatischer Informationsaustausch für Kontoinformationen entsprechend dem Common Reporting Standard ermöglicht werden oder ein Country-by-Country Reporting eingerichtet werden.[422]

---

418 *Schwandtner/Urtz*, in: Aigner et al., DBA, Art. 26 Rn. 246.

419 *Kraft et al.*, DB 2017, 2243 (2246); *Engelschalk*, in: Vogel/Lehner, DBA, Art. 26 Rn. 27a.

420 *Van der Ham et al.*, ISR 2018, 26 (32).

421 Vgl. Model Protocol for the purpose of allowing the Automatic and Spontaneous Exchange of Information under a TIEA, S. 1, abrufbar über http://www.oecd.org/ctp/exchange-of-tax-information/Model-Protocol-TIEA.pdf (zuletzt überprüft am 03.07.2020).

422 *Czakert*, Neue Entwicklungen beim Informationsaustausch, S. 43.

c) FATCA

Das FATCA-Übereinkommen zwischen Deutschland und den USA bildete, wie bereits dargestellt, den Ausgangspunkt für die Entwicklung eines automatischen Informationsaustauschs. Daher weisen die Regelungen des CRS und diejenigen nach dem FATCA-Übereinkommen auch inhaltliche Ähnlichkeiten auf, da der CRS auf Grundlage von FATCA entworfen und weiterentwickelt wurde. So behandeln beide Abkommen den Austausch bestimmter Informationen über Finanzkonten in steuerlicher Hinsicht. Es bestehen jedoch im Detail auch einige Unterschiede, weshalb es bei der Umsetzung des CRS darauf ankommt, so weit wie möglich auf der bereits erfolgten FATCA-Umsetzung aufzubauen und beide miteinander zu verbinden.[423]

Die grundsätzliche Systematik stimmt weitestgehend überein. Unterschiede bestehen vor allem deshalb, weil das Steuersystem der USA Bürger aufgrund ihrer amerikanischen Staatsbürgerschaft besteuert. Die in FATCA geregelte „Strafsteuer" bei einer unterbliebenen Datenübermittlung fehlt im CRS hingegen völlig. Im Falle einer unterbliebenen Informationsübermittlung bleibt den beteiligten Staaten daher nur die Möglichkeit, ihrerseits nach dem Grundsatz der Gegenseitigkeit die Übermittlung von Informationen einzustellen. Auch ergeben sich Unterschiede, weil es sich bei FATCA lediglich um ein bilaterales Abkommen handelt, der CRS hingegen einen multilateralen Ansatz verfolgt. Der räumliche Anwendungsbereich des CRS ist demzufolge auch viel größer als der von FATCA.[424]

d) Unionsrechtliche Regelungen

(aa) EU-Amtshilferichtlinie

Das EU-Amtshilfegesetz bietet in § 7 EUAHiG verschiedene Möglichkeiten an, wie Informationen zwischen den EU-Mitgliedsstaaten automatisch ausgetauscht werden können.

(1) Ursprünglicher Umfang des automatischen Austauschs

Gemäß § 7 Abs. 1 EUAHiG tauschen die Mitgliedsstaaten untereinander automatisch Informationen über in anderen Mitgliedsstaaten ansässige Personen aus. Diese Informationen umfassen gemäß § 7 Abs. 1 Nr. 1-5 EUAHiG die folgenden Einnahmekategorien: Vergütungen aus unselbständiger Arbeit,

---

423 *Schmidt/Ruckes*, IStR 2014, 652 (659).
424 *Schmidt/Ruckes*, IStR 2014, 652 (659).

Aufsichtsrats- oder Verwaltungsratsvergütungen, Lebensversicherungsprodukte, die nicht von anderen Rechtsakten der EU über einen Informationsaustausch oder vergleichbare Maßnahmen erfasst sind, Ruhegehälter, Renten und ähnliche Zahlungen sowie Einkünfte aus unbeweglichem Vermögen (Vermietung und Verpachtung) sowie den Erwerb des Eigentums daran.

§ 7 Abs. 1 EUAHiG dient der Umsetzung des Art. 8 Abs. 1 EUAHiRL, wobei eine automatische Übermittlung von Informationen nur in den ausdrücklich genannten Fällen möglich ist; die Aufzählung ist insofern abschließend.[425] Der automatische Informationsaustausch in diesen genannten Fallgruppen wurde bereits mit der Erneuerung des Amtshilferichtlinie im Jahr 2011 eingeführt und als eine der Innovationen der neu geregelten europäischen Amtshilfe angesehen.[426] Es wurde bereits damals erkannt, dass es sich beim automatischen Austausch um das effektivste Mittel handelt, um die korrekte Festsetzung der Steuern bei grenzüberschreitenden Sachverhalten zu verbessern und Steuerbetrug zu bekämpfen. Zu diesem Zweck sollte daher ein stufenweiser Ansatz verfolgt werden, beginnend mit dem automatischen Austausch der verfügbaren Informationen in den in § 7 Abs. 1 EUAHiG genannten Fallgruppen.[427] In den dort genannten Fällen sind die Informationen zwingend zu erteilen, das Ermessen ist auf Null reduziert. Auch werden keine besonderen Anzeichen einer unzutreffenden Besteuerung verlangt. Die Rechtsgrundlage stellt eine grundlegende Ausweitung des Informationsaustauschs dar in Fällen, in denen vorher eine Spontanauskunft mit einem aufwendigeren Verfahren erforderlich war.[428]

Problematisch dabei ist jedoch das Tatbestandsmerkmal der „Verfügbarkeit“ gemäß § 7 Abs. 1 EUAHiG. Informationen sind nämlich nur dann an einen anderen Mitgliedsstaat zu übermitteln, wenn diese Informationen auch zentralisiert verfügbar sind. Hierdurch sowie durch die Beschränkung des Informationsaustauschs auf die genannten Fallgruppen wurde der Anwendungsbereich stark eingeschränkt. Daher folgten im Laufe der Jahre mehrfach Erweiterungen der EU-Amtshilferichtlinie, insbesondere im Hinblick auf Finanzkonten.[429]

---

425 *Söhn*, in: Hübschmann et al., AO/FGO, § 117 AO Rn. 267 f.

426 *Gabert*, FR 2013, 986 (989).

427 Vgl. Erwägungsgrund 10 der Richtlinie 2011/16/EU des Rates.

428 *Hendricks*, in: Gosch, AO/FGO, § 117 AO Rn. 188.

429 *Hörhammer*, NWB 2015, 741 (743).

(2) Austausch von Informationen über Finanzkonten

§ 7 Abs. 2 EUAHiG setzt Art. 8 Abs. 3a EUAHiRL in nationales Recht um, der eine Intensivierung und Weiterentwicklung des automatischen Informationsaustauschs darstellt.[430] So sieht die Vorschrift einen automatischen Informationsaustausch hinsichtlich Informationen über Finanzkonten vor, wie er nach § 2 FKAustG geregelt wurde. Daher sind nach einer Änderung der EU-Amtshilferichtlinie[431] die nach § 2 FKAustG von inländischen Finanzinstituten in Anwendung des *Common Reporting Standards* gemeldeten Finanzkontendaten von in ausländischen Mitgliedsstaaten ansässigen Steuerpflichtigen den jeweiligen Wohnsitz-Mitgliedsstaaten auf elektronischem Wege zu übermitteln. Eine vorherige Anhörung ist dabei entbehrlich, auch widerspräche sie dem Sinn eines automatischen Informationsaustauschs.[432]

Die Erweiterung des automatischen Informationsaustauschs folgte der Erwägung, dass aufgrund von FATCA und der Entwicklung des gemeinsamen Meldestandards durch die OECD auch auf europäischer Ebene die Zusammenarbeit intensiviert werden sollte. Um Kosten und Verwaltungslasten für die beteiligten Steuerverwaltungen und Wirtschaftsbeteiligten zu vermeiden, wurde daher der gemeinsame Meldestandard der OECD als Grundlage auch des innereuropäischen automatischen Informationsaustauschs über Finanzkonten herangezogen.[433]

(3) Aktuelle Erweiterungen des automatischen Austauschs

Darüber hinaus ist in § 7 Abs. 3 EUAHiG eine weitere Möglichkeit eines automatischen Informationsaustauschs vorgesehen, der grenzüberschreitende Vorbescheide sowie Vorabverständigungen über die Verrechnungspreisgestaltung betrifft.[434] Bei den grenzüberschreitenden Vorbescheiden (sog. *Advance Tax Rulings)* handelt es sich gemäß § 2 Abs. 3 EUAHiG um eine Vereinbarung oder

430 *Klaproth*, in: Schwarz/Pahlke, AO/FGO, § 117 AO Rn. 28.

431 Richtlinie Nr. 2014/107/EU des Rates vom 09.12.2014 zur Änderung der Richtlinie 2011/16/EU bezüglich der Verpflichtung zum automatischen Austausch von Informationen im Bereich der Besteuerung, Abl. 2014, L 359/1.

432 *Seer*, in: Tipke/Kruse, AO/FGO, § 117 AO Rn. 104.

433 Vgl. Erwägungsgründe 7–9 der Richtlinie 2014/107/EU des Rates.

434 Richtlinie Nr. 2015/2376/EU des Rates vom 08.12.2015 zur Änderung der Richtlinie 2011/16/EU bezüglich der Verpflichtung zum automatischen Austausch von Informationen im Bereich der Besteuerung, Abl. 2015, L 332, 1; Einen Überblick zur Entstehung gibt *Seer*, IWB 2015, 870 (873).

Maßnahme mit ähnlicher Wirkung, die verschiedene Voraussetzungen erfüllen muss. Es geht dabei um eine Zusage durch eine nationale Behörde, die die Auslegung oder Anwendung einer Rechts- oder Verwaltungsvorschrift verbindlich klarstellt. Inhaltlich steht dabei eine grenzüberschreitende Transaktion im Mittelpunkt oder die Frage, ob durch Tätigkeiten, denen eine Person nicht im Inland nachgeht, eine Betriebsstätte begründet wird oder nicht. Dabei wird die Auskunft vor der Transaktion beziehungsweise Tätigkeit im Ausland erteilt.

Bei den Vorabverständigungen über die Verrechnungspreisgestaltung (sog. *Advance Pricing Agreements)* handelt es sich gemäß § 2 Abs. 4 EUAHiG um eine Mitteilung oder eine andere Maßnahme mit ähnlicher Wirkung, die von einer Behörde im Vorfeld einer grenzüberschreitenden Transaktion zwischen verbundenen Unternehmen abgegeben wird. Inhaltlich werden entweder geeignete Kriterien zur Bestimmung der Verrechnungspreise für die betreffenden Transaktionen festgelegt oder die Zuweisung von Gewinnen an eine Betriebsstätte verbindlich geregelt.

Erfasst werden von den grenzüberschreitenden Vorbescheiden sowie Vorabverständigungen über die Verrechnungspreisgestaltung die folgenden antragsabhängigen Steuerauskünfte: verbindliche Auskunft mit konkreten Rechtsfragen zu geplanten Sachverhalten (§ 89 Abs. 2 AO), verbindliche Auskunft zu einzelnen Verrechnungspreisfragen, verbindliche Vorabzusage zu künftigen fortlaufenden Verrechnungspreistransaktionen und verbindliche Zusage im Anschluss an eine Außenprüfung (§ 204 AO).[435]

Damit der notwendige grenzüberschreitende Bezug gegeben ist, muss sich der Vorbescheid auf eine grenzüberschreitende Transaktion im Sinne des § 2 Abs. 7 EUAHiG beziehen. Dies kommt in Betracht, wenn der anfragende Steuerpflichtige ein Gebietsfremder ist und die auskunftserteilende Finanzbehörde konkrete Rechtsfragen zu geplanten Sachverhalten im Rahmen der beschränkten Steuerpflicht beantwortet. Ferner dann, wenn der anfragende Steuerpflichtige ein Steuerinländer ist und die auskunftserteilende Finanzbehörde konkrete Rechtsfragen zur Besteuerung der Auslandsbeziehungen im Rahmen der unbeschränkten Steuerpflicht beantwortet. Außerdem können auch Steuerauskünfte bei Durchleitungsgestaltungen erfasst sein, bei denen die daraus resultierenden Rechtsfolgen auch Auswirkungen auf die Besteuerung in Drittstaaten haben.[436]

Als aktuelle Weiterentwicklung auf europäischer Ebene ist auch noch die Umsetzung des Austauschs länderbezogener Berichte in Art. 8aa EUAHiRL zu

435 *Grotherr*, IStR 2015, 293 (295 f.).
436 *Grotherr*, IStR 2015, 293 (296).

nennen.[437] Danach hat der Mitgliedsstaat, in dem die oberste Muttergesellschaft ansässig ist, den Bericht gemäß Art. 8aa Abs. 1,2 EUAHiRL zu veranlassen und ihn im Wege des automatischen Informationsaustauschs an jeden berührten Mitgliedsstaat zu übermitteln.[438] Außerdem wurde der automatische Informationsaustausch im Rahmen der EU-Amtshilferichtlinie gemäß Art. 8ab EUAHiRL um einen verpflichtenden automatischen Informationsaustausch über meldepflichtige grenzüberschreitende Gestaltungen ergänzt.[439] Hierdurch soll es den Mitgliedsstaaten ermöglicht werden, ihre nationalen Steuerbemessungsgrundlagen vor Aushöhlung zu schützen und eine gerechte Besteuerung im Binnenmarkt unterstützt werden.[440]

(bb) Zusammenarbeitsverordnungen

In der Mehrwertsteuer-Zusammenarbeitsverordnung und der Verbrauchsteuer-Zusammenarbeitsverordnung sind ebenfalls Regelungen zu einem automatischen Informationsaustausch getroffen, die die Regelungen des EU-Amtshilfegesetzes in ihrem jeweiligen Anwendungsbereich ergänzen. Diese sind sehr spezifisch und in Abstimmung mit dem jeweiligen Regelungsbereich der Verordnung detailliert geregelt.

Art. 13 Mwst-ZVO sieht allgemein eine Regelung für einen ersuchensunabhängigen Informationsaustausch vor, der gemäß Art. 13 Abs. 2 Mwst-ZVO entweder automatisch oder spontan erfolgen kann. Art. 14 Abs. 1 Mwst-ZVO i.V.m. Art. 2 Durchführungs-VO[441] trifft insoweit eine genauere Regelung, in welchen Bereichen ein automatischer Informationsaustausch stattzufinden

---

437 Richtlinie Nr. 2016/881/EU des Rates vom 25.05.2016 zur Änderung der Richtlinie 2011/16/EU bezüglich der Verpflichtung zum automatischen Austausch von Informationen im Bereich der Besteuerung, Abl. 2016, L 146, 8.

438 *Weber-Grellet*, in: Musil/Weber-Grellet, Europäisches Steuerrecht, Art. 8-8b Amtshilfe-RL Rn. 9.

439 Vgl. Richtlinie (EU) 2018/822 des Rates vom 25. Mai 2018 zur Änderung der Richtlinie 2011/16/EU bezüglich des verpflichtenden automatischen Informationsaustauschs im Bereich der Besteuerung über meldepflichtige grenzüberschreitende Gestaltungen, Abl. 2018 L 139, 1.

440 *Weber-Grellet*, in: Musil/Weber-Grellet, Europäisches Steuerrecht, Einf. Amtshilfe-RL Rn. 28.

441 Durchführungsverordnung (EU) Nr. 79/2012 der Kommission vom 31.01.2012 zur Regelung der Durchführung bestimmter Vorschriften der Verordnung (EU) Nr. 904/2010 des Rates über die Zusammenarbeit der Verwaltungsbehörden und die Betrugsbekämpfung auf dem Gebiet der Mehrwertsteuer, Abl. 2012, L 29/13.

hat. Dies sind zum einen Informationen betreffend nicht im Inland ansässiger Steuerpflichtiger sowie zum anderen Informationen über neue Fahrzeuge. Die entsprechenden Unterkategorien der Informationen sind ausführlich in Art. 3 Durchführungs-VO geregelt.

Ebenso trifft Art. 15 VerbrSt-ZVO eine Regelung zur Durchführung eines automatischen Informationsaustauschs, dessen Inhalt wiederum in einer entsprechenden Durchführungsverordnung[442] genauer geregelt ist.

5. Ergebnis

Der automatische Informationsaustausch hat sich über viele Jahre hinweg entwickelt und es ist nicht davon auszugehen, dass diese Entwicklung bereits zu Ende ist. So wird es in den kommenden Jahren und Jahrzehnten zu einer weiteren Ausweitung des automatischen Informationsaustauschs kommen, was insbesondere die Erstreckung auf weitere Sachverhalte betrifft. Dafür sprechen die internationalen Bestrebungen, den automatischen Austausch von Informationen aufgrund seiner großen Effektivität weiter auszubauen.[443] So bringen die automatischen Auskünfte als Teil eines grenzüberschreitenden elektronischen Risikomanagements dem Empfängerstaat Kontrollmaterial zum automatischen Abgleich mit den Angaben in den Steuererklärungen.[444]

Auch überzeugt der automatische Informationsaustausch aufgrund seiner einfachen Anwendung und Handhabung, die mit einem vergleichsweise geringen Verwaltungsaufwand verbunden ist. Im Falle einer Ersuchensauskunft ist das Verfahren hingegen in den wenigsten Fällen innerhalb weniger Tage erledigt, sondern dies kann mehrere Wochen oder sogar Monate lang dauern.[445] Demgegenüber weist der automatische Informationsaustausch den grundlegenden Vorteil auf, dass die zum Jahresstichtag übermittelten Daten von diesem Zeitpunkt an jederzeit abrufbar sind und daher der Finanzverwaltung zumindest in der Theorie unmittelbar zur Verfügung stehen.

---

442 Durchführungsverordnung (EU) Nr. 323/2016 der Kommission vom 24.02.2016 zur Festlegung von Durchführungsbestimmungen über die Zusammenarbeit und den Informationsaustausch zwischen den Mitgliedsstaaten bezüglich der Beförderung verbrauchsteuerpflichtiger Waren unter Steueraussetzung gemäß der Verordnung (EU) Nr. 389/2012, Abl. 2016, L 66/1.

443 *Hörhammer*, NWB 2015, 741.

444 *Seer*, IWB 2014, 87 (92).

445 *Hendricks*, in: Oestreicher/Dorenkamp, BEPS - Base Erosion and Profit Shifting, S. 105 (109 f.).

Inhaltlich ist das Amtshilfeübereinkommen vor allem als Rechtsgrundlage für den automatischen Informationsaustausch über Finanzkonten und für den Austausch länderbezogener Berichte interessant. Darüber hinaus kann auf Grundlage des Art. 6 AmtshÜ und weiterer Verwaltungsvereinbarungen der Anwendungsbereich des automatischen Informationsaustauschs ausgeweitet werden.

Nach den Informationshilfeklauseln in den DBA ist ein automatischer Informationsaustausch zwar ebenso grundsätzlich möglich, allerdings hat sich dieser zumindest bislang nicht durchgesetzt. Auch ein automatischer Informationsaustausch mittels spezieller TIEAs wird zum Amtshilfeübereinkommen keine grundlegende Konkurrenz darstellen. Denn die Vereinbarung eines solchen macht lediglich in Einzelfällen Sinn, wenn beispielsweise das Amtshilfeübereinkommen in einem einzelnen Staat, mit dem ein automatischer Informationsaustausch durchgeführt werden soll, noch nicht in Kraft getreten ist. Im Hinblick auf das FATCA-Übereinkommen mit den USA bestehen nur geringe Unterschiede im Vergleich zum Amtshilfeübereinkommen. In all diesen Fällen darf aber auch nicht vergessen werden, dass ein automatischer Informationsaustausch einen technischen Aufwand erfordert, der eher im multilateralen Kontext Sinn macht als jeweils im Verhältnis zweier Staaten zueinander.

Auf europäischer Ebene stellt sich die Situation folgendermaßen dar: Im EU-Amtshilfegesetz ist zum einen ein automatischer Informationsaustausch geregelt, der durch die Mehrwertsteuer-Zusammenarbeitsverordnung und die Verbrauchsteuer-Zusammenarbeitsverordnung für deren entsprechende Anwendungsbereiche ergänzt wird. Daneben ist im EU-Amtshilfegesetz nicht nur ein automatischer Informationsaustausch über Finanzkonten geregelt, sondern auch solche über Vorbescheide und Vorabverständigungen über Verrechnungspreisgestaltungen, über den Austausch länderbezogener Berichte und über grenzüberschreitende Gestaltungen. Ferner existieren mit § 7 Abs. 1 EUAHiG mehrere Fallgruppen, bei denen ein automatischer Informationsaustausch zulässig und möglich ist. Daraus lässt sich also folgern, dass sich im Verhältnis der EU-Mitgliedsstaaten keine Vorteile aus einer Anwendung des Art. 6 AmtshÜ ergeben, sondern dass der automatische Informationsaustausch nach den EU-Regelungen sogar umfassender ist.[446] Wegen des Anwendungsvorrangs des Unionsrechts müssen im Verhältnis der EU-Staaten untereinander daher sogar die Regelungen des Unionsrechts vorrangig angewendet werden.

446 *Grotherr*, IStR 2015, 845 (853).

Der automatische Informationsaustausch nach dem Amtshilfeübereinkommen bringt somit vor allem dann einen Vorteil, wenn Informationen mit Nicht-EU-Staaten ausgetauscht werden sollen. Denn hier bietet das Amtshilfeübereinkommen nun eine klare Rechtsgrundlage zur Durchführung eines automatischen Informationsaustauschs, die bisher noch nicht bestand.

III. Spontaner Informationsaustausch

1. Allgemeines

Beim spontanen Informationsaustausch handelt es sich um die Übermittlung von Informationen, ohne dass ein vorheriges Ersuchen durch einen anderen Staat erfolgt ist.[447] Der Sinn der Spontanauskunft besteht somit darin, einem ausländischen Staat steuerlich relevante Informationen zu erteilen, von denen dieser bisher noch keine Kenntnis hatte. Deshalb wird diese Form der Informationshilfe auch als „internationale Kontrollmitteilung" bezeichnet.[448] Spontanauskünfte setzen ein über die Ländergrenzen hinausgehendes Denken der Bediensteten des Staates voraus, der die Informationen übermittelt. Denn diese müssen einschätzen, ob die übermittelten Informationen in dem anderen Staat steuerrelevant sind.[449] Im Gegensatz dazu werden bei einer automatischen Auskunft bestimmte, genau definierte Sachverhalte zu einem festgelegten Stichtag untereinander regelmäßig ausgetauscht. Dies geschieht unter Verwendung elektronischer Medien und betrifft den Austausch von Massendaten.[450] Daher ist die Erteilung einer Spontanauskunft auch oftmals effektiver, da die übermittelten Informationen vor allem aus Betriebsprüfungen oder anderen Untersuchungen stammen.[451] Die Spontanauskunft erfolgt nämlich in Fällen, in denen die mitteilende Finanzverwaltung Anzeichen für eine im Ergebnis fehlerhafte Steuerfestsetzung im Empfängerstaat hat.[452] Bei den Kontrollmitteilungen handelt es sich daher um ein erlaubtes und rechtsstaatliches Mittel einer notwendigen Steuerkontrolle.[453]

---

447 *Klaproth*, in: Schwarz/Pahlke, AO/FGO, § 117 AO Rn. 29b.
448 *Brock*, Zwischenstaatlicher Auskunftsverkehr innerhalb der EU, S. 106.
449 *Gabert*, FR 2012, 707 (712).
450 *Czakert*, Neue Entwicklungen bei der steuerlichen Amtshilfe, S. 26.
451 Vgl. Tz. 68 AmtshÜ-MK.
452 *Seer*, in: Tipke/Kruse, AO/FGO, § 117 AO Rn. 102.
453 *Carl/Klos*, DStR 1992, 528 (530).

Nachteile bestehen darin, dass die Erteilung einer Spontanauskunft für den einzelnen Steuerbeamten, der die Auskunft abfasst, mit einem erheblichen Verwaltungsaufwand verbunden sein kann. Darüber hinaus besteht bei Auskünften in Fällen ein Problem, in denen einem Steuerpflichtigen eine Steuerbegünstigung gewährt wird, die im anderen Vertragsstaat zu einer Steuererhöhung führt. Bei korrekter Mitteilung an den anderen Vertragsstaat ginge die steuerbegünstigende Wirkung für den Steuerpflichtigen verloren. Insofern besteht in der Regel kein Anreiz zum spontanen Informationsaustausch, obwohl dieser verpflichtend zu erfolgen hätte.[454] Einer Erteilung von Spontanauskünften stehen oftmals auch volkswirtschaftliche Gründe entgegen, da diese Auskünfte zu Auftragsverlusten führen können.[455] Denn zum einen besteht die Gefahr der Preisgabe von Steuer- und/oder Geschäftsgeheimnissen, zum anderen kann ein Konflikt des Geschäftspartners mit der zuständigen Finanzbehörde zu einer erheblichen Belastung oder gar zum Abbruch der Geschäftsbeziehungen führen.[456] Probleme werden auch darin gesehen, dass Art. 7 Abs. 1 lit. a-e AmtshÜ eine Reihe unbestimmter Rechtsbegriffe enthält und die praktische Handhabung daher erheblich erschwert ist. Die grundsätzliche Verpflichtung zur Erteilung von Spontanauskünften kann daher ins Leere laufen.[457]

Eine rechtliche Verpflichtung zu einem spontanen Informationsaustausch besteht grundsätzlich nicht, allerdings können Staaten untereinander vereinbaren, dass bei Vorliegen gewisser Voraussetzungen eine spontane Auskunft an den anderen Vertragsstaat erfolgen soll.[458] Eine derartige Vereinbarung stellt Art. 7 AmtshÜ dar, der einen spontanen Auskunftsaustausch zwischen den Vertragsstaaten des Übereinkommens statuiert.

2. Spontanauskünfte nach dem Amtshilfeübereinkommen

Gemäß Art. 7 Abs. 1 AmtshÜ übermittelt eine Vertragspartei einer anderen Vertragspartei ohne vorheriges Ersuchen Informationen, die ihr bekannt geworden sind. Der jeweiligen Finanzbehörde ist dabei kein Ermessen eingeräumt, sondern die Spontanauskunft muss erteilt werden. Dies gilt jedoch nach dem Wortlaut der Norm nur in den Fällen, die in Art. 7 Abs. 1 lit. a-e AmtshÜ explizit genannt sind. Die genannten Fallgruppen sind daher abschließend und es handelt sich

---

454 *Grotherr*, IStR 2015, 845 (852).

455 *Carl/Klos*, Leitfaden internationale Amtshilfe, S. 183.

456 *Seer/Gabert*, StuW 2010, 3 (14).

457 *Grotherr*, IStR 2015, 845 (852).

458 *Czakert*, Neue Entwicklungen beim Informationsaustausch, S. 26.

nicht nur um Regelbeispiele, bei denen ähnliche Fallkonstellationen ebenfalls erfasst wären. Die Fallgruppen entsprechen denen des Art. 9 Abs. 1 EUAHiRL beziehungsweise des § 8 Abs. 2 EUAHiG und sind nahezu wortgleich.[459] Bei einem Vergleich der englischen Fassungen der EU-Amtshilferichtlinie sowie des Amtshilfeübereinkommens stellt man fest, dass hier die Wortlaute exakt identisch sind.[460] Aufgrund der Übernahme des identischen Wortlauts kann davon ausgegangen werden, dass den Fallgruppen des Art. 7 Abs. 1 lit. a-e AmtshÜ dieselbe Bedeutung beizumessen ist, wie dies bei Art. 9 Abs. 1 EUAHiRL beziehungsweise bei § 8 Abs. 2 EUAHiG der Fall ist.[461]

Die Voraussetzung der voraussichtlichen Erheblichkeit nach Art. 4 Abs. 1 AmtshÜ gilt wegen der systematischen Stellung der Vorschrift in Abschnitt I des Amtshilfeübereinkommens auch für Spontanauskünfte nach Art. 7 AmtshÜ. Allerdings setzen die Fallgruppen des Art. 7 Abs. 1 AmtshÜ ihrerseits bereits eine potenzielle Relevanz der übermittelten Informationen im Empfängerstaat voraus. Praktische Bedeutung kommt der Voraussetzung der voraussichtlichen Erheblichkeit nach Art. 4 Abs. 1 AmtshÜ daher bei der Spontanauskunft nicht zu.[462] Dies hat zur Folge, dass bei Vorliegen der Voraussetzungen einer der Fallgruppen des Art. 7 Abs. 1 AmtshÜ auch die voraussichtlich Erheblichkeit der begehrten Informationen gegeben und diese nicht mehr separat zu prüfen ist.

Gemäß Art. 7 Abs. 2 AmtshÜ ist jeder Vertragsstaat verpflichtet, diejenigen Maßnahmen zu treffen und Verfahren durchzuführen, dass die Informationen nach Art. 7 Abs. 1 AmtshÜ für die Weiterleitung an andere Vertragsstaaten zur Verfügung gestellt werden. Dies dient einer effektiven Durchführung der Spontanauskünfte zwischen den Vertragsstaaten. Nur so kann Vorsorge getroffen werden, dass die Staaten über die notwendigen Informationen verfügen und diese auch weiterleiten.

In Art. 7 Abs. 1 AmtshÜ werden die Fälle genannt, in denen die Finanzverwaltung eine Spontanauskunft mit den notwendigen Informationen an einen anderen Vertragsstaat zu übermitteln hat.

---

459 *Grotherr*, RIW 2015, 179 (185); *Grotherr*, IStR 2015, 845 (852).

460 Vgl. hierzu jeweils die englischen Fassungen der einschlägigen Rechtsgrundlagen im Amtshilfeübereinkommen, RegE AmtshÜ vom 15.06.2015, BT-Drs. 18/5173, S. 14 sowie in der EU-Amtshilferichtlinie, abrufbar über https://eur-lex.europa.eu/legal-content/DE/TXT/PDF/?uri=CELEX:32011L0016&from=DE (zuletzt überprüft am 03.07.2020).

461 Vgl. Tz. 70 des Kommentars zum Amtshilfeübereinkommen 1988.

462 *Hendricks*, Internationale Informationshilfe, S. 199.

a) Vermutung einer Steuerverkürzung (lit. a)

Gemäß Art. 7 Abs. 1 lit. a AmtshÜ sind Informationen ohne vorheriges Ersuchen an eine andere Vertragspartei zu übermitteln, wenn eine Vertragspartei Gründe für die Vermutung einer Steuerverkürzung in der anderen Vertragspartei hat.

Von einer Steuerverkürzung ist entsprechend der Bedeutung des nationalen Rechts auszugehen, wenn Steuern nicht, nicht in voller Höhe oder nicht rechtzeitig festgesetzt werden, vgl. § 370 Abs. 4 S. 1 AO.[463] Entsprechend dem Wortlaut der Vorschrift ist die Vermutung einer Steuerverkürzung ausreichend. Es ist hingegen nicht erforderlich, dass diese bewiesen worden und daher auch tatsächlich eingetreten ist. Daher muss sich die Steuerverkürzung nicht aus dem Erlass eines Steuerbescheids oder einer sonstigen ausdrücklichen Handlung der zuständigen Behörde ergeben.[464] Für das Vorliegen einer Vermutung sind allerdings objektive Anhaltspunkte für eine tatsächliche oder mögliche Steuerverkürzung notwendig.[465]

Für die Vermutung einer Steuerverkürzung soll es sogar ausreichen, wenn das Verhalten des Steuerpflichtigen nach der allgemeinen Lebenserfahrung den Rückschluss erlaubt, er wolle verhindern, dass die zuständige Finanzbehörde Kenntnis von einem steuerlich relevanten Sachverhalt erlangt.[466] In subjektiver Hinsicht ist es nicht erforderlich, dass der betroffene Steuerpflichtige die Steuerverkürzung vermutlich vorsätzlich oder leichtfertig herbeigeführt hat. Der Verdacht einer Steuerstraftat ist daher ebenso wenig erforderlich wie der Verdacht einer Steuerordnungswidrigkeit.[467]

b) Steuerermäßigung beziehungsweise Steuerbefreiung (lit. b)

Gemäß Art. 7 Abs. 1 lit. b AmtshÜ ist eine Spontanauskunft ebenso in Fällen zu übermitteln, in denen ein Steuerpflichtiger in der einen Vertragspartei eine Steuerermäßigung oder Steuerbefreiung erhält, die eine Steuererhöhung oder eine Besteuerung in der anderen Vertragspartei zur Folge haben würde.

Die Vorschrift bezweckt zu verhindern, dass ein inländischer Steuerpflichtiger in mehreren Vertragsstaaten für ein und denselben Sachverhalt mehrfach Steuerermäßigungen oder Steuerbefreiungen in Anspruch nehmen kann. Dass

---

463 *Hendricks*, Internationale Informationshilfe, S. 197.

464 EuGH, Urt. v. 13.04.2000, Rs. C-420/98, IStR 2000, 334.

465 BFH, Urt. v. 15.02.2006 – I B 87/05, BStBl. II 2006, 616.

466 FG Köln, Beschluss v. 29.03.2006 – 2 V 876/06, juris.

467 *Hendricks*, Internationale Informationshilfe, S. 197.

eine andere Person, wie beispielsweise ein ausländischer Beteiligter steuerliche Vorteile erlangen könnte, ist hingegen nicht ausreichend.[468] Die Möglichkeit einer Besteuerung beziehungsweise Steuererhöhung im anderen Vertragsstaat genügt. Es muss jedoch daher sehr wahrscheinlich oder tatsächlich zu einer Besteuerung beziehungsweise Steuererhöhung im anderen Staat gekommen sein.[469] Als Sachverhalte zur spontanen Übermittlung kommen Entscheidungen in Betracht, die zum Besteuerungsrecht Deutschlands und eines anderen Staates zu einer Freistellung in Deutschland geführt haben. Eine Information über diese Freistellung wäre spontan zu übermitteln.[470]

c) Geschäftsbeziehungen (lit. c)

Auch ist eine Spontanauskunft zu erteilen bei Geschäftsbeziehungen zwischen einem Steuerpflichtigen einer Vertragspartei und einem Steuerpflichtigen einer anderen Vertragspartei, die über ein oder mehrere weitere Länder in einer Weise geleitet werden, die in einer der beiden oder in beiden Vertragsparteien zur Steuerersparnis führen kann, Art. 7 Abs. 1 lit. c AmtshÜ.

Vereinfacht gesagt geht es um die Vermutung, dass zum Zwecke der Steuerumgehung im anderen Vertragsstaat Geschäftsbeziehungen nicht auf direktem Weg zwischen den Beteiligten, sondern über andere Staaten abgewickelt werden.[471] Geleitet werden Geschäftsbeziehungen dann, wenn sie aufgebaut, gestaltet, geregelt oder intensiviert werden.[472] Hierbei wird häufig eine Steuerersparnis angestrebt, weshalb zur Sicherstellung einer korrekten Besteuerung Informationen zwischen den betroffenen Vertragsstaaten ausgetauscht werden sollen.[473] Von der Vorschrift sollen insbesondere sog. Dreiecksgeschäfte über Steueroasenländer erfasst werden, um sicherzustellen, dass Steuern ordnungsgemäß festgesetzt werden. Derartige Dreiecksgeschäfte dienen in der Regel dazu, Einkünfte auf Briefkastenfirmen zu verlagern oder die Wohnsitzbesteuerung zu umgehen.[474]

Dabei ist wiederum die bloße Möglichkeit ausreichend, dass eine Steuerersparnis in einem Vertragsstaat eintreten kann, sie muss hingegen nicht auch

468 *Söhn*, in: Hübschmann et al., AO/FGO, § 177 AO Rn. 277.
469 BFH, Beschluss v. 08.02.1995, I B 92/94, BStBl. II 1995, 358 (359).
470 *Klaproth*, in: Schwarz/Pahlke, AO/FGO, § 8 EU-AmtshilfeG Rn. 7.
471 *Zöllner*, in: Koenig/Cöster, AO, § 117 Rn. 62.
472 *Rätke*, in: Klein, AO, § 117 Rn. 246.
473 *Klaproth*, in: Schwarz/Pahlke, AO/FGO, § 8 EU-AmtshilfeG Rn. 8.
474 *Söhn*, in: Hübschmann et al., AO/FGO, § 117 AO Rn. 278.

tatsächlich eintreten.[475] Die Vorschrift des Art. 7 Abs. 1 lit. d AmtshÜ folgt damit bereits der neuen Fassung des Art. 9 Abs. 1 lit. d EUAHiRL, der lediglich die Vermutung einer Steuerersparnis verlangt. In der früheren Fassung der Vorschrift war hier noch eine Steuerumgehung erforderlich. Daher betrifft Art. 7 Abs. 1 lit. d AmtshÜ nicht nur solche Verhaltensweisen, die einen Gestaltungsmissbrauch im Sinne des § 42 AO darstellen.[476]

d) Steuerersparnis bei Gewinnverlagerung (lit. d)

Die Verpflichtung zur Übermittlung einer Spontanauskunft besteht gemäß Art. 7 Abs. 1 lit. d AmtshÜ auch dann, wenn eine Vertragspartei Gründe für die Vermutung einer Steuerersparnis durch künstliche Gewinnverlagerungen innerhalb eines Konzerns hat.

Ebenso wie dies in § 8 Abs. 2 Nr. 4 EUAHiG der Fall ist, betrifft dies künstliche Gewinnverlagerungen innerhalb verbundener Unternehmen. Solche kommen in Fällen in Betracht, in denen beispielsweise internationale Steuersatzgefälle ausgenutzt werden oder im Zusammenhang mit der internationalen Einkünfteabgrenzung durch Verrechnungspreise.[477] Es muss somit die Vermutung bestehen, dass nahe stehende Personen ihre Einkünfte nicht wie zwischen Fremden üblich abgrenzen, um dadurch in der Gesamtschau beider Vertragsstaaten eine geringere Steuerbelastung zu erzielen.[478] Für den Eintritt der Steuerersparnis muss auch hier lediglich eine Vermutung sprechen.[479]

e) Information an dritte Vertragsstaaten (lit. e)

Abschließend verpflichtet Art. 7 Abs. 1 lit. e AmtshÜ zur Übermittlung einer spontanen Auskunft, wenn im Zusammenhang mit Informationen, die der einen Vertragspartei von der anderen Vertragspartei übermittelt worden sind, ein Sachverhalt ermittelt worden ist, der für die Steuerfestsetzung in der anderen Vertragspartei erheblich sein kann.

Ob die Informationen tatsächlich zu einer Steuerfestsetzung im dritten Vertragsstaat führen, ist dabei unerheblich.[480] Die mögliche Relevanz ist somit

---

475 *Söhn*, in: Hübschmann et al., AO/FGO, § 117 AO Rn. 278.
476 *Rätke*, in: Klein, AO, § 117 Rn. 246.
477 *Söhn*, in: Hübschmann et al., AO/FGO, § 117 AO Rn. 279.
478 *Zöllner*, in: Koenig/Cöster, AO, § 117 Rn. 62.
479 *Söhn*, in: Hübschmann et al., AO/FGO, § 117 AO Rn. 279.
480 *Rätke*, in: Klein, AO, § 117 Rn. 249.

ausreichend, um die Verpflichtung zur Erteilung einer Spontanauskunft auszulösen.[481] Folglich müssen die deutschen Finanzbehörden und das Bundeszentralamt für Steuern bei jeder Übermittlung von Informationen nach Art. 7 Abs. 1 lit. a-d AmtshÜ prüfen, ob die übermittelten Informationen auch noch für einen weiteren Vertragsstaat erheblich sein könnten.[482]

Diese generalklauselartig geregelte Pflicht zur Informationserteilung stellt einen Auffangtatbestand dar, der eine umfassende Verwertung steuerlicher Informationen sicherstellen soll.[483] Ziel ist es, die ordnungsgemäße Festsetzung der Steuern in allen Vertragsstaaten zu ermöglichen.[484]

f) Erweiterung um sogenannte „Tax Rulings"

Im Rahmen der BEPS-Initiative wurde unter Aktionspunkt 5 eine Erweiterung des spontanen Informationsaustauschs auf sog. *„Tax Rulings"* vereinbart.[485] Inhaltlich entsprechen sich die nach dem EU-Amtshilfegesetz und nach dem BEPS-Aktionspunkt 5 auszutauschenden Informationen weitestgehend.[486]

Das Amtshilfeabkommen stellt eine taugliche Rechtsgrundlage für derart zu erteilende Spontanauskünfte dar. Art. 7 Abs. 1 AmtshÜ ist aufgrund seines weiten Anwendungsbereichs geeignet, die Anforderungen des Rahmens für den spontanen Informationsaustausch nach dem OECD/BEPS-Aktionspunkt 5 zu erfüllen. Denn bei der Entwicklung dieses Rahmens wurden die Regelungen aus dem Amtshilfeübereinkommen berücksichtigt und auf die daraus resultierenden Möglichkeiten abgestimmt.[487] Daher kann der dargestellte spontane Informationsaustausch über steuerliche Vorabzusagen auf Grundlage des Amtshilfeübereinkommens erfolgen und zwar mit allen Staaten, die das Amtshilfeübereinkommen unterzeichnet haben.[488]

---

481 *Seer*, IWB 2014, 87 (91).

482 *Rätke*, in: Klein, AO, § 117 Rn. 249.

483 *Wagner*, in: Kühn/Wedelstädt, AO/FGO, § 117 AO Rn. 26.

484 *Klaproth*, in: Schwarz/Pahlke, AO/FGO, § 8 EU-AmtshilfeG Rn. 10.

485 Vgl. hierzu zusammenfassend: OECD/BEPS-Aktionspunkt 5 – Abschlussbericht 2015, abrufbar über www.oecd-ilibrary.org/wirksamere-bekampfung-schadlicher-steuerpraktiken-unter-berucksichtigung-von-transparenz-und-substanz-aktionspunkt-5-abschlussbericht-2015_5jlz7mz3nv22.pdf?itemId=%2Fcontent%2Fpublication%2F9789264258037-de&mimeType=pdf, zuletzt überprüft am 03.07.2020.

486 *Czakert*, Neue Entwicklungen bei der steuerlichen Amtshilfe, S. 73 ff.

487 Vgl. hierzu genauer OECD/BEPS-Aktionspunkt 5 – Abschlussbericht 2015, S. 53.

488 *Grotherr*, RIW 2015, 179 (185).

3. Spontanauskünfte nach anderen Rechtsgrundlagen

a) OECD-Musterabkommen

Ähnlich wie im Falle des automatischen Informationsaustauschs findet sich im OECD-Musterabkommen auch keine Regelung darüber, ob hiernach ein spontaner Informationsaustausch zwischen den Vertragsstaaten möglich ist. Allerdings ist die Spontanhilfe als weitere Form eines ersuchensunabhängigen Informationsaustauschs ebenso nach Art. 26 Abs. 1 OECD-MA zulässig.[489]

Die Erteilung einer Spontanauskunft ist dabei jedenfalls dann zulässig, wenn zwischen den Vertragsstaaten des DBAs eine große Auskunftsklausel vereinbart wurde.[490] Denn in einem solchen Fall dürfen auch Informationen ausgetauscht werden, die der Durchführung des innerstaatlichen Rechts dienen. Eine Spontanauskunft muss daher nicht der Durchführung allein des Abkommens dienen und damit im Zusammenhang mit der Vermeidung einer Doppelbesteuerung stehen. Eine Spontanauskunft auf Grundlage einer kleinen Auskunftsklausel ist hingegen nur zulässig, soweit sich der Inhalt der Spontanauskunft auf eine Bestimmung des Abkommens bezieht. Auch sind bei der Erteilung einer solchen Auskunft die Vorschriften des internationalen Steuergeheimnisses zu beachten, die in Art. 26 Abs. 2, 3 OECD-MA geregelt sind.[491]

Die Voraussetzung der „voraussichtlichen Erheblichkeit" bei der Spontanauskunft im Rahmen des Art. 26 Abs. 1 OECD-MA spielt eine bedeutende Rolle. Aus diesem Grund werden für die Zulässigkeit einer Spontanauskunft objektive Anhaltspunkte für eine tatsächliche oder mögliche Steuerverkürzung verlangt. Eine Spontanauskunft ist dann zu erteilen, wenn die ernstliche Möglichkeit besteht, dass abkommensrechtlich ein Besteuerungsrecht des anderen Vertragsstaates besteht, und dass dieser Staat ohne die Auskunft von dem Gegenstand des Besteuerungsrechts keine Kenntnis erlangen würde.[492] Im Gegensatz zu § 8 EUAHiG oder Art. 7 AmtshÜ, die unter gewissen Voraussetzungen zur spontanen Übermittlung von Informationen verpflichten, ist der Informationsaustausch

---

489 Vgl. die Argumente zur vergleichbaren Situation beim automatischen Informationsaustausch unter E.II.4.a.; vgl. Tz. 9 zu Art. 26 OECD-MK; vgl. ferner zum Meinungsstand bei den Spontanauskünften: *Schwandtner/Urtz*, in: Aigner et al., DBA, Art. 26 Rn. 234 ff.

490 Vgl. Tz. 6.1.1. des BMF-Merkblatts vom 23.11.2015, BStBl. I 2015, 928 (943); *Carl/Klos*, DStR 1992, 528 (532).

491 *Grotherr*, RIW 2015, 179 (183 f.).

492 Vgl. BFH, Beschluss v. 17.09.2007 – I B 30/07, BFH/NV 2008, 51; *Aumayr*, in: Lang, Internationale Amtshilfe in Steuersachen, S. 47 (72).

bei Art. 26 OECD-MA nicht zwingend. Art. 26 OCD-MA enthält lediglich eine Befugnis zur Erteilung von Spontanauskünften und stellt es den Vertragsstaaten frei, von dieser Befugnis Gebrauch zu machen.[493]

Nicht unerwähnt bleiben dürfen in diesem Zusammenhang jedoch die verfassungsrechtlichen Probleme, sofern die zwischen den Vertragsstaaten vereinbarte Auskunftsklausel keinen hinreichend genauen Katalog vorsieht, in welchen Fällen eine Spontanauskunft zu erteilen ist. In einem solchen Fall fehlt es innerstaatlich an einer gesetzlichen Ermächtigung, die präzise und bereichsspezifisch die Verarbeitung und spätere Verwendung der Informationen regelt. Darüber hinaus sind Anlass, Zweck und Grenzen des Eingriffs in der Ermächtigung nicht bereichsspezifisch, präzise und normenklar festgelegt.[494] Sofern also in einem DBA keine klar umgrenzten Kriterien für die Erteilung von Spontanauskünften enthalten sind und die Klausel der des Art. 26 OECD-MA entspricht, spricht dies gegen die Zulässigkeit derartiger Auskünfte.[495]

Nichtsdestotrotz werden Spontanauskünfte auf Grundlage einer Auskunftsklausel wie der des Art. 26 OECD-MA als zulässig erachtet. Eine eingehende Begründung hierfür fehlt, es wird lediglich allgemein auf die Zulässigkeit von Spontanersuchen im Rahmen des Art. 26 OECD-MA verwiesen.[496]

b) Unionsrechtliche Regelungen

(aa) EU-Amtshilferichtlinie

Innerhalb der EU sind Spontanauskünfte ebenfalls möglich und in § 8 EUAHiG geregelt. § 8 Abs. 2 EUAHiG sieht eine verpflichtende Regelung zur Übermittlung von Spontanauskünften vor. Dabei entsprechen die Fallgruppen, in denen Informationen spontan zu übermitteln sind, denjenigen des Art. 7 Abs. 1 AmtshÜ.

Im Gegensatz zum Amtshilfeübereinkommen erschöpfen sich Spontanauskünfte nach dem EU-Amtshilfegesetz jedoch nicht in der Regelung

493 *Engelschalk*, in: Vogel/Lehner, DBA, Art. 26 Rn. 41.

494 Vgl. BVerfG, Beschluss v. 13.06.2007 – 1 BvR 1550/03, BVerfGE 118, 168, 178.

495 *Hendricks*, in: Wassermeyer et al., DBA, Art. 26 MA Rn. 45 f; *Schwandtner/Urtz*, in: Aigner et al., DBA, Art. 26 Rn. 240.

496 Vgl. BFH, Beschluss v. 13.01.2006 – I B 35/05, BFH/NV 2006, 922; BFH, Beschluss v. 17.09.2007 – I B 30/07, BFH/NV 2008, 51; nach Auffassung von *Hendricks* werden die Voraussetzungen für die Zulässigkeit einer Spontanauskunft beispielsweise in Art. 31 DBA Deutschland-Dänemark gewahrt, indem dort klar umgrenzte Fallgruppen geregelt sind, vgl. *Hendricks*, in: Wassermeyer et al., DBA, MA Art. 26 Rn. 46.

verpflichtender Auskünfte nach § 8 Abs. 2 EUAHiG. Zusätzlich können gemäß § 8 Abs. 1 EUAHiG nach pflichtgemäßem Ermessen Informationen übermittelt werden. Die Übermittlung ist gemäß § 8 Abs. 1 EUAHiG zulässig, wenn die Informationen für den anderen Mitgliedsstaat von Nutzen sein können, da dann die Informationserteilung im überwiegenden öffentlichen Interesse liegt. Ein derartiger Nutzen ist gegeben, wenn der mitgeteilte Sachverhalt zu einer Besteuerung im anderen Mitgliedsstaat führen kann.[497] Hingegen ist es nicht erforderlich, dass eine Besteuerung wahrscheinlich, überwiegend wahrscheinlich oder sicher ist.[498]

Ebenso wie nach dem Ansatz des Amtshilfeübereinkommens können auch im Rahmen der EU-Amtshilferichtlinie gemäß § 7 Abs. 3 EUAHiG grenzüberschreitende Vorbescheide und Vorabverständigungen über die Verrechnungspreisgestaltung ausgetauscht werden. Allerdings ist hierbei auf europäischer Ebene ein automatischer Austausch vorgesehen, wohingegen das Amtshilfeübereinkommen nur einen spontanen und damit anlassbezogenen Austausch von Informationen regelt. Hinzu kommt, dass die zu erfassenden *Tax Rulings* einen unterschiedlichen Anwendungsbereich haben. Nach der Definition der EU-Amtshilferichtlinie ist eine größere Bandbreite an *Tax Rulings* erfasst als dies beim Amtshilfeübereinkommen der Fall ist.[499] Zudem sind gemäß § 7 Abs. 4 EUAHiG in gewissem Umfang auch *Tax Rulings* aus der Vergangenheit zu übermitteln, wohingegen im Rahmen des Amtshilfeübereinkommens und der Konzeption der OECD eine derartige Rückwirkung nicht vorgesehen ist.

(bb) Zusammenarbeitsverordnungen

Spontanauskünfte sind auch nach der Mehrwertsteuer-Zusammenarbeitsverordnung sowie nach der Verbrauchsteuer-Zusammenarbeitsverordnung zulässig.

Gemäß Art. 15 Mwst-ZVO übersenden die zuständigen Behörden der Mitgliedsstaaten spontan Informationen nach Art. 13 Abs. 1 Mwst-ZVO, die nicht im Wege des automatischen Austauschs nach Art. 14 Mwst-ZVO übermittelt werden. Voraussetzung ist, dass nach Ansicht des übermittelnden Mitgliedsstaates die Informationen von Nutzen sein können. Gemäß Art. 13 Abs. 1 Mwst-ZVO betreffen derartige Informationen Angaben für die Wirksamkeit der Kontrollen des Bestimmungsmitgliedsstaates, die Vermutung von Verstößen

---

497 *Rätke*, in: Klein, AO, § 117 Rn. 238.

498 *Seer*, in: Tipke/Kruse, AO/FGO, § 117 AO Rn. 273 f.

499 *Czakert*, IStR 2016, 985 (990).

gegen die Mehrwertsteuervorschriften sowie die Gefahr eines Steuerverlusts in einem anderen Mitgliedsstaat, vgl. Art. 13 Abs. 1 lit. a-c Mwst-ZVO.

Gemäß Art. 16 Abs. 1 VerbrSt-ZVO sind ebenfalls Spontanauskünfte möglich, soweit diese Informationen nicht nach Art. 15 VerbrSt-ZVO automatisch ausgetauscht werden. Diese Informationen betreffen ebenfalls Fälle, in denen beispielsweise der Verdacht eines Verstoßes gegen die Verbrauchsteuervorschriften, die Gefahr der Hinterziehung oder des Verlusts von Verbrauchsteuern besteht, vgl. Art. 15 Abs. 1 lit. a-e VerbrSt-ZVO.

c) *Tax Information Exchange Agreements*

In den TIEAs war ursprünglich die Möglichkeit eines spontanen Informationsaustauschs nicht vorgesehen. Dies änderte sich mit der Veröffentlichung eines entsprechenden Protokolls zum TIEA-Musterabkommen im Jahr 2015, als neben einem automatischen Informationsaustausch auch die Möglichkeit eines spontanen Informationsaustauschs eingeführt wurde. Insofern haben die potenziellen Vertragsstaaten die Möglichkeit, sich gemäß Art. 5B des Protokolls zu Spontanauskünften in gewissen Fallgruppen zu verpflichten. Diese sind identisch dem Art. 7 AmtshÜ entnommen und sollen auch in derselben Art und Weise ausgelegt werden.[500] Darüber hinaus besteht die Möglichkeit, Informationen aufgrund einer Ermessensentscheidung der Finanzbehörde an die ausländische Finanzverwaltung zu übermitteln, wie dies in § 8 Abs. 1 EUAHiG der Fall ist. Neben der nun in den TIEAs vorgesehenen Möglichkeit, einen spontanen Informationsaustausch einzurichten, haben die Vertragsstaaten die Möglichkeit, den Umfang des spontanen Informationsaustauschs in gewissen Grenzen frei festzulegen. So können sie wählen, ob solche Auskünfte überhaupt erteilt werden sollen und ob neben den nach Fallgruppen konkretisierten Auskünften auch Ermessensauskünfte möglich sein sollen.

d) *FATCA/FKAustG*

In Bezug auf den spontanen Informationsaustausch spielen das FATCA-Übereinkommen beziehungsweise das Finanzkonten-Austauschgesetz keine Rolle, da diese lediglich einen automatischen Austausch von Informationen

500 Model Protocol for the purpose of allowing the Automatic and Spontaneous Exchange of Information under a TIEA, S. 2, abrufbar über www.oecd.org/ctp/exchange-of-tax-information/Model-Protocol-TIEA.pdf (zuletzt überprüft am 03.07.2020).

über Finanzkonten umfassen. Regelungen über einen spontanen Informationsaustausch finden sich darin hingegen nicht.

4. Ergebnis

Das Amtshilfeübereinkommen bietet die Möglichkeit zur Erteilung von Spontanauskünften. Dies ist wichtig, da es sich bei dieser spontanen Erteilung von Auskünften um ein schlagkräftiges Mittel im Kampf gegen Steuerhinterziehung handelt. Bestimmte Informationen können zielgenau und bezogen auf konkrete Einzelfälle ausgetauscht werden. Art. 7 AmtshÜ führt die Fälle auf, in denen Spontanauskünfte ausgetauscht werden können. Ist eine dieser Fallgruppen einschlägig, sind die Informationen bei Vorliegen der Voraussetzungen auszutauschen.

Im Rahmen eines DBAs sind Spontanauskünfte jedenfalls dann möglich, wenn eine große Auskunftsklausel vereinbart wurde. Allerdings sind dabei die verfassungsrechtlichen Probleme zu beachten, die bestehen können, wenn die Möglichkeit der Spontanauskunft nicht explizit vereinbart wurde, sondern die Auskunftsklausel lediglich derjenigen des Art. 26 OECD-MA entspricht. Insofern weist Art. 7 AmtshÜ gegenüber Art. 26 OECD-MA Vorteile auf, da hier die Fallgruppen, in denen eine Spontanauskunft erfolgen kann, klar geregelt sind. Einfacher ist es, wenn auch in einem DBA eindeutig die Voraussetzungen vereinbart wurden, bei deren Vorliegen ein spontaner Informationsaustausch erfolgen soll.

Nach dem EU-Amtshilfegesetz sind spontane Auskünfte ebenfalls möglich, wobei die Möglichkeiten hier weit über das Amtshilfeübereinkommen hinausgehen. So sind zusätzlich im Ermessen der Finanzbehörde stehende Spontanauskünfte vorgesehen. Auch ist der Informationsaustausch über *Tax Rulings* nicht nur als spontaner Informationsaustausch ausgestaltet, sondern als automatischer Informationsaustausch. Der Umfang der im Rahmen der EU-Amtshilferichtlinie auszutauschenden Informationen ist größer.

Bei abgeschlossenen TIEAs hängt die Möglichkeit spontaner Auskünfte vor allem von der Reichweite der konkreten Ausgestaltung der Amtshilfeklauseln ab.

Es kann somit festgehalten werden, dass die Möglichkeit von Spontanauskünften nach Art. 7 AmtshÜ vor allem beim Informationsaustausch mit Staaten eine Rolle spielt, die nicht Mitglieder der Europäischen Union sind. Mit diesen Staaten bringt das Amtshilfeübereinkommen möglicherweise erstmals die Möglichkeit eines spontanen Informationsaustauschs, sofern ein solcher nicht schon vorher aufgrund einer großen Auskunftsklausel in einem DBA praktiziert wurde. Sofern ein aktuelles TIEA mit einem Staat abgeschlossen wurde, kann dieses inhaltlich aber auch über die Reichweite des Amtshilfeübereinkommens hinausgehen, wenn es die neueren Möglichkeiten nach dem Protokoll berücksichtigt und auch spontane Ermessensauskünfte vereinbart wurden. Dies wird allerdings aufgrund der geringen Anzahl abgeschlossener TIEAs in der Amtshilfepraxis keine große Rolle spielen.

IV. Gleichzeitige Steuerprüfungen und Steuerprüfungen im Ausland

Das Finanzamt hat die tatsächlichen Grundlagen für die Besteuerung von Amts wegen zu ermitteln, § 88 AO. Nach der Abgabenordnung dient dazu unter anderem das Institut der Außenprüfung gemäß § 193 AO, womit die für die Besteuerung relevanten Fakten umfassend ermittelt werden sollen. Problematisch ist hierbei jedoch, dass der deutsche Betriebsprüfer hoheitliche Handlungen nur auf dem Hoheitsgebiet der Bundesrepublik Deutschland ausüben darf und daher auch nur im Inland prüfen darf. Da es aber keine Rolle spielt, ob die entsprechenden Fakten innerhalb oder außerhalb der Bundesrepublik Deutschland realisiert wurden und damit auch Fakten zu ermitteln sind, die im Ausland verwirklicht wurden, muss sich die deutsche Finanzverwaltung um Amtshilfe anderer Staaten bemühen.[501] Es besteht somit ein Spannungsfeld zwischen den rechtlichen Verpflichtungen der deutschen Finanzbehörden und den ihnen zur Verfügung stehenden rechtlichen Möglichkeiten.[502] Im Zusammenhang mit Betriebsprüfungen stehen neben vielen weiteren Rechtsgrundlagen auch im Amtshilfeübereinkommen entsprechende Möglichkeiten der grenzüberschreitenden Kooperation zur Verfügung. Die Besonderheit bei der Einführung dieser Instrumente lag darin, dass nach dem früheren Verständnis der Abgabenordung die Duldungs- beziehungsweise Mitwirkungspflichten, denen der Steuerpflichtige während der Betriebsprüfung unterworfen ist, allein den deutschen Fiskus und damit zur Realisierung deutscher Steueransprüche legitimierten. Diese traditionelle Zweckbindung der Betriebsprüfung wurde durch die Einführung neuer Möglichkeiten zur Durchführung grenzüberschreitender Betriebsprüfungen durchbrochen, da ermittelte Informationen nun auch über die Grenze hinweg zur Realisierung ausländischer Steueransprüche durch ausländische Steuerverwaltungen verwendet werden können.[503]

---

501 *Czakert*, IStR 2013, 596 (601).

502 *Eimler*, in: Rödder/Hüttemann, Steuerberater-Jahrbuch 2015/2016, S. 533 (535 f.).

503 *Eilers*, CR 1988, 901 (905).

Bei gleichzeitigen Steuerprüfungen (koordinierte Betriebsprüfungen) gemäß Art. 8 AmtshÜ und Steuerprüfungen im Ausland gemäß Art. 9 AmtshÜ handelt es sich auch um Formen des Informationsaustauschs. Art. 8 AmtshÜ sieht nämlich nicht nur die Durchführung zeitlich und inhaltlich aufeinander abgestimmter Betriebsprüfungen vor, sondern auch den Austausch im Rahmen der Betriebsprüfung gewonnener Informationen, vgl. Art. 8 Abs. 2 AmtshÜ. Ebenso soll die Anwesenheit von Steuerprüfern bei Steuerprüfungen im Ausland den Erhalt von Informationen gewährleisten, vgl. Art. 9 Abs. 1 AmtshÜ.[504] Da somit die Anwendung beider Tatbestände auf einen Informationsaustausch und damit auf die Erlangung von Informationen abzielen, ist als Grundvoraussetzung für die Zulässigkeit und Rechtmäßigkeit der grenzüberschreitenden Kooperation bei Steuerprüfungen erforderlich, dass die begehrten Informationen voraussichtlich erheblich für die Anwendung beziehungsweise Durchsetzung des innerstaatlichen Steuerrechts sind.[505] Dies ergibt sich aus Art. 4 Abs. 1 AmtshÜ, der aufgrund seiner systematischen Stellung für alle Formen des Informationsaustauschs gilt und damit auch für die gleichzeitigen Steuerprüfungen gemäß Art. 8 AmtshÜ beziehungsweise die Steuerprüfungen im Ausland gemäß Art. 9 AmtshÜ.[506]

Ziel grenzüberschreitender Betriebsprüfungen ist es, eine einheitliche Sachverhaltsdefinition zu finden und damit zu einer einheitlichen rechtlichen Bewertung zu gelangen. Dies bringt den Nutzen, dass zum Beispiel bei Verrechnungspreis-, Betriebsstätten- oder Funktionsverlagerungsproblemen widersprüchliche Entscheidungen vermieden werden können, die zu einer Doppelbesteuerung oder einer Nichtbesteuerung führen könnten.[507] Darüber hinaus stellen diese Instrumente eine weitere Kontrollmöglichkeit in Fällen dar, in denen eine Steuervermeidung oder Steuerumgehung vermutet wird.[508] Die körperliche Anwesenheit des ausländischen Prüfers im entsprechenden Land und

---

504 Vgl. Tz. 51 AmtshÜ-MK.

505 Vgl. zur Bedeutung der voraussichtlichen Erheblichkeit bereits unter E.I.1.; vgl. auch FG Köln, Urteil v. 23.02.2018, 2 V 814/17, EFG 2018, 852; FG Köln, Urteil v. 20.10.2017, 2 V 1055/17, juris.

506 Vgl. parallel zur Rechtslage im EU-Amtshilfegesetz, wo für die Rechtmäßigkeit einer grenzüberschreitenden Betriebsprüfung ebenfalls die Voraussetzung der voraussichtlichen Erheblichkeit gegeben sein muss, vgl. Urteil des FG Köln vom 23.05.2017, 2 V 2498/16 (RS1243725); siehe auch nochmals genauer zur Definition der voraussichtlichen Erheblichkeit bei *Müller*, DB 2017, 1744.

507 *Seer*, in: Tipke/Kruse, AO/FGO, § 193 AO Rn. 45.

508 Vgl. Tz. 72 AmtshÜ-MK.

die damit verbundene, eigene Würdigungsmöglichkeit der Sachverhalte bieten eine erweiterte Prüfungsperspektive.[509]

1. Möglichkeiten der Kooperation bei Steuerprüfungen

Bevor die Ausgestaltung einer grenzüberschreitenden Kooperation bei Betriebsprüfungen nach dem Amtshilfeübereinkommen erörtert werden kann, muss zunächst dargestellt werden, welche grundsätzlichen Möglichkeiten überhaupt bestehen. Insbesondere sind die Begrifflichkeiten zu klären, die derartige Kooperationen beschreiben. In diesem Zusammenhang soll daher auf die Begriffe der koordinierten beziehungsweise gleichzeitigen Steuerprüfungen, der Anwesenheit von Steuerprüfern im Ausland und der gemeinsamen Steuerprüfungen (sog. *Joint Audits*) eingegangen werden.

a) Gleichzeitige Steuerprüfungen

„Gleichzeitige Steuerprüfungen", die auch teilweise „koordinierte Außenprüfungen" oder „Simultanbetriebsprüfungen" genannt werden,[510] weisen das geringste Ausmaß zwischenstaatlicher Zusammenarbeit im Bereich der Betriebsprüfungen auf.

Bei diesen simultanen Betriebsprüfungen handelt es sich um eine Vereinbarung zwischen zwei oder mehr Staaten, jeweils auf eigenem Staatsgebiet die steuerlichen Angelegenheiten eines Steuerpflichtigen zeitgleich, aber unabhängig voneinander zu überprüfen und im Anschluss daran die erlangten Informationen auszutauschen.[511] Dies betrifft in der Regel Fälle, an deren Aufklärung und Würdigung ein gemeinsames oder sich ergänzendes Interesse zwischen den kooperierenden Staaten besteht.[512] Die Kooperation bei der Simultanprüfung besteht somit vor allem in einer zeitlichen Abstimmung zweier getrennter Betriebsprüfungen und dem anschließenden Austausch der daraus gewonnenen Informationen.[513] Verfahrensrechtlich wird in jedem der beteiligten Staaten eine gesonderte Außenprüfung nach den maßgeblichen nationalen gesetzlichen Bestimmungen durchgeführt, in Deutschland nach den §§ 193 ff. AO. Daher handelt es sich nicht um eine gemeinsame Prüfung einer gemeinsamen Behörde.[514]

509 *Beckmann*, StBp 2014, 66.
510 *Hendricks*, Internationale Informationshilfe, S. 384.
511 *Lehner*, in: Vogel/Lehner, DBA, Art. 25 Rn. 359.
512 *Eimler*, in: Rödder/Hüttemann, Steuerberater-Jahrbuch 2015/2016, S. 533 (561 f.).
513 *Frotscher*, in: Schwarz/Pahlke, AO/FGO, Vor §§ 193-203 AO Rn. 74.
514 *Eimler*, in: Rödder/Hüttemann, Steuerberater-Jahrbuch 2015/2016, S. 533 (561 f.).

Rechtsstaatlich ist die Prüfung nicht problematisch, da jeweils nationales Recht angewendet wird und die Behörde des einen Staates keine Hoheitsbefugnisse auf dem Gebiet des jeweils anderen Staates erhält beziehungsweise ausübt.[515]

Eine derart abgestimmte Prüfung ist vor allem bei grenzüberschreitend tätigen Unternehmen sinnvoll. Für die beteiligten Unternehmen besteht der Vorteil darin, dass sie schnell und in einem abgestimmten Verfahren Rechtssicherheit erlangen. Die beteiligten Verwaltungen erhalten zeitnah alle erforderlichen Informationen, um zu einem abschließenden Ergebnis bei grenzüberschreitenden steuerlichen Sachverhalten zu kommen.[516]

b) Steuerprüfungen im Ausland

Bei den Steuerprüfungen im Ausland geht es konkret um die Anwesenheit von Bediensteten des ersuchenden Staates bei Ermittlungen der Finanzverwaltung des ersuchten Staates. Dabei ist zwischen den Fällen zu unterscheiden, in denen der Bedienstete des ersuchenden Staates lediglich eine passive Rolle einnimmt und den Fällen, in denen der Bedienstete aktiv tätig werden und damit auch Ermittlungsmaßnahmen durchführen kann.[517]

Die Befugnisse eines durch das Ausland entsandten Prüfers umfassen in ihrer geringsten Ausgestaltung lediglich ein bloßes Anwesenheitsrecht des Prüfers während des relevanten Teils einer Steuerprüfung. Die Vornahme hoheitlicher Maßnahmen durch den ausländischen Prüfer ist nicht gestattet. Seine Tätigkeit erlaubt es ihm lediglich, den inländischen Prüfern bei ihrer Tätigkeit zuzusehen, Informationen aus erster Hand zu erlangen und dem inländischen Prüfer Hinweise für die Prüfung zu geben.[518] Der Bedienstete des ersuchten Staates hingegen ist Herr des Verfahrens, weshalb er alle notwendigen Verfügungen erlässt und dem Prüfer des ersuchenden Staates Zugang zu den vorgelegten Beweismitteln gewährt. Die Tätigkeit ist somit im Wesentlichen auf das Beobachten und die Würdigung vorgelegter Beweismittel beschränkt.[519] Eine eigene Rechtsposition wird dem ausländischen Bediensteten hingegen nicht eingeräumt.[520]

---

515 *Frotscher*, in: Schwarz/Pahlke, AO/FGO, Vor §§ 193-203 AO Rn. 77.

516 *Czakert*, in: Schönfeld/Ditz, DBA, Anh. 1 Rn. 53.

517 *Eimler*, in: Rödder/Hüttemann, Steuerberater-Jahrbuch 2015/2016, S. 533 (546 ff.).

518 *Czakert*, in: Schönfeld/Ditz, DBA, Anh. 3 Art. 7 TIEA-MA Rn. 59.

519 *Hendricks*, in: Wassermeyer et al., DBA, MA-InfAust Art. 6 Rn. 19; *Carl/Klos*, Leitfaden internationale Amtshilfe, S. 145 f.

520 *Reiffs*, StBp 1999, 116 (118).

Sofern dem durch das Ausland entsandten Prüfer eine aktive Rolle ermöglicht wird, ist ihm nicht nur die bloße Anwesenheit erlaubt. Vielmehr kann er die inländischen Prüfer aktiv bei ihren Ermittlungen unterstützen, wobei er das nationale Verfahrensrecht des ersuchten Staates zu beachten hat.[521] Dabei ist die Gestattung der Einreise durch die Finanzverwaltung des ersuchten Staates notwendige Voraussetzung, da jeder nicht genehmigte Hoheitsakt auf fremdem Staatsgebiet wegen Verletzung der territorialen Integrität des jeweiligen Staates als völkerrechtswidrig anzusehen ist.[522] Durch diese Gestattung ausländischer Ermittlungshandlungen werden Informationen, die ansonsten im Wege der Ersuchenshilfe beschafft werden müssten, auf abgekürztem Wege zur Verfügung gestellt.[523]

Die Möglichkeiten zur Durchführung von Ermittlungshandlungen durch den ausländischen Prüfer erfahren in der Praxis in aller Regel jedoch Einschränkungen und gestatten keine umfassenden Maßnahmen durch den ausländischen Prüfer. Insofern erlauben die Vorschriften, die eine aktive Beteiligung eines Betriebsprüfers im Ausland vorsehen, normalerweise nur die Befragung natürlicher Personen und die Prüfung von Unterlagen, vgl. Art. 6 Abs. 1 TIEA-MA beziehungsweise § 10 Abs. 3 S. 1 EUAHiG.[524] Ferner ist regelmäßig auch Voraussetzung für eigene Ermittlungsmaßnahmen des ausländischen Prüfers, dass die betroffenen Personen schriftlich in die Befragung oder in die Prüfung von Unterlagen eingewilligt haben, vgl. Art. 6 Abs. 1 TIEA-MA beziehungsweise § 10 Abs. 3 S. 2 EUAHiG.[525]

c) *Gemeinsame Steuerprüfungen*

Bei einer gemeinsamen Steuerprüfung führt ein einziges Team, bestehend aus in- und ausländischen Prüfern, eine Außenprüfung bei einem grenzüberschreitend tätigen Steuerpflichtigen durch. Dabei werden grenzüberschreitende Sachverhalte geprüft, die zwischen den Steuerpflichtigen aus den repräsentierten Staaten verwirklicht wurden.[526] Diese sogenannten *Joint Audits* unterscheiden sich damit von den Simultanbetriebsprüfungen darin, dass ein einziges Team mit möglichst gleichrangig ermächtigten in- und ausländischen Prüfern

---

521 *Eimler*, in: Rödder/Hüttemann, Steuerberater-Jahrbuch 2015/2016, S. 533 (557).
522 *Hendricks*, in: Wassermeyer et al., DBA, Art. 6 MA-InfAust Rn. 7.
523 *Hendricks*, in: Wassermeyer et al., DBA, Art. 6 MA-InfAust Rn. 8.
524 *Eimler*, in: Rödder/Hüttemann, Steuerberater-Jahrbuch 2015/2016, S. 533 (541).
525 *Czakert*, in: Schönfeld/Ditz, DBA, Anh. 3 Art. 7 TIEA-MA Rn. 57.
526 *Peters et al.*, IStR 2016, 2 (4).

handeln soll. Einer Simultanbetriebsprüfung folgt im Regelfall ein nachgeschalteter punktueller Informationsaustausch, wohingegen bei den *Joint Audits* schon ihrem Sinngehalt nach während der Prüfung ein direkter Informationsaustausch stattfindet.[527] Diese verbessern auch die Situation des Steuerpflichtigen, da er an den Besprechungen im Zuge der Betriebsprüfung beteiligt werden kann.[528]

Die gemeinsame Prüfung fußt auf einem gemeinsamen beziehungsweise sich ergänzenden Interesse der beteiligten Steuerverwaltungen an den Ermittlungsmaßnahmen.[529] Daher legen die Finanzbehörden auch den Schwerpunkt der Prüfung einvernehmlich fest und bestimmen gemeinsam die Strategie der zu ergreifenden Ermittlungsmaßnahmen. Dennoch gilt auch bei den gemeinsamen Betriebsprüfungen, dass die beteiligten Steuerverwaltungen im jeweils eigenen Hoheitsgebiet eine eigenständige Außenprüfung nach dem jeweiligen nationalen Steuerverfahrensrecht durchführen.[530] Nimmt ein ausländischer Prüfer an einer Außenprüfung im Inland teil, richten sich seine Befugnisse nach dem entsprechenden ausländischen Recht, begrenzt durch das jeweilige inländische Steuerrecht.[531]

Die Steuerverwaltungen können sich durch die gemeinsamen Betriebsprüfungen eine schnellere, umfassendere und zielgenauere Sachverhaltsermittlung, größere Rechtsklarheit und frühere Rechtssicherheit erhoffen. Aufgrund des direkten Kontakts der beteiligten Prüfer können zudem Rechts- und Tatsachenfragen unmittelbar erörtert werden, was zu einer besseren Sicht auf den Gesamtkomplex führt. Doch auch für den Steuerpflichtigen können diese gemeinsamen Betriebsprüfungen zu Vorteilen führen, wie geringeren Dokumentationskosten, schnelleren Prüfungsabläufen, geringeren Steuerrisiken, effizienterer Kommunikation und früherer Rechtssicherheit.[532]

Ziel der gemeinsamen Betriebsprüfung ist es dabei nicht nur, dass die an der Prüfung beteiligten Finanzverwaltungen ein gemeinsames Verständnis des zugrunde liegenden Sachverhalts gewinnen. Vielmehr soll die Prüfung auch ein gemeinsames Ergebnis beinhalten und damit eine einheitliche Bewertung eines Sachverhaltes erfolgen.[533] So führen die gemeinsamen Prüfungen regelmäßig

---

527 *Beckmann*, IStR 2016, 627.
528 *Spensberger et al.*, ISR 2017, 261 (267).
529 *Eimler*, in: Rödder/Hüttemann, Steuerberater-Jahrbuch 2015/2016, S. 533 (570 f.).
530 Vgl. Tz. 2.2 des BMF-Merkblatts vom 23.11.2015, BStBl. I 2015, 928 (932).
531 *Gehm*, IWB 2017, 229 (232).
532 *Meickmann*, IStR 2014, 591 (593 f.).
533 *Czakert*, IStR 2013, 596 (602).

nicht zu einem Auseinanderfallen der Ergebnisse und es kommt meist zu einer Einigung zwischen den beiden Steuerverwaltungen bereits auf Prüferebene.[534] Verpflichtende Rechtsgrundlagen existieren hierzu jedoch nicht.[535]

2. Gleichzeitige Steuerprüfungen

Art. 8 AmtshÜ regelt eine Möglichkeit koordinierter Steuerprüfungen und damit eine lediglich wenig ausgeprägte Form der Kooperation bei Steuerprüfungen zwischen verschiedenen Staaten. Gemäß Art. 8 Abs. 1 AmtshÜ konsultieren Vertragsstaaten einander auf Ersuchen eines Vertragsstaates, um die Fälle, in denen gleichzeitige Steuerprüfungen stattfinden sollen, sowie die entsprechenden Verfahren festzulegen. Dabei ist die Besonderheit des Amtshilfeübereinkommens, dass die simultanen Betriebsprüfungen nicht nur im bilateralen Verhältnis durchgeführt werden können, sondern dass sich auch mehrere Vertragsstaaten auf die Durchführung simultaner Betriebsprüfungen verständigen können. Es handelt sich somit auch hier nicht um eine einheitliche Gesamtbetriebsprüfung, sondern um zwei beziehungsweise mehrere organisatorisch verklammerte nationale Betriebsprüfungen.[536] Dass Art. 8 AmtshÜ lediglich eine derart abgeschwächte Form der Kooperation bei Betriebsprüfungen vorsieht, ergibt sich aus der Legaldefinition für die „gleichzeitige Steuerprüfung" in Art. 8 Abs. 2 AmtshÜ. Demnach handelt es sich bei einer solchen um eine Vereinbarung zwischen zwei oder mehr Vertragsparteien, gleichzeitig im jeweils eigenen Hoheitsgebiet die steuerlichen Verhältnisse einer oder mehrerer Personen, an denen sie ein gemeinsames oder ergänzendes Interesse haben, zu prüfen. Dabei sind an das gemeinsame beziehungsweise ergänzende Interesse keine hohen Anforderungen zu stellen, weshalb es ausreichend ist, wenn eine Person eine Verbindung zu den an der Betriebsprüfung beteiligten Staaten aufweist.[537]

Im Anschluss an die Durchführung der simultanen Betriebsprüfungen werden gemäß Art. 8 Abs. 1 AmtshÜ die auf diesem Wege gewonnenen sachdienlichen Informationen ausgetauscht. Dieser abschließende Informationsaustausch macht es auch für den ersuchten Staat interessant, an einer Betriebsprüfung teilzunehmen und daher einem darauf gerichteten Ersuchen eines anderen Staates zu entsprechen.[538] Wie eine Vereinbarung zur Durchführung simultaner

534 *Spensberger et al.*, ISR 2017, 261 (267).
535 *Beckmann*, StBp 2014, 66 (68); *Beckmann*, IStR 2016, 627 (629).
536 *Hendricks*, FS Doppelbesteuerung, S. 565 (566).
537 Vgl. Tz. 78 AmtshÜ-MK.
538 Vgl. Tz. 77 AmtshÜ-MK.

Betriebsprüfungen zwischen Vertragsstaaten aussehen kann, hat die OECD in einer Muster-Vereinbarung niedergelegt.[539] Einen Überblick sowie Hinweise zur Vorgehensweise bei der Durchführung simultaner Betriebsprüfungen hat die OECD in einem Handbuch ausführlicher dargestellt.[540]

3. Steuerprüfungen im Ausland

Art. 9 Abs. 1 AmtshÜ sieht vor, dass auf Ersuchen eines Vertragsstaates ein anderer Vertragsstaat gestatten kann, dass Vertreter des ersuchenden Staates während des relevanten Teils einer Steuerprüfung im ersuchten Staat anwesend sind.

Voraussetzung für die Teilnahme an einer Steuerprüfung im Ausland ist zunächst, dass der ersuchende Staat ein Auskunftsersuchen gemäß Art. 5 Abs. 1 AmtshÜ an den anderen Vertragsstaat richtet. Liegen dem ersuchten Staat die erforderlichen Informationen nicht vor oder ist zu deren Beschaffung eine spezielle Ermittlungsmaßnahme notwendig, ist der ersuchende Staat hierüber zu informieren. Daraufhin kann dieser ein Ersuchen gemäß Art. 9 AmtshÜ stellen, dass ein Vertreter des Staates bei der Steuerprüfung im Ausland anwesend sein solle.[541] In diesem Ersuchen sollen die Beweggründe für das Ersuchen dargestellt werden sowie der dem Ersuchen zugrunde liegende Steuerfall im Inland. Auch sollen darin die Gründe angegeben werden, die gerade die physische Anwesenheit des ausländischen Prüfers erforderlich machen.[542] Der ersuchende Staat ist daraufhin so bald wie möglich über eine Entscheidung in Bezug auf das Ersuchen zu informieren. Sofern die Entscheidung des ersuchten Staates positiv ausfällt, sind dem ersuchenden Staat ferner Zeitpunkt und Ort der Prüfung, die mit der Durchführung beauftragte Behörde beziehungsweise der damit beauftragte Bedienstete sowie die für die Durchführung der Prüfung vorgeschriebenen Verfahren und Bedingungen anzugeben, vgl. Art. 9 Abs. 2 S. 1 AmtshÜ. Gemäß Art. 9 Abs. 2 S. 2 AmtshÜ trifft der ersuchte Staat alle Entscheidungen im Zusammenhang mit der Durchführung der Steuerprüfung. Durch diese

---

539 Vgl. OECD Model Agreement for the undertaking of simultaneous tax examinations, abrufbar über www.oecd.org/ctp/exchange-of-tax-information/2666483.pdf, zuletzt überprüft am 03.07.2020.

540 Manual on the implementation of exchange of information provisions for tax purposes – Module 5 on conducting simultaneous tax examinations, abrufbar über http://www.oecd.org/ctp/exchange-of-tax-information/36648057.pdf, zuletzt überprüft am 03.07.2020.

541 Vgl. Tz. 87 AmtshÜ-MK.

542 Vgl. Tz. 90 AmtshÜ-MK.

Feststellung wird auch offenkundig, dass das Verfahrensrecht des ersuchten Staates bei der Durchführung der Prüfung maßgeblich ist.[543]

Für Staaten, die an derartigen Steuerprüfungen im Ausland gemäß Art. 9 AmtshÜ grundsätzlich nicht teilnehmen möchten beziehungsweise diesbezüglich Bedenken haben, besteht gemäß Art. 9 Abs. 3 S. 1 AmtshÜ die Möglichkeit zu erklären, Ersuchen nach Art. 9 Abs. 1 AmtshÜ in der Regel nicht anzunehmen. Eine derartige Erklärung ist gegenüber einem der Verwahrer des Übereinkommens im Sinne des Art. 32 AmtshÜ abzugeben, wobei diese Erklärung gemäß Art. 9 Abs. 3 S. 2 AmtshÜ jederzeit abgegeben oder widerrufen werden kann.

Inhaltlich trifft das Amtshilfeübereinkommen keine explizite Regelung dazu, welche Befugnisse einem Vertreter im ausländischen Staat bei Teilnahme an einer Steuerprüfung zustehen. Dies bedeutet, dass der ausländische Prüfer nur eine passive Rolle bei seiner Anwesenheit im Ausland einnimmt und keine eigenen Ermittlungshandlugen vornehmen kann. Denn die Vornahme hoheitlicher Handlungen bedarf wegen des Grundsatzes des Vorbehalts des Gesetzes gemäß Art. 20 Abs. 3 GG einer gesetzlichen Ermächtigung. Die Heranziehung des Art. 6 Abs. 2 TIEA-MA, welcher den identischen Wortlaut wie Art. 9 Abs. 1 AmtshÜ aufweist und als Vorbild bei dessen Erstellung diente, bestätigt diese Auslegung.[544] Auch nach dem Kommentar zum Amtshilfeübereinkommen kann der ausländische Prüfer nur Fragen vorschlagen.[545] Dies verfestigt den Eindruck, dass er gerade nicht selbst aktiv werden kann. Dies wäre nur dann der Fall, wenn er diese Fragen gerade auch selbst stellen könnte und nicht nur auf einen Vorschlag beschränkt wäre.[546] Bestätigt wird dies bei einem Blick auf die Vorbildregelung in Art. 6 TIEA-MA. Während Art. 6 Abs. 2 TIEA-MA der Regelung des Art. 9 Abs. 1 AmtshÜ entspricht, gibt es im Amtshilfeübereinkommen keine korrespondierende Regelung zu Art. 6 Abs. 1 TIEA-MA. Danach kann den Vertretern einer anderen Vertragspartei gestattet werden, in das Staatsgebiet der Vertragspartei einzureisen und natürliche Personen zu befragen und Unterlagen zu prüfen. Die Vertreter der anderen Vertragspartei werden somit in die Lage versetzt, gewisse Ermittlungshandlungen im ausländischen Staat vorzunehmen und somit auch aktiv tätig zu werden.[547] Da eine derartige Regelung im Amtshilfeübereinkommen fehlt, die zu Ermittlungshandlungen in einem anderen

---

543 *Eimler*, in: Rödder/Hüttemann, Steuerberater-Jahrbuch 2015/2016, S. 533 (553).
544 *Eimler*, in: Rödder/Hüttemann, Steuerberater-Jahrbuch 2015/2016, S. 533 (552, 558).
545 Vgl. Tz. 94 AmtshÜ-MK.
546 *Eimler*, in: Rödder/Hüttemann, Steuerberater-Jahrbuch 2015/2016, S. 533 (559).
547 *Hendricks*, in: Wassermeyer et al., DBA, Art. 6 MA-InfAust Rn. 13.

Vertragsstaat ermächtigen würde, kann im Umkehrschluss davon ausgegangen werden, dass Art. 9 Abs. 1 AmtshÜ kein aktives Tätigwerden zulässt, sondern lediglich ein passives Anwesenheitsrecht. Der ausländische Prüfer kann lediglich Anregungen an den vor Ort tätigen Prüfer herantragen und auf Berücksichtigung hoffen. Die letztgültige Entscheidung hierüber trifft aber dennoch der Prüfer der ersuchten Behörde.

4. Verfahren der grenzüberschreitenden Betriebsprüfung

Bevor die Betriebsprüfung durchgeführt werden kann, ist weitere Voraussetzung, dass der betroffene Steuerpflichtige zunächst gemäß § 117 Abs. 4 S. 3 AO i.V.m. § 91 AO angehört wurde. Denn die zwischenstaatliche Amtshilfe in Form der grenzüberschreitenden Steuerprüfungen sowie der sich daran anschließende internationale Informationsaustausch stellen einen Eingriff in die Rechte der betroffenen inländischen Beteiligten dar. Durch die Anhörung soll ihnen die Möglichkeit gegeben werden, sich zu äußern und gegebenenfalls Einwände vorzubringen. Ob im Einzelfall auf eine Anhörung verzichtet werden kann, ist nach pflichtgemäßem Ermessen und unter Berücksichtigung der allgemeinen Grundsätze des § 91 AO zu entscheiden.[548]

5. Kooperation nach anderen Rechtsgrundlagen

a) OECD-Musterabkommen

Gemäß Art. 26 Abs. 1 S. 1 OECD-MA tauschen die Vertragsstaaten die Informationen aus, die voraussichtlich erheblich sind für die Durchführung des Abkommens beziehungsweise zur Anwendung des innerstaatlichen Rechts. Nach dem Kommentar zum OECD-Musterabkommen ist der Informationsaustausch nicht auf die drei Arten des Informationsaustauschs (auf Ersuchen, automatisch und spontan) beschränkt. Vielmehr können die Vertragsstaaten danach auch andere Verfahren zur Erlangung von Informationen anwenden, wie gleichzeitige Prüfungen oder Steuerprüfungen im Ausland.[549] Da Art. 26 OECD-MA den Umfang des Informationsaustauschs zwischen den Vertragsstaaten nicht beschränken soll, wären nach dem Musterkommentar sogar *Joint Audits*, d.h. gemeinsame Betriebsprüfungen zulässig.[550]

---

548 Vgl. Bundesministerium der Finanzen, Schreiben vom 06.01.2017 – IV B 6 – S 1315/ 10013 :002, Tz. 3.2.
549 Tz. 9.1 zu Art. 26 OECD-MK.
550 *Meickmann*, IStR 2014, 591 (594).

(aa) Meinungsstand zur Zulässigkeit

Die Frage, ob nach Art. 26 Abs. 1 S. 1 OECD-MA auch grenzüberschreitende Betriebsprüfungen zulässig sind, wird unterschiedlich beantwortet.

Teilweise wird zugunsten der Zulässigkeit argumentiert, dass die Erwähnung im Musterkommentar ausreichend sei. Es bedürfe keiner expliziten Rechtsgrundlage, da sich die Kooperation aus zwei Einzelelementen zusammensetze, nämlich den nationalen Außenprüfungen und dem hierzu parallelen Informationsaustausch. Für beides könne auf vorhandene Rechtsgrundlagen und damit auch auf Art. 26 OECD-MA zurückgegriffen werden.[551] Auch weitere Stimmen aus der Literatur teilen diese Auffassung der Zulässigkeit und sehen wegen der Nennung im Kommentar zum OECD-MA keine grundsätzlichen Probleme im Hinblick auf die Zulässigkeit grenzüberschreitender Betriebsprüfungen.[552] Auch nach Auffassung der Finanzverwaltung werden grenzüberschreitende Betriebsprüfungen auf Grundlage des Art. 26 OED-MA als zulässig erachtet.[553]

Gegen die Zulässigkeit spricht, dass die deutschen Transformationsgesetze nicht der verfassungsrechtlich gebotenen Bestimmtheit entsprechen, vgl. Art. 20 Abs. 3 GG. Denn dem Wesen nach setzen Auskünfte Erkenntnisse aus fremden Ermittlungen voraus, sodass eigene Ermittlungsmaßnahmen keine Auskünfte im Sinne der DBA sein können. Art. 26 Abs. 1 S. 1 OECD-MA eigne sich daher nur für die grundlegenden Arten des Informationsaustauschs (auf Ersuchen, spontan und automatisch).[554] Auch bedeute eine Außenprüfung einen gewichtigen Eingriff in das Recht des Steuerpflichtigen auf informationelle Selbstbestimmung gemäß Art. 2 Abs. 1 GG i.V.m. Art. 1 Abs. 1 GG, wohingegen grenzüberschreitende Betriebsprüfungen in Art. 26 Abs. 1 S. 1 OECD-MA nicht einmal vage als Regelungsgegenstand enthalten seien.[555]

Hinzu kommt, dass die Steuerverwaltungen eine entsprechende Vereinbarung über die Durchführung einer simultanen Betriebsprüfung abschließen müssten, hierfür aber keine entsprechende Ermächtigungsgrundlage in Art. 26 OECD-MA existiere. Ohne eine derartige Ermächtigung könnten solche Vereinbarungen aber nicht abgeschlossen werden. Insofern stelle das

---

551 *Hendricks*, Internationale Informationshilfe, S. 386.

552 *Czakert*, IStR 2013, 596 (602); *Drüen*, DStR-Beihefter 2013, 82 (83); *Seer*, in: Gosch et al., DBA, Art. 26 Rn. 84.

553 Bundesministerium der Finanzen, Schreiben vom 06.01.2017 – IV B 6 – S 1315/10013 :002, Tz. 2.1.2.

554 *Meickmann*, IStR 2014, 591 (594).

555 *Beckmann*, IStR 2016, 627 (629); *Strunk*, StBp 1993, 145 (147 f.).

Amtshilfeübereinkommen zumindest bei DBA-Staaten eine Erweiterung dar, da simultane Betriebsprüfungen und Steuerprüfungen im Ausland nun aufgrund einer zulässigen Rechtsgrundlage möglich seien.[556]

(bb) Stellungnahme

Neben den bereits genannten Argumenten spricht auch der Wortlaut gegen die Annahme, dass grenzüberschreitende Betriebsprüfungen gemäß Art. 26 Abs. 1 S. 1 OECD-MA zulässig sind. Denn Art. 26 Abs. 1 S. 1 OECD-MA umfasst lediglich einen Informationsaustausch, der zwischen den Vertragsstaaten stattfinden kann. Hieraus zu schließen, dass davon auch eine Verabredung zu Betriebsprüfungen sowie die Festlegung von Prüfungsthemen und die Koordinierung der Prüfungen erfasst seien, geht über das zulässige Maß hinaus, das nach dem Wortlaut den Vertragsstaaten an Möglichkeiten der grenzüberschreitenden Kooperation zur Verfügung steht. Hierdurch unterscheidet sich die hier behandelte Fragestellung auch von der Frage nach der Zulässigkeit ersuchensunabhängiger Auskünfte im Rahmen des Art. 26 Abs. 1 S. 1 OECD-MA.[557] Denn die Durchführung grenzüberschreitender Betriebsprüfungen erschöpft sich gerade nicht in einem bloßen Informationsaustausch, sondern es bedarf darüber hinaus einiger Abstimmungen und Koordinierungsvereinbarungen. Hierfür bietet Art. 26 Abs. 1 S. 1 OECD-MA allerdings keine ausreichende Rechtsgrundlage.

Insofern überzeugt als Begründung auch nicht die Heranziehung des Kommentars zum Amtshilfeübereinkommen, wonach grenzüberschreitende Betriebsprüfungen zulässig sein sollen. Zwar wurde bereits die große Bedeutung des Kommentars zum Amtshilfeübereinkommen dargestellt. Diese rührt daher, dass aufgrund des multilateralen Charakters des Amtshilfeübereinkommens und der damit verbundenen Vielzahl an Staaten mit unterschiedlichsten Rechtssystemen eine einheitliche Auslegung des Übereinkommens essenziell ist. Allerdings darf die Heranziehung des Kommentars als Auslegungsmittel nicht dazu führen, dass der Anwendungsbereich einer Vorschrift über ihren Wortlaut hinaus erweitert wird. Der Wortlaut bildet somit die Grenze zulässiger Auslegung, weshalb nach hier vertretener Auffassung grenzüberschreitende Betriebsprüfungen auf Grundlage des Art. 26 Abs. 1 S. 1 OECD-MA nicht durchgeführt werden können.

Das Konkurrenzverhältnis zwischen Art. 26 Abs. 1 S. 1 OECD-MA und Art. 8, 9 AmtshÜ hängt somit davon ab, welche Reichweite der Vorschrift des

556 *Grotherr*, IStR 2015, 845 (855).
557 Vgl. unter E.II.4.a. sowie unter E.III.3.a.

Art. 26 Abs. 1 S. 1 OECD beigemessen wird. Die Regelungen im Amtshilfeübereinkommen haben aber in jedem Fall eine gewisse Relevanz, unabhängig davon, ob man die Zulässigkeit grenzüberschreitender Betriebsprüfungen auf Grundlage von Art. 26 OECD-MA für zulässig erachtet oder nicht. Denn aufgrund der aufgezeigten rechtlichen Probleme dürften in der Praxis andere Lösungen gesucht werden als die Durchführung grenzüberschreitender Steuerprüfungen auf Grundlage des Art. 26 OECD-MA.[558] Art. 8, 9 AmtshÜ bieten insofern eine gute Möglichkeit einer rechtlich zulässigen Art der Kooperation auf diesem Gebiet, so dass grenzüberschreitende Betriebsprüfungen nicht auf Grundlage eines DBAs durchgeführt werden müssten, sofern die Staaten auch Vertragsstaaten des Amtshilfeübereinkommens sind.

b) Unionsrechtliche Regelungen

(aa) EU-Amtshilferichtlinie

Die auf europäischer Ebene im Rahmen der EU-Amtshilferichtlinie bestehenden Amtshilferegelungen sehen zunächst einmal in § 12 EUAHiG beziehungsweise Art. 12 EUAHiRL die Durchführung gleichzeitiger Prüfungen durch. Insofern können sich gemäß § 12 Abs. 1 S. 1 EUAHiG die Staaten bei einem gemeinsamen beziehungsweise ergänzenden Interesse verabreden, simultane Betriebsprüfungen durchzuführen und diese in zeitlicher Hinsicht aufeinander abzustimmen. § 12 Abs. 1 S. 1 EUAHiG schafft nur die Möglichkeit zeitgleicher Prüfungen, die Anwesenheit ausländischer Bediensteter oder die Durchführung gemeinsamer Prüfungen wird hiervon nicht erfasst.[559] Gemäß § 12 Abs. 1 S. 2 EUAHiG können im Anschluss daran die erlangten Informationen ausgetauscht werden, soweit dies nach § 4 EUAHiG zulässig ist. Die Regelung entspricht daher im Wesentlichen der Regelung des Art. 8 AmtshÜ, die ebenfalls die Durchführung simultaner Betriebsprüfungen regelt. § 12 EUAHiG allein erlaubt keine gemeinsame Betriebsprüfung, da den Staaten im Ausland keine eigenen Hoheitsrechte beziehungsweise Ermittlungsbefugnisse eingeräumt werden.[560]

§§ 10, 11 EUAHiG regeln die Anwesenheit von Bediensteten eines EU-Mitgliedsstaates in einem anderen Mitgliedsstaat. Hiernach können Bedienstete in den Amtsräumen sowie bei behördlichen Ermittlungen auf ausländischem Hoheitsgebiet zugegen sein, vgl. §§ 10 Abs. 1, 11 EUAHiG. Neben diesem

558 *Eimler*, in: Rödder/Hüttemann, Steuerberater-Jahrbuch 2015/2016, S. 533 (546).
559 *Klaproth*, in: Schwarz/Pahlke, AO/FGO, § 12 EU-AmtshilfeG Rn. 3 ff.
560 *Drüen*, DStR-Beihefter 2013, 82 (86).

passiven Anwesenheitsrecht kann gemäß § 10 Abs. 3 EUAHiG vereinbart werden, dass die Bediensteten anderer Mitgliedsstaaten auch Personen befragen und Aufzeichnungen prüfen dürfen.

Darüber hinaus sind gemeinsame Betriebsprüfungen auf Grundlage der §§ 10 ff. EUAHiG zulässig. Diese Möglichkeit wird aus einer Zusammenschau der §§ 10,11 EUAHiG einerseits und des § 12 EUAHiG andererseits begründet. Die hierin vorgesehene koordinierte Vorgehensweise bei der Durchführung von Betriebsprüfungen und die Befugnis ausländischer Bediensteter, anwesend zu sein und in gewissem Umfang Ermittlungshandlungen vorzunehmen, berechtigt die Mitgliedsstaaten zur Durchführung gemeinsamer Betriebsprüfungen.[561] Dabei werden allein diese sehr eingeschränkten Befugnisse als ausreichend angesehen, um von einer gemeinsamen Betriebsprüfung auszugehen.[562] Grundlegend kommt es somit nur darauf an, dass ein Recht auf eigene Ermittlungshandlungen von Bediensteten im ausländischen Staat besteht.[563] Allerdings gewährt die Rechtsgrundlage den ausländischen Prüfern keine vollumfänglichen Hoheitsrechte, sondern diese nähern sich lediglich an die Prüfungsrechte inländischer Betriebsprüfer an.[564]

Praktisch umgesetzt wird eine gemeinsame Prüfung, indem als Ausgangspunkt ein Mitgliedsstaat ein weit gefasstes Informationsgesuch stellt. Dabei ist sicherzustellen, dass die ausländischen Bediensteten nur solche Informationen erhalten, die ihnen auch das Bundeszentralamt für Steuern hätte übermitteln dürfen. Anschließend ist im Rahmen einer zwischenstaatlichen Vereinbarung im Sinne des § 10 Abs. 3 S. 1 EUAHiG den ausländischen Prüfern ein vollwertiges Befragungs- und Prüfungsrecht einzuräumen. Hierfür ist gemäß § 10 Abs. 3 S. 2 EUAHiG die Zustimmung des Steuerpflichtigen einzuholen.[565]

(bb) Zusammenarbeitsverordnungen

In Art. 28 Abs. 1 Mwst-ZVO ist den Bediensteten der ersuchenden Behörde die Anwesenheit in den ausländischen Amtsräumen gestattet. Gemäß Art. 28 Abs. 2 Mwst-ZVO können ausländische Bedienstete ferner an behördlichen Ermittlungen teilnehmen. Dabei sind sie jedoch auf eine passive Rolle beschränkt und dürfen nur auf Vermittlung der die Ermittlungen leitenden Beamten Unterlagen

---

561 *Klaproth*, in: Schwarz/Pahlke, AO/FGO, § 12 EU-AmtshilfeG Rn. 4a.

562 *Grotherr*, IStR 2015, 845 (854).

563 *Peters et al.*, IStR 2016, 2 (4 f.).

564 *Beckmann*, IStR 2016, 627 (628).

565 *Meickmann*, IStR 2014, 591 (595).

einsehen, vgl. Art. 28 Abs. 2 S. 4 Mwst-ZVO. Dass es sich um ein bloßes Anwesenheitsrecht handelt, wird in Art. 28 Abs. 2 S. 2, 3 Mwst-ZVO deutlich, wonach die behördlichen Ermittlungen ausschließlich von den Beamten der ersuchten Behörde geführt werden und die ausländischen Bediensteten nicht die Kontrollbefugnisse der Beamten der ersuchten Behörde ausüben. Ferner besteht gemäß Art. 29 Mwst-ZVO die Möglichkeit, gleichzeitige Prüfungen zu vereinbaren und durchzuführen.

Auf diesem Gebiet hat der Rat der Europäischen Union allerdings eine Änderung der Mehrwertsteuer-Zusammenarbeitsverordnung beschlossen, welche voraussichtlich zum 01.01.2020 in Kraft tritt. Danach soll der Vorschrift ein Art. 28 Abs. 2a Mwst-ZVO hinzugefügt werden, wonach Mitgliedsstaaten eine Vereinbarung über die Durchführung gemeinsamer Betriebsprüfungen treffen können. Diese Betriebsprüfungen sollen dann gemeinsam und gleichberechtigt durchgeführt werden, wobei die Bediensteten des ersuchenden Staates dieselben hoheitlichen Befugnisse ausüben können sollen, wie die inländischen Bediensteten des ersuchten Staates.[566]

Auf dem Gebiet der Verbrauchsteuer-Zusammenarbeitsverordnung besteht ebenfalls die Möglichkeit, gemäß Art. 13 VerbrSt-ZVO die Durchführung simultaner Betriebsprüfungen zu vereinbaren. Ferner können gemäß Art. 12 Abs. 1 VerbrSt-ZVO Beamte der ersuchenden Behörde in den Amtsräumen der ersuchten Behörde und darüber hinaus gemäß Art. 12 Abs. 2 VerbrSt-ZVO bei behördlichen Ermittlungen anwesend sein. Dabei haben die Beamten des ersuchenden Staates im Falle der Verbrauchsteuer-Zusammenarbeitsverordnung weitere Möglichkeiten als nach Art. 28 Mwst-ZVO. Denn gemäß Art. 12 Abs. 2 VerbrSt-ZVO können die Beamten der ersuchenden Behörde Ermittlungen führen und Personen befragen. Dies gilt allerdings nur unter der Voraussetzung, dass die Beamten der ersuchten Behörde dem zugestimmt haben und die Handlungen beaufsichtigen, vgl. Art. 12 Abs. 2 a.E. VerbrSt-ZVO. Die Regelungen zur Kooperation bei den Verbrauchsteuern auf europäischer Ebene sind damit momentan noch umfassender als bei der Mehrwertsteuer. Mit der Einführung gemeinsamer Betriebsprüfungen auf dem Gebiet der Mehrwertsteuer wird sich dies allerdings

566 Vgl. Verordnung des Rates zur Änderung der Verordnungen (EU) Nr. 904/2010 und (EU) 2017/2454 im Hinblick auf die Stärkung der Zusammenarbeit der Verwaltungsbehörden auf dem Gebiet der Mehrwertsteuer (10472/18), S. 23, abrufbar über https://ec.europa.eu/transparency/regdoc/rep/1/2017/DE/COM-2017-706-F1-DE-MAIN-PART-1.PDF, zuletzt überprüft am 03.07.2020.

ändern, da in- und ausländische Prüfer die Ermittlungen gleichberechtigt durchführen werden.

(cc) EU-Beitreibungsgesetz

§ 17 Abs. 1 EUBeitrG erlaubt die Anwesenheit von Bediensteten anderer Mitgliedsstaaten im Inland. Befugte Bedienstete des anderen Mitgliedsstaates können unter anderem in Amtsräumen, in denen die deutsche Vollstreckungsbehörde ihre Tätigkeit ausübt und bei behördlichen Ermittlungen, die auf deutschem Hoheitsgebiet geführt werden, anwesend sein, vgl. § 17 Abs. 1 Nr. 1, 2 EUBeitrG. Da die Vorschrift jedoch aus dem System der anderen Vorschriften über die Anwesenheit ausländischer Prüfer herausfällt, weil die Anwesenheit nicht eine Steuerprüfung beziehungsweise Betriebsprüfung im Rahmen des Ermittlungsverfahrens betrifft, sondern das Vollstreckungsverfahren, soll auf diese Möglichkeit erst im Rahmen der Beitreibungshilfe näher eingegangen werden.[567]

c) Tax Information Exchange Agreements

Gemäß Art. 6 Abs. 2 TIEA-MA kann auf Ersuchen der zuständigen Behörde einer anderen Vertragspartei gestattet werden, dass Vertreter der zuständigen Behörde während des relevanten Teils einer Steuerprüfung anwesend sind. Die Unterstützungsleistung des ersuchten Staates besteht darin, dass er dem ersuchenden Staat die Informationen zugänglich macht, die der ersuchende Staat für Zwecke seiner Besteuerung benötigt.[568] Wie bereits dargestellt, waren die Vorschriften des Art. 6 Abs. 2, 3 TIEA-MA Vorbild bei der Erstellung von Art. 9 Abs. 1, 2 AmtshÜ, weshalb diese Vorschriften auch inhaltlich deckungsgleich sind. Somit ist auch im Falle des Art. 6 Abs. 2 TIEA-MA der Bedienstete der ausländischen Finanzverwaltung auf eine passive Rolle beschränkt. Ihm stehen daher keine Befugnisse zu, den Steuerpflichtigen beziehungsweise die Auskunftsperson zu Mitwirkungshandlungen aufzufordern.[569] Denn auch Art. 6 Abs. 3 S. 2 TIEA-MA ordnet ausdrücklich an, dass alle Entscheidungen im Zusammenhang mit der Durchführung der Steuerprüfung die die Prüfung durchführende Behörde der ersuchten Vertragspartei trifft. Die Tätigkeit des ausländischen Prüfers ist somit auf das Beobachten und die Würdigung vorgelegter Beweismittel beschränkt.[570]

---

567 Vgl. hierzu den Abschnitt E.V.
568 *Hendricks*, in: Wassermeyer et al., DBA, Art. 6 MA-InfAust Rn. 18.
569 *Eimler*, in: Rödder/Hüttemann, Steuerberater-Jahrbuch 2015/2016, S. 533 (557).
570 *Hendricks*, in: Wassermeyer et al., DBA, Art. 6 MA-InfAust Rn. 19.

Art. 6 Abs. 1 TIEA-MA sieht allerdings noch eine weitere, darüber hinausgehende Möglichkeit vor, Informationen im Wege grenzüberschreitender Betriebsprüfungen auszutauschen. Gemäß Art. 6 Abs. 1 TIEA-MA kann Vertretern einer anderen Vertragspartei die Einreise in ihr Gebiet zur Befragung natürlicher Personen und Prüfung von Unterlagen mit schriftlicher Einwilligung der betroffenen Personen gestattet werden. Der ausländische Prüfer kann somit selbst aktiv tätig werden, auch wenn seine Möglichkeiten beschränkt sind. Art und Umfang der Ermittlungshandlungen werden vor allem durch die Einwilligungserklärung der betroffenen Person bestimmt. Die Erklärung kann inhaltlich begrenzt werden und damit unerwünschte Ermittlungshandlungen ausgeschlossen werden. In der Praxis wird im Vorfeld bereits abgestimmt, welche Ermittlungshandlungen überhaupt erlaubt sein sollen. Das Ergebnis der Abstimmung wird in einem Ablaufplan fixiert. Die Bediensteten haben sich sodann bei ihrer Prüfung an den abgesteckten Rahmen zu halten. Da die Ermittlungen auf Freiwilligkeit basieren und die Einwilligungserklärung jederzeit widerrufen werden kann, ist die Ausübung von Zwangsmitteln ausgeschlossen.[571]

Keine Regelung trifft das TIEA-Musterabkommen hingegen zur Durchführung simultaner Betriebsprüfungen. Eine dem Art. 8 AmtshÜ entsprechende Regelung, bei der die Durchführung voneinander unabhängiger Betriebsprüfungen in zwei Staaten zumindest zeitlich aufeinander abgestimmt werden können, ist somit im TIEA-Musterabkommen nicht vorhanden. Grund dafür ist, dass die von der Bundesrepublik Deutschland bisher abgeschlossenen TIEAs im Bereich der koordinierten Betriebsprüfungen keine große praktische Bedeutung erlangt haben, da sie überwiegend mit sog. Steueroasen abgeschlossen wurden. Die Durchführung gemeinsamer Betriebsprüfungen hingegen kommt vor allem mit Industriestaaten in Betracht.[572]

6. Ergebnis

Eine Zusammenarbeit bei grenzüberschreitenden Betriebsprüfungen ist in den unterschiedlichsten Ausgestaltungen denkbar. Dies reicht von einer bloßen Anwesenheit eines Prüfers im Ausland bis hin zur Vornahme eigener Ermittlungsmaßnahmen. Ferner besteht auch die Möglichkeit zur Koordination ganzer Betriebsprüfungen mit bloßer zeitlicher Abstimmung bis hin zur Durchführung

571 *Hendricks*, in: Wassermeyer et al., DBA, Art. 6 MA-InfAust Rn. 13.

572 *Meickmann*, IStR 2014, 591 (594).

von Betriebsprüfungen, bei denen inländische und ausländische Prüfer die Prüfung gemeinsam und gleichberechtigt durchführen können.

Das Amtshilfeübereinkommen nutzt die prinzipiell bestehenden Möglichkeiten einer Zusammenarbeit nicht voll aus, sondern beschränkt sich auf die Koordinierung von Betriebsprüfungen in zeitlicher Hinsicht und ermöglicht somit simultane Betriebsprüfungen gemäß Art. 8 AmtshÜ. Darüber hinaus können inländische Prüfer gemäß Art. 9 AmtshÜ an einer Prüfung im Ausland teilnehmen, sind dabei jedoch in ihren Rechten auf die bloße Anwesenheit beschränkt und können nicht eigenständig Ermittlungshandlungen vornehmen. Die Anwendung des Amtshilfeübereinkommens bringt jedenfalls im Verhältnis zu den Staaten Vorteile, zu denen bisher noch keinerlei Amtshilfebeziehung bestand. Wegen des multilateralen Charakters des Amtshilfeübereinkommens ist eine Kooperation auch zwischen mehr als zwei Vertragsstaaten möglich, was bei den bilateralen Rechtsgrundlagen nicht der Fall ist. Auch wegen der rechtlich problematischen Frage, ob von Art. 26 Abs. 1 S. 1 OECD-MA grenzüberschreitende Betriebsprüfungen erfasst werden, stellen Art. 8, 9 AmtshÜ eine klare Rechtsgrundlage für eine derartige Kooperation dar. Insofern sind diese neuen Möglichkeiten nicht gerade wegen ihrer inhaltlichen Reichweite interessant, die nur ein vergleichsweise geringes Maß an Kooperation bedeutet. Vielmehr kann die Zusammenarbeit nun auf Grundlage einer klaren und rechtssicheren Grundlage stattfinden und bringt damit Vorteile gegenüber Staaten, zu denen ein gültiges DBA besteht und die nicht Mitglied der Europäischen Union sind.

Im Vergleich zu den europarechtlichen Regelungen bringt das Amtshilfeübereinkommen keinen Vorteil, weder aufgrund der darin enthaltenen Instrumente noch aufgrund der jeweiligen inhaltlichen Reichweite. Die Regelungen in §§ 10 ff. EUAHiG gehen über den Anwendungsbereich der Art. 8, 9 AmtshÜ hinaus, als dort die ausländischen Bediensteten in Grenzen auch aktiv tätig werden dürfen und gewisse Ermittlungshandlungen vornehmen können. Auch beschränkt sich das Anwesenheitsrecht nicht nur auf Steuerprüfungen, wie dies bei Art. 9 Abs. 1 AmtshÜ der Fall ist. Ferner gestatten §§ 10 ff. EUAHiG auch gemeinsame Betriebsprüfungen. Im Verhältnis der Mitgliedsstaaten der Europäischen Union zueinander bringt das Amtshilfeübereinkommen daher keine Vorteile.[573] Dies gilt auch für die Bereiche der Mehrwertsteuer und der Verbrauchsteuern. Denn die entsprechenden europäischen Verordnungen entsprechen nicht nur in ihrer Reichweite den Art. 8, 9 AmtshÜ, sondern gehen beziehungsweise werden in Zukunft darüber hinaus gehen. Dabei können die

---

573 *Grotherr*, IStR 2015, 845 (854).

ausländischen Prüfer auch Ermittlungshandlungen durchführen, im Rahmen der Mehrwertsteuer werden in Zukunft umfangreiche gemeinsame Betriebsprüfungen möglich sein, bei denen inländische Prüfer gleichberechtigt die Prüfung vornehmen können.

Die Regelungen in den TIEAs sind teilweise weitgehender, was die Steuerprüfungen im Ausland betrifft, da die Prüfer auch Rechte zur aktiven Mitwirkung haben. Teilweise sind sie weniger weitgehend, da keine Regelungen zur Durchführung simultaner Betriebsprüfungen enthalten sind. Gegenüber Staaten, mit denen bisher nur ein TIEA abgeschlossen wurde, bringt das Amtshilfeübereinkommen jedenfalls Vorteile mit sich auf dem Gebiet der simultanen, zeitlich abgesprochenen Betriebsprüfungen.

V. Amtshilfe bei der Beitreibung von Steuerforderungen

Während die bisher dargestellten Möglichkeiten der internationalen Amtshilfe der Ermittlung und Festsetzung der korrekten Steuer dienten, betrifft die Amtshilfe bei der Beitreibung von Steuerforderungen das Vollstreckungsverfahren und damit die Durchsetzung des behördlich festgestellten Steueranspruchs. Eine solche zwangsweise Vollstreckung ist notwendig, da es für eine gleichmäßige Besteuerung erforderlich ist, dass eine Gleichheit im tatsächlichen Besteuerungserfolg auch über die Grenzen hinweg hergestellt wird. Dies liegt zugleich im Interesse des staatlichen Finanzbedarfs.[574]

Der Begriff der Vollstreckung bezeichnet den Einsatz hoheitlicher Mittel zur Durchsetzung förmlich festgestellter Ansprüche, die nicht freiwillig erfüllt werden.[575] Da jedoch die Vollstreckungsvorschriften der §§ 249-346 AO nur innerhalb des deutschen Staatsgebiets gelten, bedarf es internationaler Beitreibungsinstrumente, um Steuerforderungen auch über die Grenzen hinaus durchsetzen zu können. Insbesondere sind die bereits bestehenden Regelungen des Informationsaustauschs nicht ausreichend, um die Realisierung bereits entstandener und festgesetzter Steuern strukturell abzusichern. Zudem muss sichergestellt werden, dass die berechtigten Interessen der betroffenen Steuerpflichtigen angemessen berücksichtigt werden.[576] Hinzu kommt, dass die Steueransprüche auch nicht ohne weiteres im anderen Staat gerichtlich geltend gemacht werden

574 *Ismer/Sailer*, IStR 2003, 622 (630 f.).
575 *Kussmann*, Vollstreckung nach der Abgabenordnung, S. 19.
576 *Seer*, IWB 2017, 595 (595 f.).

können, da Staaten in ausländischen Gerichtsverfahren bereits die Parteifähigkeit fehlt.[577]

Diese im Wege der Amtshilfe bestehende Möglichkeit der Durchsetzung von Steuern im Ausland darf jedoch andererseits nicht dazu führen, dass weitgehendere Befugnisse eines ausländischen Staates genutzt werden, um Forderungen durchzusetzen, die nach innerstaatlichem Recht nicht durchsetzbar wären. Diese Möglichkeit kann unter Umständen bestehen, da die Vollstreckungsmöglichkeiten der einzelnen Staaten erheblich voneinander abweichen können. In diesen Fällen ist es der deutschen Verwaltung untersagt, Vollstreckungsersuchen nach internationalen Verträgen beziehungsweise Abkommen zur Erweiterung der innerstaatlichen Befugnisse zu missbrauchen.[578]

Es stehen verschiedene Rechtsgrundlagen für die Beitreibung inländischer Steuerforderungen im Ausland und die Beitreibung ausländischer Steuerforderungen im Inland zur Verfügung. Deren gemeinsames Ziel ist es, entsprechende Regelungen zu schaffen, sodass es für die Verwirklichung des Steueranspruchs keinen Unterschied macht, ob sich der Steuerpflichtige im Inland oder im Ausland befindet. Ein Steuerpflichtiger sollte daher im Zuge der grenzüberschreitenden Beitreibung nicht besser, aber auch nicht schlechter als bei innerstaatlichen Vollstreckungsmaßnahmen gestellt werden.[579] Dies wird maßgeblich dadurch erreicht, dass die ausländische Forderung vom ersuchten Staat behandelt wird, als handele es sich um eine eigene Steuerforderung.[580]

1. Vorbehalt der Bundesrepublik Deutschland

Zu Beginn ist darauf hinzuweisen, dass die Bundesrepublik Deutschland in Bezug auf diese spezielle Form der Amtshilfe einen Vorbehalt erklärt hat. Danach behält sich die Bundesrepublik Deutschland gemäß Art. 30 Abs. 1 lit. b AmtshÜ das Recht vor, in Bezug auf alle in Art. 2 Abs. 1 AmtshÜ aufgelisteten Steuern, Beiträge und steuerlichen Nebenleistungen keine Amtshilfe bei der Beitreibung nach Art. 11-16 AmtshÜ zu leisten. Der Abschnitt über die Beitreibung im Amtshilfeübereinkommen spielt somit in Deutschland zumindest derzeit keine Rolle, da die Bundesrepublik Deutschland keine Amtshilfemaßnahmen erbringt. Dies hat zur Folge, dass sie wegen des Grundsatzes der

577 *Ismer/Sailer*, IStR 2003, 622.

578 *Hendricks*, IStR 2009, 846 (849); vgl. hierzu auch zum entsprechenden Auskunftsverweigerungsrecht des ersuchten Staates unter E.VII.1.a.

579 *Seer*, IWB 2017, 595 (596).

580 Vgl. hierzu bespielhaft § 9 Abs. 1 S. 2 EUBeitrG, Art. 11 Abs. 1 AmtshÜ.

Gegenseitigkeit auch nicht einen ausländischen Staat um Amtshilfe ersuchen kann, vgl. Art. 30 Abs. 5 AmtshÜ. Der Grund für den Vorbehalt ist, dass nicht sicher ist, ob die zu vollstreckende Forderung im Ausland nach rechtsstaatlichen Grundsätzen zustande gekommen ist. Dies ist aber vor dem Hintergrund notwendig, dass bei Erbringung der Amtshilfe die Steuerforderung wie eine eigene durch den ersuchten Staat behandelt wird.[581] Aufgrund der Vielzahl der am Amtshilfeübereinkommen beteiligten Staaten mit ihren innerstaatlichen Regelungen und unterschiedlichen rechtsstaatlichen Standards ist es daher angezeigt, sich das Recht vorzubehalten, unter Umständen keine Amtshilfe bei der Beitreibung von Steuerforderungen zu leisten.[582]

Dennoch werden die Regelungen über die Beitreibungshilfe näher untersucht. Dies hängt zum einen damit zusammen, dass Gegenstand der Untersuchung der Inhalt des Amtshilfeübereinkommens im Allgemeinen ist sowie dessen Verhältnis zu anderen Rechtsgrundlagen der internationalen Amtshilfe. Dies ist unabhängig davon, ob die Bundesrepublik Deutschland in Bezug auf ein einzelnes Instrument der Amtshilfe einen Vorbehalt erklärt hat. Darüber hinaus ist es nicht ausgeschlossen, dass ein Vorbehalt nachträglich wieder aufgehoben wird, was gemäß Art. 30 Abs. 4 AmtshÜ jederzeit möglich ist. Eine Aufhebung wäre denkbar, wenn sich die rechtsstaatlichen Standards zwischen den Vertragsstaaten im Laufe der Zeit angleichen und daher kein Grund mehr besteht, die Leistung von Amtshilfe im Bereich der Beitreibung von Steuern zu verweigern.

2. Beitreibungshilfe nach dem Amtshilfeübereinkommen

Art. 27 OECD-MA diente als Grundlage beim Entwurf der Art. 11-16 AmtshÜ. Daher ist der jeweilige Inhalt der beiden Vorschriften im Wesentlichen deckungsgleich. Bei der Auslegung des Amtshilfeübereinkommens ist daher ein Rückgriff auf den Inhalt der Beitreibungsklausel des Art. 27 OECD-MA möglich.[583] Dies entspricht auch dem Willen der Verfasser des Amtshilfeübereinkommens.[584]

---

581 Vgl. Plenarprotokoll 18/112 vom 18.06.2015, Anlage 13, S. 10879; *Grotherr*, IStR 2015, 845 (851).

582 Vgl. Bemerkung zu Artikel 11 der Denkschrift zum Amtshilfeübereinkommen, RegE AmtshÜ vom 15.06.2015, BT-Drs. 18/5173, S. 38 f.

583 *Seer*, IWB 2017, 595 (599); *Runge*, RIW 1986, 704 (708).

584 Vgl. S. 1 letzter Absatz des AmtshÜ-MK.

a) Pflicht des ersuchten Staates zur Beitreibung

Gemäß Art. 11 Abs. 1 AmtshÜ trifft der ersuchte Staat auf Ersuchen des ersuchenden Staates vorbehaltlich der Art. 14, 15 AmtshÜ die erforderlichen Maßnahmen, um die Steuerforderungen des ersuchenden Staates beizutreiben, als handele es sich um seine eigenen Steuerforderungen. Das Verfahren der Vollstreckung folgt somit den nationalen Vorschriften, die auch für die Vollstreckung eigener, identischer Forderungen gelten.[585] Existiert eine solche identische Steuer nicht, ist eine ähnliche Steuer als Vorgabe für das anzuwendende Verfahren heranzuziehen und in Ermangelung einer ähnlichen Steuer ist ein angemessenes Verfahren anzuwenden.[586] Dabei ist entsprechend dem Wortlaut des Art. 11 Abs. 1 AmtshÜ dem ersuchten Staat auch kein Ermessen hinsichtlich der Leistung von Amtshilfe eingeräumt. Vielmehr hat dieser bei Vorliegen der tatbestandlichen Voraussetzungen der Norm Amtshilfe zu leisten.

b) Voraussetzungen der Amtshilfe bei der Beitreibung

(aa) Vorliegen einer Steuerforderung

Zentrales Tatbestandsmerkmal des Art. 11 Abs. 1 AmtshÜ ist der Begriff der Steuerforderung. Die Legaldefinition des Art. 3 Abs. 1 lit. c AmtshÜ definiert als Steuerforderung jeden Steuerbetrag, die darauf entfallenden Zinsen sowie die damit zusammenhängenden Geldbußen und Beitreibungskosten, die geschuldet werden und noch nicht gezahlt worden sind. Erfasst werden auch Zuschläge, welche aus einem bestimmten Anlass zusammen mit einer bestimmten Steuer erhoben werden, wie zum Beispiel Verspätungszuschläge.[587] Geldstrafen und Geldbußen sind im Gegensatz zu den Verspätungszuschlägen und Zwangsgeldern nicht von der Norm erfasst, weil sie nicht auf die Erzielung von Einnahmen gerichtet sind.[588] Durch den Begriff der „geschuldeten Steuer“ wird festgestellt, dass die Höhe der Steuer feststehen muss und nicht lediglich spekulativ sein darf. Anderenfalls käme es zu Problemen bei dem Ergreifen von Sicherungsmaßnahmen nach Art. 12 AmtshÜ, da eine Sicherung mangels konkreter Höhe der Steuerforderung nicht möglich wäre.[589]

---

585 Vgl. Tz. 109 AmtshÜ-MK.

586 *Czakert*, in: Schönfeld/Ditz, DBA, Art. 27 Rn. 36.

587 Tz. 40 AmtshÜ-MK; bei dem Begriff der Geldbußen soll es sich hiernach um alle Zuschläge bzw. Gebühren handeln, die gesetzlich vorgesehen sind und nicht strafrechtlicher Natur sind.

588 *Ismer/Sailer*, IStR 2003, 622 (623 f.).

589 Tz. 43 AmtshÜ-MK.

Aus diesen Voraussetzungen wird bereits deutlich, dass die Vollstreckung nach dem Amtshilfeübereinkommen auf reine Geldbeträge beschränkt ist. Dies weist einen gravierenden Unterschied zur nationalen Vollstreckung nach deutschem Recht auf, wo nicht nur die Vollstreckung reiner Geldbeträge möglich ist (§§ 259 ff. AO), sondern darüber hinaus auch die Vollstreckung wegen anderer Leistungen als Geldforderungen, wie Handlungen, Duldungen oder Unterlassungen (§§ 328 ff. AO).[590] Insofern entspricht auch der im Abkommen verwendete Begriff der Beitreibung dem üblichen Verständnis, wonach hierunter die Vollstreckung von Geldansprüchen der Verwaltung verstanden wird.[591] In sachlicher Hinsicht gelten die Vorschriften über Vollstreckungshilfe für alle Steuern des Art. 2 AmtshÜ, weshalb auch Sozialversicherungsbeiträge gemäß Art. 2 Abs. 1 lit. b AmtshÜ erfasst werden.

In früheren Abkommen war eine Amtshilfe bei der Vollstreckung von Steuerforderungen durch den ersuchten Staat gegen eigene Staatsangehörige in der Regel ausgeschlossen.[592] Dies änderte sich mit Erarbeitung des Amtshilfeübereinkommens, da nun auch eine Vollstreckung unabhängig von der Nationalität des Steuerschuldners möglich ist, vgl. Art. 11 Abs. 1 AmtshÜ. Entsprechend dieser Entwicklung spielt es auch keine Rolle, ob der Steuerschuldner in dem ersuchten Staat oder einem dritten Staat ansässig ist, vgl. Art. 11 Abs. 2 S. 2 AmtshÜ.[593]

(bb) Beitreibung auch gegen Haftungsschuldner

Der Kommentar zum Amtshilfeübereinkommen stellt ausdrücklich klar, dass eine Beitreibungshilfe nicht nur in Bezug auf Forderungen gegen den eigentlichen Schuldner der Steuerforderung möglich ist, sondern dass auch Haftungsansprüche vom Begriff der Steuerforderung erfasst werden sollen. Daher kann die Vollstreckung auch gegen eine dritte Person erfolgen, die für die Steuer aufgrund gesetzlicher Vorschriften haftet.[594] Hierfür spricht auch die in Art. 3 Abs. 1 lit. c AmtshÜ enthaltene weite Definition des Begriffs der Steuerforderung. Danach muss lediglich ein Betrag im Hinblick auf eine Steuer geschuldet sein, womit kein Unterschied zwischen Schuld und Haftung begründet werden sollte.[595] Die

---

590 *Seer*, in: Gosch et al., DBA, Art. 27 MA Rn. 47.
591 *Kussmann*, Vollstreckung nach der Abgabenordnung, S. 19.
592 *Runge*, RIW 1986, 704 (708).
593 Vgl. Tz. 101 des Kommentars zum Amtshilfeübereinkommen 1988.
594 Vgl. Tz. 99 AmtshÜ-MK.
595 *Ismer/Sailer*, IStR 2003, 622 (624).

Frage der Haftung richtet sich nach den Vorschriften des ersuchenden, nicht des ersuchten Staates. Das bedeutet, dass ein Staat eine Steuer auch dann zu vollstrecken hat, wenn der Vollstreckungsschuldner nach dem Recht dieses Staates nicht für die zu vollstreckende Forderung haften würde.[596] Es ist davon auszugehen, dass unter dem Begriff der Haftung ebenso wie nach deutschem Recht zu verstehen ist, dass jemand für die Erfüllung einer fremden Steuerschuld mit seinem eigenen Vermögen einzustehen hat. Wichtige Beispiele für einen Haftungstatbestand nach deutschem Recht finden sich in §§ 69-76 AO, in den Einzelsteuergesetzen, den Vorschriften des Handelsrechts und den Vorschriften des bürgerlichen Rechts.[597]

Darüber hinaus soll nicht nur gegen den Haftungsschuldner vorgegangen werden können, sondern auch gegen Dritte, die zwar nicht für eine Steuer haften, aber die sich im Besitz von Vermögenswerten des Schuldners befinden. Auch gegen diese sollen Beitreibungsmaßnahmen im Wege der Amtshilfe möglich sein.[598] Dies entspricht der nach deutschem Recht in § 191 Abs. 1 S. 1 Alt. 2 AO geregelten Pflicht, eine Vollstreckung dulden zu müssen. Derjenige, den diese Duldungsverpflichtung trifft, ist ebenso wie der Haftungsschuldner Steuerpflichtiger im Sinne des § 33 Abs. 1 AO. Allerdings haftet der Vollstreckungsschuldner im Gegensatz zum Haftungsschuldner nicht mit seinem gesamten Vermögen. Der Vollstreckungsschuldner gilt als solcher nur hinsichtlich bestimmter Mittel oder Gegenstände, die seiner Verwaltung unterliegen beziehungsweise in seinem Eigentum stehen, vgl. § 77 Abs. 1 AO. Die Verpflichtung zur Duldung kann sich dabei aus steuerrechtlichen oder nicht-steuerrechtlichen Vorschriften ergeben.[599]

(cc) Titulierte Forderung

Art. 11 Abs. 2 AmtshÜ stellt eine weitere Anforderung auf, die auf den ersten Blick selbstverständlich wirkt. Danach ist eine Vollstreckungshilfe nur in Bezug auf Forderungen zulässig, für die ein Titel besteht, der ihre Vollstreckung im ersuchenden Staat ermöglicht. Diese Vorschrift soll verhindern, dass Steuern bereits in einem frühen Stadium beigetrieben werden, in dem die tatsächliche Höhe der geschuldeten Steuer möglicherweise noch nicht bzw. nicht gesichert

596 Vgl. Tz. 99 AmtshÜ-MK.

597 *Boeker*, in: Hübschmann et al., AO/FGO, § 191 AO Rn. 4,11.

598 Vgl. Tz. 101 ff. AmtshÜ-MK; s. hier auch weitere Beispiele von Fällen, in denen eine andere Person als der Steuerpflichtige für eine Steuerforderung haftet.

599 *Boeker*, in: Hübschmann et al., AO/FGO, § 191 AO Rn. 7.

feststeht. Denn ein solches Vorgehen hätte wirtschaftliche Schäden für die betroffenen Steuerpflichtigen zur Folge sowie staatshaftungsrechtliche Folgen für die betroffenen Staaten, die die Steuern zu früh beigetrieben haben.[600]

In Bezug auf die Anforderungen, die an den Titel gestellt werden, trifft das Amtshilfeübereinkommen eine Unterscheidung danach, ob der Steuerschuldner im ersuchenden Staat ansässig ist oder nicht.[601] Bezogen auf die im ersuchenden Staat ansässigen Personen kommt nach Art. 11 Abs. 2 S. 1 AmtshÜ Amtshilfe nur dann in Betracht, wenn die Steuerforderung nicht (mehr) angefochten wird. Dies bedeutet im Ergebnis, dass eine Vollstreckung durch ausländische Behörden erst dann möglich sein soll, wenn die Forderung rechtskräftig festgestellt wurde oder von vornherein kein Rechtsmittel gegen die Steuerforderung eingelegt wurde. Eine Vollstreckung ist folglich nicht möglich, wenn ein entsprechender Steuerbescheid noch Gegenstand gerichtlicher Klärung ist. Allerdings kann hiervon durch Vereinbarung zwischen den betreffenden Vertragsparteien abgewichen werden. Diese Abweichungsmöglichkeit hat zum Ziel, eine zwischenstaatliche Zusammenarbeit mit Staaten zu erleichtern, in denen Steuerpflichtige sehr weitgehende Möglichkeiten haben, gegen derartige Steuerforderungen vorzugehen. Diese Rechtsschutzmöglichkeiten sollen die Beitreibung von Steuern dann nicht mehr verhindern können.[602]

Art. 11 Abs. 2 S. 2 AmtshÜ trifft eine noch weitgehendere Einschränkung des Anwendungsbereichs des Art. 11 Abs. 1 AmtshÜ in Bezug auf Personen, die nicht im ersuchenden Vertragsstaat ansässig sind.[603] In diesen Fällen ist ein Beitreibungsersuchen nur dann zulässig, wenn die Steuerforderung nicht mehr angefochten werden kann. Die Vorschrift hat die Situation im Blick, dass ein Steuerpflichtiger, der nicht im ersuchenden Staat ansässig ist, auch nur über ein geringeres Maß an Informationen verfügt, was die gegen ihn geltend gemachte Forderung betrifft. Aus diesem Grund wurde dieser weitere Schutzmechanismus eingeführt. Es ist somit erforderlich, dass kein Rechtsmittel gegen den entsprechenden Steuerbescheid eingelegt wurde und zusätzlich auch die entsprechenden Rechtsbehelfsfristen verstrichen sind. Soweit um Rechtsschutz ersucht wurde, müssen alle Rechtsmittel und Rechtsbehelfe erschöpft sein.[604]

---

600 Vgl. Tz. 112 AmtshÜ-MK.

601 *Engelschalk*, in: Vogel/Lehner, DBA, Art. 27 Rn. 9.

602 Vgl. Tz. 113 AmtshÜ-MK; *Runge*, RIW 1986, 704 (708).

603 Vgl. Bemerkung zu Artikel 11 der Denkschrift zum Amtshilfeübereinkommen, RegE AmtshÜ vom 15.06.2015, BT-Drs. 18/5173, S. 38.

604 Vgl. Tz. 114 AmtshÜ-MK.

Eine weitere Beschränkung der grenzüberschreitenden Amtshilfe zur Beitreibung von Steuerforderungen ist in Art. 11 Abs. 3 AmtsÜ vorgesehen, der die Amtshilfe bei Beitreibung von Steuerforderungen gegen einen Erblasser oder seinen Nachlass betrifft. Dabei ist die Verpflichtung zur Amtshilfe auf den Wert des Nachlasses oder desjenigen Teils des Vermögens beschränkt, der auf jeden Nachlassbegünstigten entfällt. Abhängig ist dies davon, ob die Forderung aus dem Nachlass oder von den Nachlassbegünstigten beizutreiben ist. Mit dieser Vorschrift wird ein Ausgleich geschaffen zwischen dem Schutzbedürfnis des betroffenen Erben beziehungsweise Begünstigten und dem Fiskalinteresse der betroffenen Staaten. Denn die Erben haben unter Umständen keine Kenntnis von den Schulden des Erblassers im Ausland, weshalb sie eine unbeschränkte Haftung überraschend treffen könnte. Andererseits haben die betroffenen Staaten ein Interesse daran, die ausstehenden Forderungen einzutreiben, da Erben nicht auf Kosten der Vertragsstaaten von ihrem Risiko entlastet werden sollen, unter Umständen für Nachlassschulden haften und aufkommen zu müssen.[605]

(dd) Bevorzugung

Art. 15 AmtshÜ trifft eine Regelung für Fälle, in denen ein Staat im Vollstreckungsverfahren seinen eigenen Forderungen Vorrang einräumt gegenüber den Forderungen anderer Gläubiger, um damit die möglichst umfassende Beitreibung seiner Steuerforderungen sicherzustellen. Diese Bevorzugung soll nicht automatisch auf Steuerforderungen ausländischer Staaten erstreckt werden.[606]

Dass die Bevorzugung nicht auch für die Forderungen ausländischer Staaten gilt, hat folgenden Grund: Es wäre für andere Gläubiger von Nachteil, wenn sie nicht nur nachrangig gegenüber dem Staat befriedigt würden, in dem der Steuerschuldner ansässig ist, sondern darüber hinaus auch noch gegenüber allen anderen ausländischen Staaten. In der Folge käme es zu einem Konkurrenzverhältnis zwischen Steuerforderungen, welches nur schwer aufzulösen wäre und daher von vornherein verhindert werden soll.[607]

(ee) Fristen beziehungsweise Verjährung

Das Amtshilfeübereinkommen regelt auch die Frage, wann eine Forderung in zeitlicher Hinsicht noch vollstreckt werden kann. Art. 14 AmtshÜ berücksichtigt dabei, dass in den Vertragsstaaten unterschiedliche Vorgaben zeitlicher

605 Vgl. Tz. 119 AmtshÜ-MK.
606 Vgl. Tz. 148 f. AmtshÜ-MK.
607 Vgl. Tz. 149 f. AmtshÜ-MK.

Natur in Form von Verjährungsvorschriften bestehen können, innerhalb derer eine Vollstreckung von Steuerforderungen möglich ist.

Art. 14 Abs. 1 S. 1 AmtshÜ stellt die Rechtslage des um Amtshilfe ersuchenden Vertragsstaates in den Vordergrund. Danach kann eine Steuerforderung im Ausland nicht mehr vollstreckt werden, wenn eine Vollstreckung im ersuchenden Staat nach dessen nationalen Vorschriften nicht mehr möglich wäre. Bestehen somit Fristen für die Beitreibung von Steuerforderungen, können diese nicht mittels einer Vollstreckung im Ausland umgangen werden. Grund dafür ist, dass die beizutreibende Steuerforderung nach dem Recht des ersuchenden Staates entstanden ist und daher deren weitere Existenz auch vom Recht des ersuchenden Staates abhängen soll. Hingegen kommt es nicht auf etwaige Fristen beziehungsweise Verjährungsvorschriften im ersuchten Staat an, auch gibt es keine von den Fristen der Vertragsstaaten unabhängigen und eigenständigen Regelungen im Amtshilfeübereinkommen.[608] Ist eine Steuerforderung daher im ersuchenden Staat bereits verjährt, fehlt es an deren Vollstreckbarkeit. Ein Beitreibungsersuchen kann daher nicht gestellt werden.[609] Um diese Vorgaben einhalten zu können, sind gemäß Art. 14 Abs. 1 S. 2 AmtshÜ im Ersuchen genaue Angaben über die im ersuchenden Staat geltenden Fristen zu machen.

Art. 14 Abs. 2 S. 1 AmtshÜ trifft eine Regelung zu Maßnahmen des ersuchten Staates, die zu einer Hemmung oder Unterbrechung von Verjährungsfristen führen.[610] Diese Wirkung soll dabei auch nach dem Recht des ersuchenden Staates eintreten. Führt somit der ersuchte Staat eine Maßnahme durch, die nach seinem Recht zu einer Änderung der Verjährungsvorschriften für die Vollstreckung führt, wirkt sich dies auch nach dem Recht des ersuchenden Staates auf die Frist aus, wobei sich die Dauer der Frist wegen der Regelung des Art. 14 Abs. 1 S. 1 AmtshÜ wiederum nach dem Recht des ersuchenden Staates richtet.[611] Da derartige Veränderungen der Fristen aufgrund von Veränderungen in beiden Vertragsstaaten eintreten können, ist es notwendig, dass sich die beteiligten Staaten gemäß Art. 14 Abs. 2 S. 2 AmtshÜ gegenseitig über derartige Maßnahmen unterrichten, die sich auf die geltenden Fristen auswirken könnten. Für Tatbestände, die im ersuchenden Staat zu einer Hemmung beziehungsweise Unterbrechung der Verjährung führen, bedarf es keiner spezifischen Regelung

608 Vgl. Tz. 137 f. AmtshÜ-MK.

609 *Seer*, IWB 2017, 595 (598).

610 Im deutschen Recht beispielsweise finden sich derartige Vorschriften in den §§ 230 f. AO.

611 Vgl. Tz. 144 AmtshÜ-MK.

wie der des Art. 14 Abs. 2 S. 1 AmtshÜ. Denn derartige Änderungen werden bereits über die Vorschrift des Art. 14 Abs. 1 S. 1 AmtshÜ erfasst, wonach sich die Fristen, nach deren Ablauf Steuerforderungen nicht mehr vollstreckt werden können, nach dem Recht des ersuchenden Staates richten.[612] Beispielsweise unterbrechen von deutschen Finanzbehörden gestellte Beitreibungsersuchen als Vollstreckungsakte gemäß § 231 AO die Zahlungsverjährung.[613]

Art. 14 Abs. 3 AmtshÜ sieht als einzige konkrete Fristenregelung vor, dass einem Vollstreckungsersuchen bezüglich einer Forderung jedenfalls dann nicht mehr entsprochen werden muss, wenn es später als 15 Jahre ab dem Datum des ursprünglichen Vollstreckungstitels übermittelt wird. Es handelt sich bei Art. 14 Abs. 3 AmtshÜ somit nicht um eine Ausschlussfrist, sondern um eine Verjährungsfrist, die dem ersuchten Staat die bloße Möglichkeit gibt, ein Amtshilfeersuchen abzulehnen. Hiervon muss jedoch nicht zwingend Gebrauch gemacht werden. Dies berücksichtigt, dass in vielen Vertragsstaaten eine zeitlich unbegrenzte Vollstreckung nicht möglich ist. Diese Staaten werden somit in die Lage versetzt, entsprechende Ersuchen im Einklang mit ihrem nationalen Recht abzulehnen. Allerdings können gleichzeitig auch Staaten, die nicht über derartige nationale Regelungen verfügen, weiterhin Forderungen im Wege der Amtshilfe beitreiben. Die Frist beginnt mit der Erteilung der Ausfertigung des Vollstreckungstitels im Sinne des Art. 13 Abs. 1 lit. b AmtshÜ.[614]

c) Zahlungsaufschub

Art. 16 Hs. 1 AmtshÜ sieht die Möglichkeit vor, dem Steuerschuldner Zahlungserleichterungen einzuräumen, wie einen Zahlungsaufschub[615] oder Ratenzahlungen. Derartige Zahlungserleichterungen sind dann zu gewähren, wenn das Recht oder die Verwaltungspraxis des ersuchten Staates dies in ähnlichen Fällen zulässt. Hierüber ist der ersuchende Staat gemäß Art. 16 Hs. 2 AmtshÜ im Voraus zu informieren. Wie auch im nationalen Recht soll Art. 16 AmtshÜ eine Regelung für gewisse Härtefälle schaffen, in denen die unbedingte Beitreibung einer Steuerforderung zu ungewünschten Folgen für den Steuerpflichtigen

612 Vgl. Tz. 142 AmtshÜ-MK.
613 *Seer*, IWB 2017, 595 (598).
614 Vgl. Tz. 146 f. AmtshÜ-MK.
615 Dabei handelt es sich um die im nationalen Recht in § 222 AO geregelte Möglichkeit der Stundung.

führen würde. In solchen Fällen soll eine gewisse Flexibilität ermöglicht werden, um zu praktikablen Lösungen für alle Beteiligten zu gelangen.[616]

d) *Sicherungsmaßnahmen*

Amtshilfe bei Vollstreckung einer Steuerforderung ist dann ausgeschlossen, wenn für die entsprechende Forderung kein Vollstreckungstitel besteht oder wenn die Forderung angefochten wird, vgl. Art. 11 Abs. 2 AmtshÜ. Art. 12 AmtshÜ trifft eine Regelung für einen solchen Fall, in dem zwar nicht die Vollstreckung erlaubt wird, wohl aber die Durchführung von Sicherungsmaßnahmen. Diese sollen dazu dienen, dass eine Steuerforderung auch noch vollstreckt werden kann, wenn die Steuerforderung rechtskräftig festgestellt wurde, was im Zweifel erst nach langer Zeit feststeht. Zu diesem Zwecke können beispielsweise vorläufige Maßnahmen zum Schutz von Vermögensgegenständen getroffen werden, damit diese auch noch nach längerer Zeit für eine Vollstreckung zur Verfügung stehen. Dazu muss allerdings die Höhe der Steuerforderung, wenn auch nur vorläufig, feststehen. Die Maßnahmen, die dabei ergriffen werden können, richten sich nach dem Recht des ersuchten Staates, wobei Sicherungsmaßnahmen nicht ergriffen werden können, wenn dies nicht auch nach dem Recht des ersuchenden Staates zulässig wäre.[617]

Ein Ersuchen durch eine zuständige Behörde in Deutschland um Sicherungsmaßnahmen wäre in der Regel zulässig, wenn die Voraussetzungen des Arrests gemäß § 324 AO vorliegen. Dazu müssen die Vollstreckungsvoraussetzungen gemäß §§ 251, 254 AO gegeben sein und der zu vollstreckende Verwaltungsakt oder das Leistungsgebot darf nicht formell bestandskräftig oder bereits angefochten sein. Außerdem muss gemäß § 324 AO zu befürchten sein, dass ohne Sicherungsmaßnahmen die Vollstreckung vereitelt oder wesentlich erschwert werden würde oder wenn ein angeordneter dinglicher Arrest im Ausland vollzogen werden soll.[618]

---

616 Vgl. Tz. 153 AmtshÜ-MK.

617 Vgl. Tz. 123 ff. AmtshÜ-MK.

618 *Czakert*, in: Schönfeld/Ditz, DBA, Art. 27 Rn. 39 ff.; Vgl. auch Tz. 3.2 des BMF-Merkblatts zur zwischenstaatlichen Amtshilfe bei der Steuererhebung vom 23.01.2014 – IV B 6 – S 1320/07/10011 :011, S. 24.

e) Auskunftsanspruch

Ergänzt wird die Vollstreckungsamtshilfe gemäß Art. 11-16 AmtshÜ durch einen entsprechenden Auskunftsanspruch gemäß Art. 5 Abs. 1 AmtshÜ. Die Vollstreckung von Steuerforderungen ist Teil der Durchsetzung des innerstaatlichen Rechts. Mittels des Auskunftsanspruchs kann dabei festgestellt werden, ob der Steuerschuldner im Ausland über vollstreckbare Vermögenswerte verfügt, da dies voraussichtlich erheblich für die Beitreibung ist.[619]

f) Formalien der Beitreibungshilfe

(aa) Verfahren

Hinsichtlich des Verfahrens gibt es keine Besonderheiten zu beachten, insbesondere ist bei einem ausländischen Ersuchen gemäß § 117 Abs. 4 AO i.V.m. § 91 Abs. 2 Nr. 5 AO vor der Durchführung der Vollstreckungsmaßnahme keine Anhörung des betroffenen Steuerpflichtigen durchzuführen.

(bb) Form

Art. 18 Abs. 1 lit. d AmtshÜ bezeichnet die Angaben, die im Ersuchen zu machen sind. Gemäß Art. 18 Abs. 2 AmtshÜ hat der ersuchende Staat weitere im Zusammenhang stehende sachdienliche Informationen, die ihm zur Kenntnis gelangen, an den ersuchten Staat zu übermitteln. Dem Ersuchen ist gemäß Art. 13 Abs. 1 lit. a AmtshÜ eine Erklärung beizufügen, wonach die Steuerforderung eine unter das Übereinkommen fallende Steuer betrifft, und dass die Steuerforderung vorbehaltlich des Art. 11 Abs. 2 AmtshÜ nicht angefochten wird oder nicht (mehr) angefochten werden kann. Zudem sind eine amtliche Ausfertigung des Titels zu übersenden sowie sonstige Unterlagen, die für die Beitreibung beziehungsweise die Sicherungsmaßnahmen erforderlich sind.

Gemäß Art. 13 Abs. 2 AmtshÜ ist in Bezug auf den Titel zu beachten, dass dieser vom ersuchten Staat angenommen, anerkannt, ergänzt oder durch einen Titel ersetzt werden muss, der die Vollstreckung im ersuchten Staat ermöglicht. Grund hierfür ist, dass die Behörde des Staates, der die Vollstreckung durchführen soll, eine Ermächtigung oder einen Titel benötigt, der ihn zur Durchführung der Vollstreckung berechtigt. Hierzu sind je nach innerstaatlichem Recht zusätzliche Maßnahmen erforderlich, die von der förmlichen Anerkennung des Titels über Ergänzung des Titels bis zur Ersetzung durch einen eigenen

---

619 Vgl. Tz. 55 AmtshÜ-MK.

Vollstreckungstitel reichen. In Deutschland ist bei eingehenden Vollstreckungsersuchen der ausländische Vollstreckungstitel ausreichend, eine Transformation in einen deutschen Vollstreckungstitel ist nicht erforderlich.[620]

3. Beitreibungshilfe nach anderen Rechtsgrundlagen

a) OECD-Musterabkommen

Nur wenige DBA verfügen über wirksame Vollstreckungsklauseln, die dem Vorbild des Art. 27 OECD-MA entsprechen.[621] Sofern derartige Klauseln vereinbart wurden, weisen diese teils erhebliche Unterschiede und Regelungslücken auf.[622] Dennoch soll auf die durch Art. 27 OECD-MA eingeräumte Möglichkeit einer Vollstreckungsamtshilfe und deren Reichweite im Vergleich zum Amtshilfeübereinkommen eingegangen werden. Denn ebenso wie im Fall des Amtshilfeübereinkommens ist es nicht ausgeschlossen, dass die Bundesrepublik Deutschland in Zukunft von der Möglichkeit einer internationalen Vollstreckungsamtshilfe mehr Gebrauch machen wird als dies bisher der Fall war.[623]

(aa) Gemeinsamkeiten

Inhaltlich entspricht Art. 27 OECD-MA weitestgehend auch der Beitreibungshilfe, wie sie in Art. 11-16 AmtshÜ geregelt ist.[624] Gemäß Art. 27 Abs. 1 S. 1 OECD-MA leisten sich die Vertragsstaaten gegenseitig Amtshilfe bei der Erhebung von Steueransprüchen. Hiernach ist den Vertragsstaaten ebenfalls kein Ermessen eingeräumt; bei Vorliegen der Voraussetzungen sind sie verpflichtet, ausländische Steueransprüche zu vollstrecken. Die Amtshilfe kann wegen des Ausschlusses der Anwendbarkeit des Art. 1 OECD-MA in Art. 27 Abs. 1 S. 2 OECD-MA auch Personen betreffen, die in Drittstaaten ansässig sind. Ebenso ist die Amtshilfe unabhängig von der Staatsangehörigkeit der Steuerschuldner. Der ersuchte Vertragsstaat kann seine Verpflichtung zur Vollstreckungshilfe daher nicht mit dem Argument verneinen, er müsse den Steueranspruch eines fremden Staates gegen seine eigenen Staatsangehörigen durchsetzen.[625] Amtshilfe kommt

---

620 *Krabbe*, in: Wassermeyer et al., DBA, Art. 27 MA Rn. 27.

621 *Seer*, IWB 2017, 595 (597).

622 *Carl/Klos*, Leitfaden internationale Amtshilfe, S. 64.

623 Vgl. hierzu bereits die Erläuterungen zum Vorbehalt der Bundesrepublik Deutschland hinsichtlich der Amtshilfe bei der Beitreibung von Steuerforderungen nach dem Amtshilfeübereinkommen unter E.VI.1.

624 *Seer*, IWB 2017, 595 (599).

625 *Engelschalk*, in: Vogel/Lehner, DBA, Art. 27 Rn. 20.

aber naturgemäß nur in Betracht, wenn Steuerschulden in einem Vertragsstaat bestehen und sich Vermögenswerte in dem anderen Vertragsstaat befinden. Die Vollstreckungsamtshilfe gilt dabei nicht nur für Steuern vom Einkommen und Vermögen, sondern gemäß Art. 27 Abs. 1 S. 2 OECD-MA für Steuern jeder Art und Bezeichnung.[626]

Der Begriff des Steueranspruchs bezeichnet gemäß Art. 27 Abs. 2 OECD-MA einen Betrag, der auf Grund von Steuern jeder Art und Bezeichnung, die für Rechnung der Vertragsstatten oder einer ihrer Gebietskörperschaften erhoben werden, geschuldet wird. Dabei dürfen diese Steuern jedoch nicht abkommenswidrig erhoben werden. Auch können Nebenforderungen im Wege der Vollstreckungshilfe beigetrieben werden, wie die mit der Steuerforderung zusammenhängenden Zinsen, Geldbußen und Kosten der Erhebung oder Sicherung, wie Verspätungszuschläge oder Säumniszuschläge.[627] Nicht um einen Teil der Nebenforderungen handelt es sich hingegen bei Zwangsgeldern und Geldstrafen, die aufgrund einer gerichtlichen Verurteilung wegen Steuerhinterziehung verhängt wurden.[628] Ferner werden auch Haftungsansprüche vom Begriff des Steueranspruchs erfasst, auch wenn diese nicht ausdrücklich im OECD-Musterabkommen erwähnt werden.[629] Denn die Definition des Art. 27 Abs. 2 OECD-MA ist weit gefasst und spricht lediglich davon, dass ein Betrag im Hinblick auf eine Steuer geschuldet sein muss. Hingegen ist nicht ersichtlich, dass damit ein Unterschied zwischen Schuld und Haftung begründet werden sollte.[630] Der Umfang des Steueranspruchs, der den Gegenstand der Vollstreckungsamtshilfe bildet, ist somit weitestgehend deckungsgleich mit den Regelungen im Amtshilfeübereinkommen. Die Vollstreckungsamtshilfe nach dem Amtshilfeübereinkommen ist allerdings in sachlicher Hinsicht umfassender, da gemäß Art. 2 Abs. 1 lit. b AmtshÜ auch Ansprüche vollstreckt werden können, die Sozialversicherungsbeiträge betreffen.

Nach Art. 27 Abs. 4 OECD-MA kann der ersuchte Vertragsstaat auf Ersuchen Sicherungsmaßnahmen einleiten. Dies ist in Fällen von Bedeutung, in denen die Voraussetzungen für ein Beitreibungsersuchen nicht vorliegen. Es kann sich dabei insbesondere um Fälle handeln, in denen die Steuerfestsetzung noch anfechtbar ist oder bereits angefochten ist und ein Rechtsbehelf beziehungsweise

---

626 *Krabbe*, in: Wassermeyer et al., DBA, Art. 27 MA Rn. 7 ff.

627 *Krabbe*, in: Wassermeyer et al., DBA, Art. 27 MA Rn. 16 ff.

628 *Engelschalk*, in: Vogel/Lehner, DBA, Art. 27 Rn. 34a.

629 *Krabbe*, in: Wassermeyer et al., DBA, Art. 27 MA Rn. 17.

630 *Ismer/Sailer*, IStR 2003, 622 (624).

Rechtsmittel nach innerstaatlichem Recht aufschiebende Wirkung hat, in denen es zur Aussetzung der Vollziehung gekommen ist oder in denen eine Steuerfestsetzung noch nicht erfolgt ist.[631]

Ergänzt wird die Vollstreckungsamtshilfe nach Art. 27 OECD-MA um einen Informationsaustausch gemäß Art. 26 OECD-MA. Die Auskunftsklausel ist weit gefasst und enthält keine Einschränkung hinsichtlich der Informationen, die ausgetauscht werden können, sodass auch Auskünfte für Beitreibungszwecke erfasst werden.[632] Dies entspricht der Rechtslage im Amtshilfeübereinkommen, wonach gemäß Art. 5 Abs. 1, Art. 4 Abs. 1 AmtshÜ auch Informationen ausgetauscht werden können, soweit diese die Durchsetzung von Steuerforderungen im Ausland betreffen.

(bb) Unterschiede

Unterschiede zum Amtshilfeübereinkommen werden jedoch hinsichtlich der Anforderungen an die zu vollstreckende Forderung deutlich. Gemäß Art. 27 Abs. 3 S. 1 OECD-MA ist es ausreichend, dass der Steueranspruch im ersuchenden Staat vollstreckbar ist und der Steuerschuldner die Vollstreckung nicht abwenden kann. Das bedeutet, dass auch ein angefochtener Steueranspruch Gegenstand eines Beitreibungsersuchens sein kann, wenn ein Rechtsbehelf oder Rechtsmittel im ersuchenden Staat keine aufschiebende Wirkung hat. In Deutschland kommt es auf das Vorliegen der Vollstreckungsvoraussetzungen gemäß §§ 251 Abs. 1, 254 AO an, weshalb auch ein angefochtener, vorläufiger oder unter Vorbehalt der Nachprüfung festgesetzter Steueranspruch vollstreckt werden kann. Das Amtshilfeübereinkommen enthält hingegen weitgehendere Einschränkungen und unterscheidet zudem danach, ob der Steuerschuldner im ersuchenden Staat ansässig ist oder nicht.[633]

Das OECD-Musterabkommen stellt somit geringere Anforderungen an die Rechtsbeständigkeit der geltend gemachten Forderung. Zweck dieser Regelung ist es, im Interesse der Sicherung des Steueraufkommens der Vertragsstaaten die Vollstreckungsamtshilfe so früh wie möglich zur Verfügung zu stellen. Es ist daher gemäß Art. 27 Abs. 3 OECD-MA nur auf die aufschiebende Wirkung abzustellen, hingegen ist es nicht erforderlich, dass der Steueranspruch auch unanfechtbar ist.[634] Dadurch kommt es zu einer Gleichstellung mit Steuerpflichtigen,

---

631 *Krabbe*, in: Wassermeyer et al., DBA, Art. 27 MA Rn. 30.

632 *Krabbe*, in: Wassermeyer et al., DBA, Art. 27 MA Rn. 3; *Engelschalk*, in: Vogel/Lehner, DBA, Art. 27 Rn. 9.

633 *Loser/Urtz*, in: Aigner et al., DBA, Art. 27 Rn. 11.

634 *Krabbe*, in: Wassermeyer et al., DBA, Art. 27 MA Rn. 22.

die ihr Vermögen nur in einem Staat haben, weil bei diesen nach nationalem Recht trotz offener Rechtsmittel vollstreckt werden kann.[635]

Ein weiterer Unterschied zwischen den Rechtsgrundlagen der Vollstreckungsamtshilfe im Amtshilfeübereinkommen und im OECD-Musterabkommen besteht außerdem im Hinblick auf die mögliche Verjährung von Steuerforderungen. Art. 27 Abs. 5 S. 1 OECD-MA bestimmt insoweit grundsätzlich identisch zu Art. 14 Abs. 1 AmtshÜ, dass Fragen einer etwaigen Verjährung allein dem Recht des ersuchenden Staates unterliegen. Das bedeutet, dass eine im ersuchenden Staat verjährte Forderung auch nicht im Ausland im Wege der Amtshilfe vollstreckt werden kann. Allerdings findet sich in Art. 27 OECD-MA kein Pendant zur Regelung des Art. 14 Abs. 3 AmtshÜ, wonach Forderungen nicht mehr vollstreckt werden müssen, wenn diese bereits seit 15 Jahren oder mehr vollstreckbar sind. Betagte Forderungen müssen nach der Konzeption des Art. 27 OECD-MA auch nach langer Zeit noch im Wege der Amtshilfe durch den ersuchten Staat beigetrieben werden.[636] Dies gilt auch dann, wenn dies bei gleichgearteten inländischen Forderungen aufgrund einer Verjährung der Steuerforderung nicht mehr möglich wäre.

Ein weiterer Unterschied betrifft den Umstand, dass Art. 27 OECD-MA im Gegensatz zu Art. 14 Abs. 2 AmtshÜ keine Regelung über die Folgen von Beitreibungsmaßnahmen durch den ersuchten Staat enthält. Diese Maßnahmen führen nach der Regelung in Art. 14 Abs. 2 AmtshÜ in demselben Umfang zu einer Hemmung oder Unterbrechung der Verjährung des Steueranspruchs, wie dies bei gleichartigen vom ersuchenden Staat vorgenommenen Maßnahmen der Fall wäre. Da eine vergleichbare Regelung in Art. 27 OECD-MA fehlt, ist nach nationalem Recht zu beurteilen, inwiefern sich ausländische Vollstreckungsmaßnahmen auf die innerstaatliche Verjährung auswirken. In der Bundesrepublik Deutschland haben Maßnahmen der ersuchten Behörde die gleiche Wirkung wie entsprechende Maßnahmen einer deutschen Finanzbehörde.[637]

In formeller Hinsicht fällt noch ein Unterschied hinsichtlich der Anerkennung des Titels des ersuchenden Staates auf. Art. 27 Abs. 3 S. 1 OECD-MA sieht insoweit vor, dass ein ausländischer Titel anzuerkennen ist, wenn der Steueranspruch vollstreckbar ist und er von einer Person geschuldet wird, die zu diesem

---

635 *Tüchler*, in: Lang, Internationale Amtshilfe in Steuersachen, S. 117 (126).

636 *Engelschalk*, in: Vogel/Lehner, DBA, Art. 27 Rn. 9.

637 *Engelschalk*, in: Vogel/Lehner, DBA, Art. 27 Rn. 71b; Vgl. Tz. 1.6 des BMF-Merkblatts zur zwischenstaatlichen Amtshilfe bei der Steuererhebung vom 23.01.2014 – IV B 6 – S 1320/07/10011 :011, S. 15.

Zeitpunkt die Erhebung nicht verhindern kann. Liegen diese beiden Voraussetzungen vor, liegt die Entscheidung über die Anerkennung durch den ersuchten Staat nicht in dessen Ermessen, sondern ist von diesem auszusprechen. Der ersuchte Vertragsstaat handelt somit nicht nur als „verlängerter Arm" des ersuchenden Vertragsstaates, sondern führt eine eigenständige Prüfung durch, insbesondere der Verweigerungsgründe des Art. 27 Abs. 8 OECD-MA.[638] Im Gegensatz dazu ist das Anerkennungsverfahren in Art. 13 Abs. 2 AmtshÜ als rein formelles Erfordernis ausgestaltet, weshalb der ersuchte Staat für die Anerkennung keine inhaltlich-materielle Prüfung anstellen muss, wie bei Art. 27 Abs. 3 S. 1 OECD-MA. Die Anerkennung nach Art. 13 Abs. 2 AmtshÜ betrifft lediglich die Frage, ob eine Vollstreckung im ersuchten Staat unmittelbar aufgrund des ausländischen Titels erfolgen kann oder ob dieser durch einen inländischen Titel ersetzt werden muss.[639]

b) *Tax Information Exchange Agreements*

Das TIEA-Musterabkommen enthält keine Regelungen über eine Vollstreckungshilfe zur zwangsweisen Durchsetzung von Steueransprüchen im Ausland. Vielmehr ist gemäß Art. 1 TIEA-MA die grenzüberschreitende Amtshilfe auf den Austausch von Auskünften beschränkt. Andere Unterstützungsmaßnahmen unterfallen daher nicht dem Abkommen, selbst wenn sie im Interesse eines ausländischen Besteuerungsverfahrens erfolgen. Nach Art. 1 TIEA-MA ist es aber sehr wohl möglich, dass gewisse Auskünfte im Zusammenhang mit der Beitreibung von Steuerforderungen erteilt werden. Nur die darüber hinausgehende Amtshilfe zur Vollstreckung von Steuerforderungen ist nicht vom Musterabkommen umfasst.[640]

c) *Unionsrechtliche Regelungen*

Regelungen zur Vollstreckungshilfe auf EU-Ebene finden sich nicht im EU-Amtshilfegesetz. Insofern wurde die Ebene der Steuerfestsetzung von der Ebene der Steuererhebung getrennt und für beide Materien jeweils eine separate Rechtsgrundlage geschaffen.[641] Die Beitreibungsrichtlinie ist im Rahmen

638 *Seer*, IWB 2017, 595 (598); vgl. Tz. 1.8 des BMF-Merkblatts zur zwischenstaatlichen Amtshilfe bei der Steuererhebung vom 23.01.2014 – IV B 6 – S 1320/07/10011 :011, S. 15.

639 Vgl. Tz. 133 f. AmtshÜ-MK.

640 *Hendricks*, in: Wassermeyer et al., DBA, Art. 1 MA-InfAust Rn. 5.

641 *Seer*, IWB 2011, 144 (145).

der Vollstreckung von Steuerforderungen eine Ergänzung der Amtshilferichtlinie, die die Amtshilfe im steuerlichen Festsetzungsverfahrens einschließlich des Ermittlungsverfahrens ermöglicht.[642]

(aa) Gemeinsamkeiten

Die Amtshilfe nach dem EU-Beitreibungsgesetz weist inhaltlich keine gravierenden Unterschiede zur Amtshilfe nach dem Amtshilfeübereinkommen auf. Gemäß § 1 Abs. 1 S. 1 EUBeitrG regelt das EU-Beitreibungsgesetz die Einzelheiten der Amtshilfe zwischen Deutschland und den anderen Mitgliedsstaaten der Europäischen Union zur Geltendmachung von in den Mitgliedsstaaten entstandenen Forderungen. Gemäß § 1 Abs. 1 S. 1 Nr. 1 EUBeitrG gilt es grundsätzlich auch für Steuern und Abgaben aller Art. Anders als nach Art. 2 Abs. 1 lit. b AmtshÜ werden Sozialversicherungsbeiträge vom sachlichen Anwendungsbereich jedoch nicht erfasst. Dem persönlichen Anwendungsbereich unterfallen gemäß § 2 Abs. 1 EUBeitrG neben natürlichen Personen auch juristische Personen, Personenvereinigungen und andere Rechtsformen, die Vermögen besitzen oder verwalten können, unabhängig davon, ob diese in einem EU-Mitgliedsstaat ansässig sind oder die Staatsangehörigkeit eines EU-Mitgliedsstaats haben. Voraussetzung für die Vollstreckung ist allein, dass der ersuchende Mitgliedsstaat eine Steuerforderung gegen eine Person hat und diese Person im ersuchten Mitgliedsstaat über Vermögenswerte verfügt.[643]

Unter dem Begriff der Steuerforderungen, die von der Amtshilfe erfasst werden, werden Steuern verstanden, die erhoben werden von einem oder für einen Mitgliedsstaat oder dessen Gebiets- und Verwaltungseinheiten einschließlich der lokalen Behörden oder für die Europäische Union. Ebenso wie im Rahmen des Amtshilfeübereinkommens werden Nebenforderungen erfasst, wie Geldstrafen, Geldbußen, Gebühren und Zuschläge in Bezug auf Forderungen, für deren Beitreibung gemäß § 1 Abs. 1 EUBeitrG um Amtshilfe ersucht werden kann und die mit diesen Forderungen im Zusammenhang stehen, vgl. § 1 Abs. 2 EUBeitrG.[644] Hingegen nicht erfasst sind beispielsweise Geldstrafen, die in Form einer strafrechtlichen Sanktion verhängt wurden, vgl. § 1 Abs. 3 Nr. 4 EUBeitrG.

Die Instrumente, die für Amtshilfemaßnahmen nach dem EU-Beitreibungsgesetz zur Verfügung stehen, entsprechen ebenfalls weitestgehend

---

642 *Weber-Grellet*, in: Musil/Weber-Grellet, Europäisches Steuerrecht, Art. 1 Beitreibungs-RL Rn. 2.

643 *Kortz*, DB 2012, 2422 (2423).

644 *Gabert*, FR 2012, 707 (708).

denen des Amtshilfeübereinkommens. So kann gemäß § 9 Abs. 1 S.1 EUBeitrG ein Beitreibungsersuchen an einen anderen Mitgliedsstaat gestellt werden mit der Folge, dass diese Forderung wie eine inländische Forderung behandelt wird, vgl. § 9 Abs. 1 S. 2 EUBeitrG. Die Vollstreckung erfolgt dann nach den Vorschriften, die für Forderungen von gleichen oder vergleichbaren Steuern vorgesehen sind, in Ermangelung solcher nach den Vorschriften für die Vollstreckung von Einkommensteuerforderungen, § 9 Abs. 2 EUBeitrG.[645] Auch inhaltlich überschneiden sich die Anforderungen an ein Beitreibungsersuchen weitestgehend, da gemäß § 10 Abs. 1 EUBeitrG ebenso wie bei Art. 11 AmtshÜ ein Beitreibungsersuchen nur gestellt werden kann, wenn die Vollstreckungsvoraussetzungen gegeben sind und die Forderung nicht angefochten ist oder nicht mehr angefochten werden kann, also unanfechtbar ist.[646] Ausnahmen bestehen gemäß § 10 Abs. 1 S. 2 EUBeitrG bei Einsprüchen, die lediglich der Verzögerung der Vollstreckung dienen, und gemäß § 10 Abs. 1 S. 3 EUBeitrG, wenn nach den Regelungen des ersuchten Staates auch eine Vollstreckung angefochtener Steuerforderungen zulässig ist.

Ferner ist nach dem EU-Beitreibungsgesetz eine Erteilung von Auskünften an andere Mitgliedsstaaten auf Ersuchen möglich. Im Gegensatz zum Amtshilfeübereinkommen ist diese Möglichkeit der Amtshilfe jedoch in § 5 EUBeitrG explizit geregelt. Gemäß § 5 Abs. 1 EUBeitrG können demnach auf Ersuchen alle Auskünfte mitgeteilt werden, die bei der Beitreibung einer Forderung voraussichtlich erheblich sein werden. Dieses Instrument wird in der Phase der Vorbereitung der Beitreibung eingesetzt werden, weil die ersuchende Finanzbehörde eines anderen Mitgliedsstaates so die Möglichkeiten einer Vollstreckung im Ausland prüfen kann. Es handelt sich somit um einen Akt der passiven Informationsgewinnung.[647]

Auch Sicherungsmaßnahmen sind auf Grundlage der EU-Beitreibungsrichtlinie möglich, welche der Sicherstellung einer Vollstreckung aufgrund eines Beitreibungsersuchens nach § 9 Abs. 1 S. 1 EUBeitrG dienen.[648] Voraussetzung für die Durchführung von Sicherungsmaßnahmen ist gemäß § 12 Abs. 2 Nr. 1, 2 EUBeitrG, dass die Forderung oder der Vollstreckungstitel

---

645 Hierin besteht ein kleiner Unterschied zum Amtshilfeübereinkommen, da dort bei Fehlen einer identischen oder ähnlichen Steuer ein angemessenes Verfahren anzuwenden ist.

646 *Loser/Urtz*, in: Aigner et al., DBA, Art. 27 Rn. 7.

647 *Gabert*, FR 2012, 707 (710).

648 *Beermann*, in: Hübschmann et al., AO/FGO, § 250 AO Rn. 180.

zum Zeitpunkt der Stellung des Ersuchens angefochten ist oder ein Ersuchen um Beitreibung aus anderen Gründen noch nicht gestellt werden kann. Dabei ist gemäß Art. 16 Abs. 1 EUBeitrRL weitere Voraussetzung, dass Sicherungsmaßnahmen sowohl des ersuchenden als auch des ersuchten Staates getroffen werden können. Wie bei Art. 12 AmtshÜ dient die Möglichkeit von Sicherungsmaßnahmen der materiellen Sicherung des Steueranspruchs.[649]

(bb) Unterschiede

Es existieren jedoch auch einige Unterschiede zwischen den Regelungen im EU-Beitreibungsgesetz und im Amtshilfeübereinkommen. Zum einen bieten die Instrumente der Beitreibungshilfe auf europäischer Ebene mehr Möglichkeiten für eine grenzüberschreitende Kooperation. § 6 EUBeitrG beinhaltet die Möglichkeit eines spontanen Informationsaustauschs. Dem ausländischen Staat können für ihn steuerrelevante Informationen übermittelt werden, ohne dass dieser um die Auskünfte ersucht hat.[650] Gemäß § 6 Abs. 1 EUBeitrG kann hierfür ein Mitgliedsstaat, der eine Steuererstattung an einen in einem anderen Mitgliedsstaat ansässigen Steuerpflichtigen vornehmen möchte, den anderen Mitgliedsstaat über die Erstattung informieren. Dadurch wird der Staat, der die Mitteilung erhalten hat, über die Existenz eines Vermögenswerts informiert, so dass dieser wiederum ein Beitreibungsersuchen an den mitteilenden Staat richten kann.[651] Die Ermessensentscheidung über die Erteilung der Information ist gemäß § 6 Abs. 1 S. 1 EUBeitrG der Vollstreckungsbehörde zugeordnet, die die Erstattung vornehmen soll. Eine Verpflichtung zur Information besteht hingegen nicht.[652]

Darüber hinaus ist es gemäß Art. 7 Abs. 1 EUBeitrRL beziehungsweise § 17 Abs. 1 EUBeitrG möglich, eine Vereinbarung zu treffen, wonach Bedienstete eines anderen Mitgliedsstaates unter anderem in den Amtsräumen zugegen sein dürfen, in denen die Behörden des ersuchten Mitgliedsstaates ihre Tätigkeit ausüben beziehungsweise bei den behördlichen Ermittlungen im Ausland anwesend sein dürfen. Auch wenn die Prüfer hierbei auf eine passive Teilnahme an der im Ausland durchgeführten Vollstreckungsmaßnahme beschränkt sind, stellt die Möglichkeit der Anwesenheit eine vorsichtige Abkehr vom Prinzip der passiven Vollstreckungsamtshilfe dar. Dies soll einer Steigerung der Effizienz der

649 *Seer*, IWB 2011, 144 (150).
650 *Gabert*, FR 2012, 707 (712).
651 *Engelschalk*, in: Vogel/Lehner, DBA, Art. 27 Rn. 6.
652 *Beermann*, in: Hübschmann et al., AO/FGO, § 250 AO Rn. 131.

Vollstreckungshilfe dienen und den Beginn einer aktiveren Kooperation einleiten.[653] Im ursprünglichen Richtlinienentwurf war eine weitgehendere Regelung vorgesehen mit Prüfungsbefugnissen der entsandten Beamten. Derart weit reichende Befugnisse der ausländischen Bediensteten konnten sich aber letztendlich nicht durchsetzen.[654]

Auch enthält Art. 18 Abs. 1 EUBeitrRL einen speziellen Grund, die Leistung von Vollstreckungsamtshilfe zu verweigern. Anders als die Verweigerungsgründe des Art. 21 AmtshÜ basiert dieser Grund nicht in erster Linie auf einem Interesse des Staates, der die begehrte Amtshilfemaßnahme durchzuführen hat. Vielmehr kann gemäß Art. 18 Abs. 1 EUBeitrRL die Vollstreckung verweigert werden, falls die Beitreibung der Forderung aus Gründen, die auf die Verhältnisse des Schuldners zurückzuführen sind, erhebliche wirtschaftliche oder soziale Schwierigkeiten in dem ersuchten Staat bewirken könnte. Ferner ist Voraussetzung, dass eine solche Ausnahme nach dem Recht des ersuchten Staates auch für nationale Forderungen zugelassen ist. Dies wäre zum Beispiel denkbar, wenn wegen Insolvenz des Vollstreckungsschuldners ein Betrieb eingestellt werden müsste und dadurch Arbeitsplätze in erheblicher Zahl verloren gingen oder die Wirtschaftsstruktur einer Region nachteilig verändert würde.[655]

Hinsichtlich der Frage einer Verjährung und der damit verbundenen Möglichkeit, eine Beitreibungshilfe zu verweigern, regelt § 14 Abs. 2 EUBeitrG, dass die Leistung von Vollstreckungshilfe verweigert werden kann, wenn zwischen Fälligkeit der Forderung im ersuchenden Staat und Stellung des Amtshilfeersuchens mehr als fünf Jahre vergangen sind. Die Regelung ist somit strenger als die des Art. 14 Abs. 3 AmtshÜ, wonach einem Amtshilfeersuchen erst nach 15 Jahren nicht mehr nachgekommen werden muss. In Fällen, in denen der ersuchende Staat einen Zahlungsaufschub gewährt hat, muss gemäß Art. 18 Abs. 2 UAbs. 4 EUBeitrRL Amtshilfe nicht mehr geleistet werden, wenn seit Fälligkeit der Forderung zehn Jahre vergangen sind.

Eine Besonderheit in formeller Hinsicht stellt auch der auf EU-Ebene vorhandene einheitliche Vollstreckungstitel dar. Gemäß § 10 Abs. 3 EUBeitrG ist jedem Beitreibungsersuchen dieser einheitliche Vollstreckungstitel beizufügen. Die Angaben, die in diesem Titel enthalten sein müssen, sind in Art. 12 Abs. 1 EUBeitrRL geregelt. Der einheitliche Vollstreckungstitel gilt gemäß § 9 Abs. 1 S. 3 EUBeitrG als vollstreckbarer Verwaltungsakt. Das bedeutet, dass der einheitliche

---

653 *Seer*, IWB 2011, 144 (150).
654 *Gabert*, FR 2012, 707 (713).
655 *Engelschalk*, in: Vogel/Lehner, DBA, Art. 27 Rn. 6.

Vollstreckungstitel zwar nicht die Qualität eines Verwaltungsakts hat, aber dennoch als solcher gilt, weshalb er nach § 249 Abs. 1 S. 1 AO die Grundlage für die Vollstreckung bildet.[656]

Die Existenz dieses einheitlichen Vollstreckungstitels hat den Vorteil, dass der Titel im ersuchten Staat gemäß § 10 Abs. 3 S. 2 EUBeitrG weder durch einen besonderen Akt anerkannt noch ergänzt oder ersetzt werden muss. Er ist die alleinige Grundlage für die im ersuchten Mitgliedsstaat zu ergreifenden Beitreibungs- und Sicherungsmaßnahmen.[657] Dies stellt eine gravierende formale Erleichterung im Vergleich zu Art. 13 Abs. 2 AmtshÜ dar, wonach ein Titel je nach innerstaatlichen Anforderungen zunächst angenommen, anerkannt, ergänzt oder durch einen Titel ersetzt werden muss, der die Vollstreckung im ersuchten Staat ermöglicht. Dieses Erfordernis entfällt aufgrund der Regelung des einheitlichen Vollstreckungstitels. Die Fiktion eines Vollstreckungstitels ersetzt jedoch nicht die Voraussetzung, dass dem Betroffenen vor Durchführung von Vollstreckungsmaßnahmen ein Leistungsgebot gemäß § 254 Abs. 1 S. 1 AO zugestellt worden sein muss und dass seit dieser Aufforderung mindestens eine Woche verstrichen sein muss.[658]

In den Zusammenarbeitsverordnungen für die Mehrwertsteuer beziehungsweise die Verbrauchsteuern sind keine gesonderten Regelungen für den Bereich der Amtshilfe zur Durchsetzung von Steueransprüchen enthalten, da das EU-Beitreibungsgesetz gemäß § 1 Abs. 1 Nr. 1 EUBeitrG für Steuern und Abgaben aller Art gilt und damit auch für die von den gesonderten Verordnungen geregelten Steuern, wie die Mehrwertsteuer und die Verbrauchsteuern.

4. Ergebnis

Das Amtshilfeübereinkommen enthält weitreichende Regelungen, die eine Amtshilfe auf dem Gebiet der grenzüberschreitenden Vollstreckung von Steuerforderungen ermöglichen. Dies ist jedenfalls dann von Bedeutung, wenn zu Staaten bisher keinerlei Möglichkeiten einer Vollstreckungsamtshilfe bestanden. Auch ist als Besonderheit des Amtshilfeübereinkommens die weite sachliche Anwendbarkeit hervorzuheben, da der Steuerbegriff auch Sozialversicherungsbeiträge umfasst und damit einen Vorteil gegenüber allen anderen Rechtsgrundlagen darstellt. Abgesehen von kleineren Unterschieden kann darüber hinaus

---

656 *Beermann*, in: Hübschmann et al., AO/FGO, § 250 AO Rn. 158.

657 *Weber-Grellet*, in: Musil/Weber-Grellet, Europäisches Steuerrecht, Art. 12 Beitreibungs-RL Rn. 1.

658 *Seer*, in: Gosch et al., DBA, Art. 27 MA Rn. 107.

jedoch bezweifelt werden, ob das Amtshilfeübereinkommen entscheidende Vorteile mit sich bringt, sofern zwischen zwei Staaten eine anderweitige Rechtsgrundlage der internationalen Vollstreckungshilfe anwendbar ist.

Art. 27 OECD-MA bringt den Vorteil, dass geringere Anforderungen an die zu vollstreckende Forderungen gestellt werden als nach dem Amtshilfeübereinkommen. Auch können nach der Konzeption des OECD-Musterabkommens betagte Forderungen länger vollstreckt werden, da keine dem Art. 14 Abs. 3 AmtshÜ entsprechende Regelung existiert, die zu einer Vollstreckung nach mehr als 15 Jahren nicht mehr verpflichtet.[659] Insofern ist die Vollstreckungshilfe nach Art. 27 OECD-MA weiter als nach dem Amtshilfeübereinkommen.[660] Die Anwendung eines bestehenden DBAs kann somit in Einzelfällen die Vollstreckung von Forderungen ermöglichen, die nach dem Amtshilfeübereinkommen nicht mehr möglich wäre. Dies gilt jedoch nur für den Fall, dass die entsprechende Vollstreckungsklausel im konkreten Fall nicht restriktiv ausgestaltet wurde, sondern den Vorgaben des Art. 27 OECD-MA entspricht. Anderenfalls könnte wegen der erheblichen Regelungslücken die Anwendbarkeit der Art. 11-16 AmtshÜ vorteilhafter sein.[661]

Zwischen den EU-Mitgliedsstaaten weist die Anwendung des EU-Beitreibungsgesetzes mehr Vorteile auf als die Anwendung des Amtshilfeübereinkommens. So können nach dem EU-Betreibungsgesetz nicht nur Spontanauskünfte erteilt werden, sondern es können auch ausländische Bedienstete bei einer Vollstreckungsmaßnahme im Ausland anwesend sein. Der EU-einheitliche Vollstreckungstitel hat den Vorteil, dass ein Anerkennungsverfahren bezüglich des ausländischen Titels entfällt und eine Vollstreckung daher unmittelbar auf Grundlage des einheitlichen Vollstreckungstitels möglich ist. Bei einer Vollstreckung zwischen EU-Mitgliedsstaaten bringt das Amtshilfeübereinkommen somit keine bedeutenden Erweiterungen mit sich, weshalb weiterhin auf das EU-Beitreibungsgesetz zurückgegriffen werden wird. Eine Ausnahme gilt lediglich für Sozialversicherungsbeiträge, da diese vom EU-Beitreibungsgesetz nicht erfasst werden.

Da die Bundesrepublik derzeit keine Amtshilfe bei der Beitreibung gemäß Art. 11-16 AmtshÜ leistet, ist hier eine Vollstreckungshilfe nur möglich im Verhältnis zu anderen EU-Mitgliedsstaaten beziehungsweise im Verhältnis zu

659 Vgl. auch bei *Loser/Urtz*, in: Aigner et al., DBA, Art. 27 Rn. 12.
660 A.A. wohl nach *Krabbe*, in: Wassermeyer et al., DBA, Art. 27 MA Rn. 4.
661 *Carl/Klos*, Leitfaden internationale Amtshilfe, S. 64.

Staaten, mit denen eine Klausel entsprechend Art. 27 OECD-MA in einem DBA vereinbart wurde.

VI. Amtshilfe bei der Zustellung von Schriftstücken

In enger Verbindung mit der Amtshilfe bei der Beitreibung von Steuerforderungen steht die Amtshilfe bei der Zustellung von Schriftstücken. Dies hängt damit zusammen, dass vor der Vollstreckung einer Steuerforderung im Ausland dem Steuerpflichtigen zunächst Dokumente bekanntgegeben werden müssen, wie beispielsweise ein Steuerbescheid. Die ordnungsgemäße Zustellung ist nach dem nationalen Recht der meisten Staaten für die Durchführung späterer Vollstreckungsmaßnahmen notwendig.[662] Denn durch die wirksame Bekanntgabe des zu vollstreckenden Verwaltungsakts im anderen Staat werden erst die formellrechtlichen Voraussetzungen eines wirksamen Vollstreckungstitels geschaffen.[663]

Der Vorschriften über die Zustellung im Ausland bedarf es, weil sich das Zustellungsrecht der deutschen Behörden grundsätzlich nur auf den Hoheitsbereich der Bundesrepublik Deutschland erstreckt.[664] Denn bei der Bekanntgabe eines Dokuments in einer im Verwaltungszustellungsgesetz (VwZG) bestimmten Form handelt es sich um eine Hoheitshandlung, die jeder Staat grundsätzlich nur in seinem eigenen Gebiet vornehmen darf, in anderen Staaten nur, soweit dies völkerrechtlich zulässig ist.[665]

1. Begriffe der Bekanntgabe und der Zustellung

Die Bekanntgabe ist zwingende Voraussetzung für die Wirksamkeit eines Verwaltungsakts. Gemäß § 124 Abs. 1 AO wird ein Verwaltungsakt gegenüber demjenigen, für den er bestimmt ist oder der von ihm betroffen wird, in dem Zeitpunkt wirksam, in dem er ihm bekannt gegeben wird.[666] Der Begriff der Zustellung betrifft nicht automatisch sämtliche Arten der Bekanntgabe. Vielmehr handelt es sich bei der Zustellung um eine besondere, förmliche Art der Bekanntgabe, die von den Finanzbehörden im Inland gemäß § 122 Abs. 5 S. 1 AO in den gesetzlich vorgeschriebenen oder behördlich angeordneten Fällen

---

662 Vgl. Tz. 157 ff. AmtshÜ-MK.

663 *Weber-Grellet*, in: Musil/Weber-Grellet, Europäisches Steuerrecht, Art. 9 Beitreibungs-RL Rn. 2.

664 *Sadler*, in: Sadler, VwZG, § 9 Rn. 1.

665 *Schwarz*, in: Hübschmann et al., AO/FGO, § 9 VwZG Rn. 5.

666 *Fischer*, jurisPR-SteuerR 2007 Anm. 4, S. 1–6 (1).

angewendet wird. Sie wird nach den Regelungen des Verwaltungszustellungsgesetzes durchgeführt, § 122 Abs. 5 S. 2 AO.[667] Bei der Zustellung kommt es auf den tatsächlichen Zugang des Dokuments an, wohingegen gemäß § 122 Abs. 2 AO grundsätzlich die Aufgabe zur Post maßgeblich ist, d.h. der Tag, an welchem dem Postdienstleister der Besitz an dem zu übermittelnden Schriftstück verschafft wird. In Ausnahmefällen kommt es auch hier auf den tatsächlichen Zugang an.[668]

Eine Zustellung ist immer nur dann erforderlich, wenn sie nach deutschem Recht oder dem Recht des Empfängerstaates vorgeschrieben ist. Ist hingegen eine Zustellung im Ausland nicht vorgeschrieben, kann ein Verwaltungsakt entsprechend einem privaten Dokument unmittelbar per einfachem Brief durch Übersendung mit der Post bekannt gegeben werden beziehungsweise gemäß § 123 AO an einen inländischen Empfangsbevollmächtigten.[669]

2. Zustellungshilfe nach dem Amtshilfeübereinkommen

In Art. 17 AmtshÜ sind zwei Formen der Bekanntgabe enthalten. Die Amtshilfe im Rahmen einer Zustellung ist in Art. 17 Abs. 1 AmtshÜ geregelt und stellt die Grundform der Amtshilfe in diesem Bereich dar. Darüber hinaus besteht aber gemäß Art. 17 Abs. 3 AmtshÜ auch die Möglichkeit, die Zustellung von Schriftstücken an eine im Ausland ansässige Person unmittelbar durch die Post vorzunehmen.

Auf dem Gebiet der Zustellungshilfe können zwei Arten von Vorbehalten angebracht werden. Zum einen ist es gemäß Art. 30 Abs. 1 lit. d AmtshÜ einem Vertragsstaat möglich, in Bezug auf alle Steuern des Art. 2 Abs. 1 AmtshÜ oder in Bezug auf einzelne Kategorien des Art. 2 Abs. 1 AmtshÜ keine Amtshilfe bei der Zustellung von Schriftstücken zu leisten und damit die gesamte Vorschrift des Art. 17 AmtshÜ außer Anwendung zu lassen. Andererseits kann ein Vorbehalt auch darauf beschränkt werden, allein die Zustellung von Schriftstücken durch die Post nach Art. 17 Abs. 3 AmtshÜ nicht zu gestatten, vgl. Art. 30 Abs. 1 lit. e AmtshÜ. Diese umfassenden Möglichkeiten eines Vorbehalts folgen dem Gedanken, dass eine Regelung der Zustellungshilfe im Amtshilfeübereinkommen auch ohne große Nachteile unterbleiben hätte können. Denn zum einen bestehen im Hinblick auf die Zulässigkeit einer späteren Vollstreckung in den meisten Vertragsstaaten Vorschriften, wonach ein Verwaltungsakt den

667 *Klaproth*, in: Schwarz/Pahlke, AO/FGO, § 13 VwZG Rn. 1.
668 *Schwarz*, in: Hübschmann et al., AO/FGO, Einf. VwZG Rn. 30.
669 *Schwarz*, in: Hübschmann et al., AO/FGO, § 9 VwZG Rn. 6.

Steuerpflichtigen nicht tatsächlich auch erreichen muss. Eine Zustellungshilfe wäre daher in vielen Fällen entbehrlich.[670] Darüber hinaus stellt die Zustellungshilfe auch einen hohen bürokratischen Aufwand für den ersuchten Staat dar.[671]

Sofern ein Ersuchen um Amtshilfe gemäß Art. 17 Abs. 1 AmtshÜ gestellt wird, hat der ersuchende Staat gemäß Art. 18 Abs. 1 lit. e AmtshÜ Angaben zu machen über die Art und den Gegenstand des zuzustellenden Schriftstücks. Bei der Zustellung nach Art. 17 AmtshÜ ist es gemäß Art. 17 Abs. 5 S. 1 AmtshÜ grundsätzlich nicht erforderlich, dass dem Schriftstück des ersuchenden Staates eine Übersetzung beigefügt wird. Allerdings kann gemäß Art. 17 Abs. 5 S. 2, 3 AmtshÜ eine Übersetzung beigefügt werden, wenn davon auszugehen ist, dass der Empfänger die Sprache nicht versteht, in der das Schriftstück abgefasst ist.

a) Zustellungshilfe

Gemäß Art. 17 Abs. 1 AmtshÜ stellen die Vertragsstaaten auf Ersuchen Schriftstücke zu, die aus dem ersuchenden Staat stammen und eine unter das Übereinkommen fallende Steuer im Sinne des Art. 2 Abs. 1 AmtshÜ betreffen. Die Art und Weise, wie der ersuchte Staat die Schriftstücke zustellt, hängt davon ab, ob der ersuchende Staat eine besondere Form der Zustellung wünscht oder nicht. Sofern keine besondere Form gewünscht ist, nimmt der ersuchte Staat gemäß Art. 17 Abs. 2 lit. a AmtshÜ die Zustellung in einer Form vor, die sein innerstaatliches Recht für die Zustellung im Wesentlichen ähnlicher Schriftstücke vorschreibt.[672] Das Amtshilfeübereinkommen sieht somit keine eigenständigen Regelungen zum Ablauf des Zustellungsverfahrens vor, sondern verweist insoweit auf das nationale Recht.[673] Die Zustellung richtet sich daher gemäß § 122 Abs. 5 S. 2 AO nach den §§ 3 ff. VwZG. Ferner besteht aber für den ersuchenden Staat noch die Möglichkeit gemäß Art. 17 Abs. 2 lit. b AmtshÜ, um Zustellung in einer besonderen Form zu ersuchen. Der ersuchte Staat kann dann in dieser Form oder in einer Form, die dieser nach dem nationalen Recht

---

670 Vgl. hierzu im deutschen Recht beispielhaft § 10 VwZG, wonach eine Zustellung in den Fällen des § 10 Abs. 1 VwZG auch durch öffentliche Bekanntmachung bewirkt werden kann.

671 Vgl. Tz. 158 f. AmtshÜ-MK.

672 Im Fall einer Ladung zum Termin zur Abgabe der Vermögensauskunft gemäß § 284 Abs. 6 S. 1 Hs. 1 AO ist die Ladung gemäß § 122 Abs. 5 S. 1 AO nach den Vorschriften des VwZG zuzustellen, vgl. § 122 Abs. 5 S. 2 AO; eine genaue Zustellungsart wird in den deutschen Vorschriften in aller Regel nicht vorgegeben.

673 Vgl. Tz. 160 AmtshÜ-MK.

des ersuchten Staates am nächsten kommt, zustellen. Dies kommt in Fällen in Betracht, in denen der ersuchende Staat eine bestimmte Zustellungsmethode bevorzugt.[674]

b) *Übermittlung durch die Post*

Gemäß Art. 17 Abs. 3 AmtshÜ kann eine Vertragspartei Schriftstücke an eine Person im Hoheitsgebiet einer anderen Vertragspartei auch unmittelbar durch die Post zustellen. Diese Möglichkeit wurde mit Rücksicht auf die zusätzliche Arbeitsbelastung der Vertragsstaaten geschaffen, die durch das Institut der Zustellungshilfe nach Art. 17 Abs. 1 AmtshÜ entsteht und durch eine unmittelbare Zustellung durch die Post vermieden werden kann. Zwar mag diese Form der Zustellung in vielen Fällen und Staaten nicht die gleichen Wirkungen hervorrufen, wie eine Zustellung nach Art. 17 Abs. 1 AmtshÜ, vor allem wenn damit hoheitliche Maßnahmen getroffen werden.[675] Nach der Grundkonzeption der Vorschrift des Art. 17 Abs. 3 AmtshÜ werden aber auch solche Dokumente erfasst, die einen hoheitlichen Charakter haben. Denn nach dem Wortlaut der Norm sollen auch alle Schriftstücke im Sinne von Art. 17 Abs. 1 AmtshÜ unmittelbar durch die Post zugestellt werden können. Für diese umfassende Auslegung spricht auch die Kommentierung zu Art. 17 AmtshÜ.[676] Es hängt somit vom nationalen Recht eines Staates ab, ob es überhaupt einer förmlichen Zustellung für die Bekanntgabe bedarf, oder ob die Zustellung per Post ausreichend ist.

Die Regelung des Art. 17 Abs. 3 AmtshÜ ist nicht deshalb erforderlich, weil die Nutzung eines ausländischen Postdienstleisters einer entsprechenden Ermächtigungsgrundlage bedarf. Vielmehr bedeutet zum Beispiel die Zusendung von Steuerbescheiden und damit die Vornahme hoheitlicher Handlungen durch einen Staat an einen Steuerpflichtigen im Ausland eine Verletzung der Souveränität dieses ausländischen Staates und ist zu unterlassen.[677] Art. 17 Abs. 3 AmtshÜ ermöglicht daher auf völkerrechtlicher Ebene die Übersendung von Schriftstücken per Post, wobei nach nationalem Recht gemäß § 9 Abs. 1 Nr. 1 VwZG die Übersendung ins Ausland durch Einschreiben mit Rückschein zu

---

674 Vgl. Tz. 161 AmtshÜ-MK.

675 In Deutschland ist selbst bei hoheitlichen Maßnahmen zumeist eine einfache Übersendung per Post ausreichend. Ein Steuerbescheid beispielsweise muss gemäß § 155 Abs. 1 S. 2 AO i.V.m. § 122 Abs. 1 S. 1 AO lediglich bekannt gegeben, aber nicht zugestellt werden.

676 Vgl. Tz. 162 AmtshÜ-MK.

677 *Schwarz*, in: Hübschmann et al., AO/FGO, § 9 VwZG Rn. 5.

erfolgen hätte. Die Beschränkung auf diese Variante der Zustellung dient dabei der Nachweissicherung.[678]

c) *Zustellung nach nationalem Recht*

Art. 17 Abs. 4 AmtshÜ enthält eine Regelung, die auf den ersten Blick sehr unverständlich wirkt. Danach ist das Übereinkommen nicht so auszulegen, als bewirke es die Nichtigkeit einer durch eine Vertragspartei in Übereinstimmung mit ihrem Recht vorgenommenen Zustellung von Schriftstücken. Vereinfacht gesagt bleibt eine Zustellung nach den Vorschriften des nationalen Rechts weiterhin zulässig, auch wenn sie von den Vorschriften des Übereinkommens abweicht. Eine Zustellung an einen Steuerpflichtigen im Ausland muss daher nicht zwangsläufig nach den Vorschriften des Art. 17 AmtshÜ erfolgen, wenn entsprechend einer nationalen Vorschrift die Zustellung auch anderweitig bewirkt werden kann. So kann beispielsweise nach deutschem Recht eine Zustellung gemäß § 7 Abs. 1 S. 1 AO auch gegenüber einem Bevollmächtigten im Inland bewirkt werden oder unter den Voraussetzungen des § 10 Abs. 1 VwZG durch öffentliche Bekanntmachung erfolgen.[679]

3. Zustellungshilfe nach anderen Rechtsgrundlagen

a) *OECD-MA bzw. Tax Information Exchange Agreements*

Das OECD-Musterabkommen enthält keine Regelungen über eine Amtshilfe zur Zustellung von Schriftstücken.[680] Die Regelung in Art. 27 OECD-MA begrenzt Amtshilfemaßnahmen auf den Bereich der Vollstreckung. Daher erfasst Art. 27 OECD-MA weder Ermittlungs- noch Festsetzungsmaßnahmen und damit auch keine Zustellungshilfe.[681] Ferner ist eine Zustellung auch nicht gemäß Art. 26 OECD-MA möglich, da sie nicht Teil des zwischenstaatlichen Informationsaustauschs ist.[682] Dasselbe gilt für das TIEA-Musterabkommen, in dem ebenfalls keine Regelungen für eine Zustellungshilfe getroffen wurden.

---

678 *Schlatmann*, in: Schlatmann, VwVG/VwZG, § 9 VwZG Rn. 3.

679 Vgl. Tz. 164 AmtshÜ-MK.

680 Unklar insoweit Tz. 3.2 des BMF-Merkblatts zur zwischenstaatlichen Amtshilfe bei der Steuererhebung vom 23.01.2014 – IV B 6 – S 1320/07/10011 :011, S. 33: die Bezugnahme auf DBA betrifft wohl die Zustellungshilfe zwischen EU-Staaten.

681 *Seer*, in: Gosch et al., DBA, Art. 27 MA Rn. 23; *Krabbe*, in: Wassermeyer et al., DBA, Art. 27 MA Rn. 7.

682 *Engelschalk*, in: Vogel/Lehner, DBA, Art. 27 Rn. 16.

Auch wenn in diesen Musterabkommen keine expliziten Regelungen einer Zustellungsamtshilfe getroffen wurden, finden sich in der Praxis Regelungen, die dennoch eine Bekanntgabe von Verwaltungsakten im Ausland ermöglichen, wenn auch nicht im Wege einer förmlichen Zustellung. Häufig besteht zumindest die Möglichkeit einer einfachen postalischen Zustellung an einen Empfänger im Ausland im Sinne des § 122 Abs. 2 Nr. 2 AO. Sämtliche Staaten, mit denen Deutschland eine Vollstreckungsamtshilfe in DBA vereinbart hat oder mit denen spezielle Amts- und Rechtshilfeverträge geschlossen wurden, haben hierzu ihre Zustimmung erteilt.[683] Teilweise wurde dies in völkerrechtlichen Verträgen vereinbart oder aber es wurde ein nichtvertragliches Einverständnis erteilt. Teilweise wird eine Bekanntgabe durch Übersendung eines Briefes im Ausland jedoch überhaupt nicht toleriert.[684] Grundsätzlich kann aber davon ausgegangen werden, dass der jeweilige Staat, in den ein Dokument übersendet werden soll, die Übersendung auch gestattet.[685] Ob von dieser Möglichkeit, Verwaltungsakte per einfachem Brief ins Ausland zu übermitteln und bekannt zu geben, Gebrauch gemacht wird, wird vor allem davon abhängen, ob diese Art der Übermittlung nach den nationalen Vorschriften eines Staates für die Bekanntgabe eines Verwaltungsakts ausreichend ist.

Sofern ein ausländischer Staat die Übermittlung durch einfachen Brief gestattet, ist auch die Übermittlung per Einschreiben mit Rückschein zulässig. Es kann nämlich davon ausgegangen werden, dass dies zumindest toleriert wird und daher völkerrechtlich zulässig ist.[686]

b) Unionsrechtliche Regelungen

(aa) EU-Amtshilfegesetz und Zusammenarbeitsverordnungen

Die Instrumente der Zustellungshilfe gemäß §§ 13, 14 EUAHiG entsprechen weitestgehend denjenigen des Art. 17 AmtshÜ. So können gemäß § 13 Abs. 1 EUAHiG Dokumente und Entscheidungen der Finanzbehörde im Ausland zugestellt werden. Voraussetzung ist hierfür aber wie in Art. 17 Abs. 1 AmtshÜ, dass diese im Zusammenhang mit einer Steuerart stehen, die von § 1 EUAHiG erfasst wird. Auch gilt nach § 13 Abs. 2 EUAHiG der Grundsatz der Subsidiarität und ein Amtshilfeersuchen ist nachrangig erst zu stellen, wenn eine

683 Vgl. AEAO zu § 122, Rn. 1.8.4.
684 Vgl. hierzu die Übersicht bei *Drüen*, in: Tipke/Kruse, AO/FGO, § 9 VwZG Rn. 4 ff.
685 *Schlatmann*, in: Schlatmann, VwVG/VwZG, § 9 VwZG Rn. 3.
686 *Schwarz*, in: Hübschmann et al., AO/FGO, § 9 VwZG Rn. 13.

Zustellung durch den ersuchenden Staat nicht möglich ist beziehungsweise mit unverhältnismäßig großen Schwierigkeiten verbunden wäre. Es bedarf jedoch nicht zwangsläufig dieses komplizierten Weges über eine Zustellungshilfe. Denn gemäß Art. 13 Abs. 4 S. 2 EUAHiRL können einer in einem anderen Mitgliedsstaat ansässigen Person Dokumente per Einschreiben oder auf elektronischem Weg direkt zugestellt werden. Dies gilt jedoch nur für Dokumente, nicht aber für Entscheidungen der Finanzbehörden, da Entscheidungen einen hoheitlichen Charakter haben und deswegen ausschließlich über ein Zustellungsersuchen zugestellt werden sollen.[687]

Art. 14 Abs. 1 VerbrSt-ZVO beziehungsweise Art. 25 Mwst-ZVO sehen eine Zustellung zwischen den Mitgliedsstaaten vor bezüglich aller Entscheidungen und Maßnahmen der Verwaltungsbehörden beziehungsweise bezüglich aller Verwaltungsakte und sonstiger Entscheidungen der zuständigen Behörde. Eine Regelung für eine vereinfachte Zustellung durch Übermittlung durch die Post ist hingegen nicht vorgesehen. Daher sind grundsätzlich alle Dokumente im Wege der Zustellungshilfe über die jeweils zuständige Behörde im Ausland zuzustellen.

(bb) EU-Beitreibungsgesetz

Auf der Ebene der Steuererhebung finden sich die europäischen Regelungen der Zustellungshilfe in §§ 7, 8 EUBeitrG. Gemäß § 7 Abs. 1 EUBeitrG werden von der Zustellungshilfe ebenfalls alle Dokumente erfasst, die mit einer Forderung des § 1 EUBeitrG oder deren Vollstreckung zusammenhängen, einschließlich der gerichtlichen Dokumente, die aus dem anderen Mitgliedsstaat stammen. Die Ausführung der Zustellung erfolgt dann nach den nationalen Vorschriften. Ferner können gemäß Art. 9 Abs. 2 UAbs. 2 EUBeitrRL alle Dokumente direkt per Einschreiben oder auf elektronischem Weg zugestellt werden.

4. Ergebnis

Das Amtshilfeübereinkommen trifft im Bereich der Zustellungshilfe eine umfassende Regelung, wonach Schriftstücke einem Empfänger im Ausland sowohl im Wege eines Amtshilfeersuchens, aber auch unmittelbar durch die Post zugestellt werden können. Hierin liegt ein Vorteil gegenüber dem OECD-Musterabkommen und dem TIEA-Musterabkommen, die keinerlei Regelungen über eine Zustellungshilfe enthalten. Auch werden durch das Amtshilfeübereinkommen gegenüber Staaten, mit denen bisher keine Amtshilfe bei der Zustellung

687 *Klaproth*, in: Schwarz/Pahlke, AO/FGO, § 13 EUAHiG Rn. 6.

möglich war, umfassende Möglichkeiten etabliert, Dokumente an einen Empfänger im Ausland zuzustellen.

Nach dem EU-Amtshilfegesetz können lediglich Schriftstücke ohne hoheitlichen Charakter unmittelbar durch die Post an einen Empfänger im Ausland zugestellt werden, ansonsten muss ebenfalls der Weg über das förmliche Zustellungsverfahren gewählt werden. Nach dem EU-Betreibungsgesetz ist eine Zustellungshilfe vorgesehen, auch können Dokumente unmittelbar durch die Post zugestellt werden. Alle anderen europäischen Rechtsgrundlagen sehen nur eine Zustellungsamtshilfe vor. Art. 17 AmtshÜ weist somit im Verhältnis zu EU-Mitgliedsstaaten jedenfalls im Hinblick auf das EU-Amtshilfegesetz keinen entscheidenden Vorteil auf, da eine Zustellungshilfe grundsätzlich geregelt ist. Gegenüber allen anderen Rechtsgrundlagen besteht jedoch der Vorteil, dass nach Art. 17 Abs. 3 AmtshÜ Schriftstücke auch unmittelbar durch die Post zugestellt werden können, was einen geringeren Aufwand für die zuständigen Behörden der Mitgliedsstaaten bedeutet. Dies kann auch unabhängig davon erfolgen, ob das Schriftstück einen hoheitlichen Inhalt hat oder nicht. Aus Anwendersicht weist das Amtshilfeübereinkommen den Vorteil auf, dass Art. 17 AmtshÜ eine einheitliche Rechtsgrundlage darstellt, die auf sämtliche Phasen des Besteuerungsverfahrens anwendbar ist, wohingegen die Rechtsgrundlagen auf EU-Ebene im Hinblick auf ihren sachlichen Anwendungsbereich und die Phasen des Besteuerungsverfahrens zersplittert sind.

Es ist jedoch nochmals darauf hinzuweisen, dass in der Praxis zumindest die unmittelbare Übersendung der Schriftstücke an einen Empfänger im Ausland oft zulässig ist, sofern die betroffenen Staaten hierzu ihre Zustimmung erteilt haben. Sofern eine förmliche Zustellung nach dem nationalen Recht nicht notwendig ist, kann daher trotzdem eine Bekanntgabe herbeigeführt werden, indem der entsprechende Verwaltungsakt per einfachem Brief mit der Post ins Ausland übersandt wird. Dies darf jedoch nicht mit den Möglichkeiten einer Zustellung verwechselt werden, wie sie in den einzelnen Rechtsgrundlagen geregelt sind. Diese Möglichkeit der Bekanntgabe besteht zumeist immer, egal ob die jeweilige Rechtsgrundlage auch Regelungen über Zustellungen im Ausland enthält oder nicht.

VII. Auskunftsverweigerungsrechte

Im Amtshilfeübereinkommen sind viele Instrumente der internationalen Amtshilfe enthalten, die dem ersuchten Staat bei Vorliegen der Voraussetzungen die Pflicht auferlegen, Amtshilfe zu leisten. Dabei handelt es sich in aller Regel um einen gebundenen Anspruch, das heißt, dem ersuchten Staat ist kein

Entschließungsermessen eingeräumt. Bei Vorliegen bestimmter Voraussetzungen kann jedoch ein Staat die Leistung von Amtshilfe ablehnen, vgl. Art. 21 AmtshÜ. Nach Sinn und Zweck dieser Vorschrift soll ein Ausgleich geschaffen werden zwischen dem staatlichen Interesse eines möglichst effektiven zwischenstaatlichen Informationsaustauschs und den berechtigten Interessen des Steuerpflichtigen. Einige der Auskunftsverweigerungsgründe betreffen sämtliche Instrumente der Amtshilfe (Art. 21 Abs. 2 lit. a, b, e, f, g AmtshÜ), andere nur den Informationsaustausch (Art. 21 Abs. 2 lit. c, d, 21 Abs. 3, 4 AmtshÜ). Die Vorschrift des Art. 21 Abs. 2 lit. h AmtshÜ bezieht sich hingegen lediglich auf die Vollstreckungsamtshilfe.[688]

Die Auskunftsverweigerungsgründe des Art. 21 AmtshÜ trugen maßgeblich dazu bei, dass die Argumente, die ursprünglich gegen das Amtshilfeübereinkommen vorgebracht wurden, ihre Geltung verloren haben.[689] Die früher kritisierten Gesichtspunkte, wie die mangelnde Verhältnismäßigkeit der Maßnahmen und die mangelnde Wahrung der Gegenseitigkeit, konnten durch die Verweigerungsgründe des Art. 21 AmtshÜ weitestgehend beseitigt beziehungsweise zumindest abgemildert werden. Denn diese dienen nur untergeordnet dem Schutz der Steuerverwaltung im ersuchten Staat und vor allem den schutzwürdigen Interessen der betroffenen Steuerpflichtigen.[690]

Zur Auslegung ist zu beachten, dass sich die Vorschrift des Art. 21 AmtshÜ am OECD-Musterabkommen beziehungsweise am TIEA-Musterabkommen orientiert und damit weitgehend dem aktuellen OECD-Standard zur gegenseitigen Amtshilfe in Steuersachen entspricht.[691] Wegen dieser Parallelität folgt die Auslegung des Art. 21 AmtshÜ daher den vergleichbaren Vorschriften im OECD-Musterabkommen.[692]

1. Auskunftsverweigerung im Amtshilfeübereinkommen

a) Innerstaatliche Rechtmäßigkeit der Maßnahmen (lit. a)

Als erster Verweigerungsgrund ist in Art. 21 Abs. 2 lit. a AmtshÜ genannt, dass ein Vertragsstaat keine Maßnahmen durchführen muss, die von seinem eigenen Recht oder seiner eigenen Verwaltungspraxis oder dem Recht oder der

688 Vgl. Tz. 178 AmtshÜ-MK.
689 Vgl. bereits ausführlich unter C.
690 *Grotherr*, IStR 2015, 845 (858).
691 *Grotherr*, IStR 2015, 845 (858).
692 Vgl. S. 1 letzter Absatz des AmtshÜ-MK.

Verwaltungspraxis des ersuchenden Staates abweichen. Das bedeutet im Ergebnis, dass ein ersuchter Vertragsstaat nur diejenigen Maßnahmen durchführen muss, die nach dem Recht oder der Verwaltungspraxis beider Vertragsstaaten zulässig wären. Dies dient maßgeblich dem Schutz des Steuerpflichtigen, da ein ersuchender Vertragsstaat auf diese Art und Weise im Wege der Amtshilfe keine weitergehenden Befugnisse erlangen kann, als nach seinem eigenen Recht bestehen.[693] Auch dient die Bezugnahme auf das Recht des ersuchenden und des ersuchten Staates der Verwirklichung des Grundsatzes der Gegenseitigkeit, da die nationalen Verfahrensregelungen und die Möglichkeiten, angeforderte Informationen zu beschaffen, unter Umständen erheblich voneinander abweichen können. Daher stellt die Regelung sicher, dass jeder der beteiligten Vertragsstaaten in gleichem Maße Amtshilfe gewähren muss.[694] Der ersuchende Staat hat gemäß Art. 18 Abs. 1 lit. f AmtshÜ in seinem Ersuchen anzugeben, ob das Ersuchen seinem Recht und seiner Verwaltungspraxis entspricht.

b) *Verstoß gegen die öffentliche Ordnung (lit. b)*

Ein Vertragsstaat ist darüber hinaus gemäß Art. 21 Abs. 2 lit. b AmtshÜ nicht verpflichtet, Maßnahmen durchzuführen, die der öffentlichen Ordnung (ordre public) widersprechen. Als Maßnahmen werden nicht die einzelnen Instrumente der Amtshilfe bezeichnet, wie sie im Amtshilfeübereinkommen vorgesehen sind. Vielmehr sind darunter alle nationalen Handlungen zu verstehen, die erforderlich sind, um einem Amtshilfeersuchen zu entsprechen, wie beispielsweise die Durchführung von Zeugenbefragungen.[695] Eine Amtshilfe muss daher unterbleiben, wenn die entsprechende Maßnahme nicht mit den fundamentalen Ordnungsvorstellungen und Grundwertungen eines bestimmten Staates zu vereinbaren wäre.[696] Das Ergebnis der Anwendung ausländischen Rechts darf im konkreten Fall zu den Grundgedanken der deutschen Regelungen und den in ihnen enthaltenen Gerechtigkeitsvorstellungen nicht in so starkem Widerspruch stehen, dass es nach deutscher Vorstellung untragbar erscheint.[697] Bei der Anwendung des Vorbehalts der öffentlichen Ordnung ist daher größte Zurückhaltung zu üben, da ein solcher Verstoß nur in Extremsituationen vorliegen

---

693 Vgl. Tz. 183 AmtshÜ-MK.

694 *Hendricks*, Internationale Informationshilfe, S. 144.

695 Vgl. Tz. 186 AmtshÜ-MK.

696 *Hendricks*, in: Oestreicher/Dorenkamp, BEPS - Base Erosion and Profit Shifting, S. 105 (118).

697 BFH, Urt. v. 03.11.2010, VII R 21/10, BStBl. II 2011, 401, 403.

kann. Er hat nur sehr geringe Bedeutung als Mittel zur Ablehnung des Informationsaustauschs, zum Beispiel dann, wenn die Erteilung von Informationen eine politische, rassische oder religiöse Verfolgung des Steuerpflichtigen zur Folge hat, die Informationserteilung zu einer Gefahr für Leib und Leben führt oder ein Staatsgeheimnis verraten würde und damit die Funktionsfähigkeit des Zusammenlebens in einem Staat gefährdet wäre. Werte wie die nationale Sicherheit, territoriale Unversehrtheit, öffentliche Sicherheit, Aufrechterhaltung der Ordnung oder Verbrechensverhütung spielen hingegen keine Rolle.[698] Ein Verstoß gegen die öffentliche Ordnung wurde in einem Fall der Vollstreckungshilfe bejaht, in dem einem in Deutschland ansässigen Steuerpflichtigen eine in ausländischer Sprache abgefasste Zahlungsaufforderung zugestellt wurde.[699]

c) Fehlende Beschaffungsmöglichkeit (lit. c)

Nach Art. 21 Abs. 2 lit. c AmtshÜ müssen keine Informationen erteilt werden, die nach dem Recht beziehungsweise der Verwaltungspraxis des ersuchten Staates oder des ersuchenden Staates nicht beschafft werden können. Wie bei Art. 21 Abs. 2 lit. a AmtshÜ geht es nur spezifisch für den Bereich des Informationsaustauschs darum, dass die Beschränkungen der eigenen Amtsermittlungsbefugnisse nicht durch die gegenseitige Amtshilfe umgangen werden können.[700] Ein Ersuchen eines Vertragsstaates soll nicht dazu genutzt werden, Befugnisschranken des eigenen Steuerverfahrensrechts auszuhebeln.[701] Die Vorschrift regelt allerdings die Informationsübermittlungspflicht, wohingegen Art. 21 Abs. 2 lit. a AmtshÜ bereits ein Weigerungsrecht bei Beschaffungsmaßnahmen begründet. Art. 21 Abs. 2 lit. c AmtshÜ geht darüber hinaus, da die Übermittlung bereits vorhandener Daten geregelt wird.[702] Weitergehend ist die Vorschrift des Art. 21 Abs. 2 lit. c AmtshÜ deshalb, weil sie auch dann gilt, wenn die Beibringung der Information zwar rechtlich zulässig ist, sich aber nicht durchsetzen lässt.[703]

---

698 *Pistone/Gruber*, in: Lang, Internationale Amtshilfe in Steuersachen, S. 75 (108 f.).
699 BFH, Urt. v. 03.11.2010, VII R 21/10, BStBl. II 2011, 401.
700 *Grotherr*, IStR 2015, 845 (857).
701 *Hendricks*, in: Wassermeyer et al., DBA, Art. 7 MA-InfAust Rn. 2.
702 *Hendricks*, in: Wassermeyer et al., DBA, Art. 26 MA Rn. 68.
703 *Engelschalk*, in: Vogel/Lehner, DBA, Art. 26 Rn. 101.

d) Verletzung von Geschäftsgeheimnissen (lit. d)

Gemäß Art. 21 Abs. 2 lit. d AmtshÜ darf die Erteilung von Informationen abgelehnt werden, die ein Handels-, Industrie-, Gewerbe- oder Berufsgeheimnis oder ein Geschäftsverfahren preisgeben würden oder deren Preisgabe der öffentlichen Ordnung (ordre public) widerspräche. Diese Beschränkung des Auskunftsverkehrs soll zum einen die nationale Volkswirtschaft und zum anderen auch die inländische Auskunftsperson vor den Folgen von Wirtschaftsspionage und einer lockeren Verschwiegenheitspraxis der ausländischen Finanzbeamten bewahren.[704] Ein Vergleich der verschiedensprachigen Textversionen der Vorschrift macht deutlich, dass nicht nur einzelne Geschäftsgeheimnisse, sondern vielmehr der Gesamtbereich unternehmens- und berufsbezogener Geheimnisse geschützt werden soll. Daher lässt sich aus Art. 21 Abs. 2 lit. d AmtshÜ ein umfassender Schutz der gesamten wirtschaftlichen Tätigkeit ableiten.[705] Die Vorschrift darf allerdings nicht zu weit ausgelegt werden, um die Effektivität des gegenseitigen Informationsaustauschs nicht zu gefährden.[706] Ihr Zweck ist es, dem ersuchten Staat die Möglichkeit einzuräumen, einen Missbrauch des steuerlichen Auskunftsverkehrs zum Zwecke der Wirtschaftsspionage zu verhindern. Gleichzeitig bietet sie die Möglichkeit, im Interesse des Steuerpflichtigen eine Auskunft abzulehnen.[707] Der Schutz nach Art. 21 Abs. 2 lit. d AmtshÜ steht in einem besonderen Spannungsverhältnis mit der Geheimhaltungsverpflichtung nach Art. 22 AmtshÜ.[708] Die Vorschrift wird zusätzlich als erforderlich angesehen, da Art. 22 AmtshÜ keinen ausreichenden Schutz für kommerzialisierungsfähige unternehmensbezogene Daten bietet und daher der besondere Schutz nach Art. 21 Abs. 2 lit. d AmtshÜ notwendig ist.[709] Gegenstand eines Geschäftsgeheimnisses können dabei nur solche Tatsachen und Umstände sein, die von erheblicher wirtschaftlicher Bedeutung sowie praktisch nutzbar sind und deren Nutzung der Wirtschaft des ersuchten Staates oder wenigstens dem berechtigten Inhaber des Geheimnisses beträchtlichen Schaden zufügen kann.[710] Darüber hinaus muss die wirtschaftliche Bedeutung des Geheimnisses

704 *Lohr*, Internationaler Auskunftsverkehr, S. 44.
705 *Schwandtner/Urtz*, in: Aigner et al., DBA, Art. 26 Rn. 304.
706 Vgl. Tz. 192 AmtshÜ-MK.
707 *Engelschalk*, in: Vogel/Lehner, DBA, Art. 26 Rn. 107.
708 *Pistone/Gruber*, in: Lang, Internationale Amtshilfe in Steuersachen, S. 75 (103).
709 *Schwandtner/Urtz*, in: Aigner et al., DBA, Art. 26 Rn. 305.
710 Urteil des BFH v. 20.02.1979, VII R 16/78, BStBl. II 1979, 268, 272 f., Vgl. Definition in Tz. 194 AmtshÜ-MK.

derart erheblich sein, dass der Schutz nach Art. 22 AmtshÜ nicht als ausreichend angesehen werden kann.[711] Ein Vertragsstaat sollte daher vor Anwendung des Art. 21 Abs. 2 lit. d AmtshÜ überlegen, ob wegen Art. 22 AmtshÜ nicht davon ausgegangen werden kann, dass übermittelte Informationen vertraulich behandelt werden und keine Geschäftsgeheimnisse verraten werden.[712]

Der Verweis auf die öffentliche Ordnung findet wie bei Art. 21 Abs. 2 lit. b AmtshÜ nur in Extremfällen Anwendung, wie einer Steuerverfolgung aus politischen, rassischen oder religiösen Gründen[713], oder aber wegen der Nichteinhaltung rechtsstaatlicher Mindeststandards.[714]

e) Verstoß gegen Vorschriften im ersuchenden Staat (lit. e)

Nach Art. 21 Abs. 1 lit. e AmtshÜ kann Amtshilfe ferner dann abgelehnt werden, wenn die Besteuerung nach Auffassung des ersuchten Staates im ersuchenden Staat im Widerspruch zu allgemein anerkannten Besteuerungsgrundsätzen steht, zu einem Abkommen zur Vermeidung der Doppelbesteuerung oder zu einem anderen Abkommen, das der ersuchte Staat mit dem ersuchenden Staat geschlossen hat. Gegen allgemein anerkannte Besteuerungsgrundsätze wird zum Beispiel in Fällen einer konfiskatorischen Besteuerung verstoßen oder in Fällen, in denen der Steuerpflichtige nach Auffassung des ersuchten Staates wegen eines Steuervergehens übermäßig bestraft würde.[715] Dass die Amtshilfe verweigert werden kann, sofern die Besteuerung gegen andere Abkommen verstößt, ist insbesondere im Hinblick auf die Vorschrift des Art. 27 Abs. 1 AmtshÜ bemerkenswert. Danach werden die Möglichkeiten der Amtshilfe nach dem Amtshilfeübereinkommen nicht durch andere völkerrechtliche Übereinkünfte beschränkt. Diese Grundaussage trifft daher wegen Art. 21 Abs. 1 lit. e AmtshÜ für die Schutzrechte zugunsten der betroffenen Steuerpflichtigen nicht zu.[716]

---

711 *Pistone/Gruber*, in: Lang, Internationale Amtshilfe in Steuersachen, S. 75 (103 f.).

712 Vgl. Tz. 193 AmtshÜ-MK.

713 *Staringer*, in: Holoubek, Verfahren der Zusammenarbeit von Verwaltungsbehörden in Europa, S. 241 (254).

714 BFH, Urt. v. 03.11.2010, VII R 21/10, BStBl. II 2011, 401.

715 Vgl. Tz. 197 AmtshÜ-MK.

716 *Grotherr*, IStR 2015, 845 (858); vgl. hierzu auch bereits die Ausführungen zum Konkurrenzverhältnis unter D.III.2.

f) Diskriminierung von Staatsangehörigen (lit. f)

Gemäß Art. 21 Abs. 2 lit. f AmtshÜ kann Amtshilfe auch dann verweigert werden, wenn dadurch ein Staatsangehöriger des ersuchten Staates bei der Besteuerung in dem ersuchenden Staat gegenüber einem dort steuerpflichtigen Staatsangehörigen in der gleichen Situation benachteiligt würde. Dabei geht es um eine steuerliche Diskriminierung zwischen zwei Steuerpflichtigen unabhängig davon, ob es sich um Verfahrensfragen oder um materielle Fragen handelt.[717]

g) Subsidiarität der Amtshilfe (lit. g)

Art. 21 Abs. 2 lit. g AmtshÜ knüpft Konsequenzen an den Verstoß eines Vertragsstaates gegen den Subsidiaritätsgrundsatz, der aus Art. 5 Abs. 1 AmtshÜ abgeleitet wird.[718] Demnach kann die Amtshilfe abgelehnt werden, wenn der ersuchende Staat nicht alle angemessenen und ihm zur Verfügung stehenden Maßnahmen ausgeschöpft hat, es sei denn, ein Rückgriff auf diese Maßnahmen würde unverhältnismäßig große Schwierigkeiten mit sich bringen. Es ist somit nicht erforderlich, dass der ersuchende Staat seine eigenen Möglichkeiten unter allen Umständen völlig ausgeschöpft hat.[719] Die praktische Bedeutung dieses Verweigerungsgrundes dürfte jedoch überschaubar sein, da der ersuchte Staat in der Regel davon auszugehen haben wird, dass der ersuchende Staat alle nationalen Möglichkeiten ausgeschöpft hat, an die gewünschten Informationen zu gelangen beziehungsweise mit dem Steuerpflichtigen in Kontakt zu treten. Von diesem Auskunftsverweigerungsgrund sollte daher nur selten Gebrauch gemacht werden, um die grundsätzliche Verpflichtung zur Leistung von Amtshilfe gemäß Art. 1 AmtshÜ nicht auszuhöhlen.[720] Der ersuchende Staat muss gemäß Art. 18 Abs. 1 lit. f AmtshÜ in seinem Amtshilfeersuchen Angaben darüber machen, ob das Ersuchen im Hinblick auf die Subsidiarität gerechtfertigt ist.

h) Unverhältnismäßigkeit für den ersuchten Staat (lit. h)

Art. 21 Abs. 2 lit. h AmtshÜ regelt abschließend noch, dass Amtshilfe bei der Beitreibung in den Fällen nicht geleistet werden muss, in denen der Verwaltungsaufwand für diesen Staat in einem eindeutigen Missverhältnis zu dem Nutzen steht, den der ersuchende Staat dadurch erlangt. Hierbei geht es insbesondere

---

717 Vgl. Tz. 200 AmtshÜ-MK.

718 Vgl. die inhaltlichen Ausführungen zu diesem Grundsatz unter unter B.III.2.

719 *Runge*, RIW 1986, 704 (710).

720 Vgl. Tz. 201 ff. AmtshÜ-MK.

um Fälle, in denen die Kosten der Beitreibung den Betrag der beigetriebenen Forderung übersteigen.[721] In Deutschland wurde Vorsorge getroffen, indem Vollstreckungsersuchen regelmäßig erst gestellt werden sollen, wenn ein Betrag von 1.500 Euro erreicht ist.[722]

i) Weitere Regelungen

In Bezug auf den Informationsaustausch regelt Art. 21 Abs. 3 AmtsÜ des Weiteren, dass ein ersuchter Staat selbst dann die ihm zur Verfügung stehenden Möglichkeiten zur Beschaffung der erbetenen Informationen zu nutzen hat, wenn er diese Informationen für seine eigenen steuerlichen Zwecke nicht benötigt. In diesem Sinne kann eine Amtshilfe auch nicht mit Verweis auf einen Verweigerungsgrund des Art. 21 Abs. 2 AmtshÜ abgelehnt werden, dass der ersuchte Staat kein eigenes innerstaatliches Interesse an den Informationen habe. Diese eigentlich selbstverständliche Regelung geht auf den Umstand zurück, dass nach früherer Rechtslage im OECD-Musterabkommen Ermittlungen des ersuchten Staates nur zulässig und geboten waren, soweit sie zugleich auch für die inländische Besteuerung erforderlich waren. Aus diesem Grund ist jetzt ausdrücklich in Art. 21 Abs. 3 AmtshÜ geregelt, dass Informationen selbst dann zu beschaffen sind, wenn der ersuchte Staat diese Informationen selbst nicht benötigt.[723]

Art. 21 Abs. 4 AmtshÜ bestimmt weitergehend, dass die Erteilung von Informationen nicht deshalb abgelehnt werden kann, weil sich die Informationen bei einer Bank, einem sonstigen Finanzinstitut, einem Bevollmächtigten, Vertreter oder Treuhänder befinden oder sich auf Eigentumsanteile an einer Person beziehen. Die Regelung resultierte aus der Erkenntnis der OECD, dass das Bankgeheimnis oder vergleichbare Institute oft von Steuerpflichtigen dazu missbraucht wurden, ihr Einkommen gegenüber den Steuerbehörden zu verschleiern. Wegen der damit verbundenen Steuerungerechtigkeiten bestand auf Ebene der OECD der Wunsch, das traditionell „amtshilfefeste" Bankgeheimnis für Zwecke der Informationshilfe aufzuweichen und einen Zugriff auf bestimmte Finanzdaten zu erleichtern.[724] Die Informationserteilung kann daher nicht mehr unter Berufung auf ein nationales Bankgeheimnis verweigert werden.[725]

---

721 Vgl. Tz. 206 AmtshÜ-MK.

722 Vgl. Tz. 3.1.1.2 des BMF-Merkblatts zur zwischenstaatlichen Amtshilfe bei der Steuererhebung vom 23.01.2014 – IV B 6 – S 1320/07/10011 :011, S. 18.

723 *Engelschalk*, in: Vogel/Lehner, DBA, Art. 26 Rn. 122 f.

724 *Hendricks*, in: Wassermeyer et al., DBA, Art. 26 MA Rn. 87.

725 *Engelschalk*, in: Vogel/Lehner, DBA, Art. 26 Rn. 128.

2. Auskunftsverweigerung nach anderen Rechtsgrundlagen

a) OECD-MA bzw. Tax Information Exchange Agreements

Wie bereits erläutert, orientierten sich die Verfasser des Amtshilfeübereinkommens beim Entwurf der Auskunftsverweigerungsgründe am aktuellen OECD-Standard, wie er im OECD-Musterabkommen beziehungsweise im TIEA-Musterabkommen zu finden ist.[726] Dementsprechend finden sich in diesen beiden Musterabkommen auch dieselben Gründe zur Verweigerung einer Amtshilfemaßnahme wie in Art. 21 AmtshÜ. Aufgrund der Entstehungsgeschichte und des zumeist nahezu identischen Wortlauts ist davon auszugehen, dass den Vorschriften dieselbe Bedeutung beigemessen werden kann.[727]

Im OECD-Musterabkommen sind die Verweigerungsgründe zwar nicht in einer Norm gebündelt, wie dies bei Art. 21 AmtshÜ realisiert wurde. Stattdessen finden sie sich verstreut in den Normen der Art. 24-27 OECD-MA.[728] Dennoch sind parallele und inhaltlich identische Vorschriften in beiden Abkommen enthalten. So entsprechen sich die Verweigerungsgründe in Art. 26 Abs. 1, 3 OECD-MA und in Art. 21 Abs. 2 AmtshÜ weitestgehend. Darüber hinaus nimmt Art. 24 OECD-MA ebenso wie Art. 21 Abs. 2 lit. f AmtshÜ Bezug auf eine steuerliche Diskriminierung.[729]

In Art. 7 TIEA-MA finden sich abgesehen von kleineren Abweichungen ähnliche Regelungen, die zur Verweigerung der Amtshilfe berechtigen. Es sei lediglich auf den Unterschied hingewiesen, dass gemäß Art. 7 Abs. 3 TIEA-MA auch Informationen verweigert werden können, wenn hierdurch vertrauliche Mitteilungen zwischen einem Mandanten und einem Rechtsanwalt offenbart würden. Im Gegensatz zu den Berufs- beziehungsweise Unternehmensgeheimnissen nach Art. 7 Abs. 2 TIEA-MA beziehungsweise Art. 21 Abs. 2 lit. d AmtshÜ ist hierbei aber eine wirtschaftliche Bedeutung oder Kommerzialisierungsfähigkeit irrelevant.[730]

---

726 *Grotherr*, IStR 2015, 845 (858).

727 Vgl. S. 1, letzter Absatz des AmtshÜ-MK.

728 Vgl. Art. 24, 26 Abs. 1 S. 1 OECD-MA, Art. 26 Abs. 3–5 OECD-MA oder Art. 27 VIII OECD-MA.

729 Vgl. hierzu die Übersicht bei *Grotherr*, IStR 2015, 845 (857 f.).

730 *Hendricks*, in: Wassermeyer et al., DBA, Art. 7 MA-InfAust Rn. 7.

b) EU-Amtshilfegesetz

Auch das EU-Amtshilfegesetz enthält im Grunde genommen dieselben Standards zur Verweigerung der Amtshilfe wie das OECD-Musterabkommen und das TIEA-Musterabkommen. Art. 17 EUAHiRL, der durch § 4 Abs. 3, 4 EUAHiG umgesetzt wurde, bildet ebenfalls den OECD-Standard ab und benennt dieselben Auskunftsverweigerungsgründe, wie das OECD-Musterabkommen und dort insbesondere Art. 26 Abs. 3 OECD-MA.[731] Unterschiede ergeben sich lediglich insoweit, als sich keine dem Art. 21 Abs. 2 lit. e, f AmtshÜ entsprechende Vorschriften im EU-Amtshilfegesetz finden. Dies dürfte jedoch ein Ausfluss europarechtlicher Besonderheiten sein. Ein Verstoß gegen internationale Abkommen stellt auf EU-Ebene im Gegensatz zu Art. 21 Abs. 2 lit. e AmtshÜ keinen Grund dar, eine Auskunft zu verweigern. Denn wegen des Grundsatzes des Anwendungsvorrangs des Unionsrechts ist es nicht möglich, dass eine nach Unionsrecht zulässige Auskunft wegen entgegenstehender internationaler Abkommen unzulässig würde.[732] Ein Schutz vor Diskriminierung, wie er in Art. 21 Abs. 2 lit. f AmtshÜ geregelt ist, ergibt sich auf EU-Ebene bereits aus dem Diskriminierungsverbot des Art. 18 Abs. 1 AEUV, wonach eine Diskriminierung aus Gründen der Staatsangehörigkeit innerhalb der Europäischen Union verboten ist. Das Diskriminierungsverbot gibt ein Leitmotiv für das gesamte Unionsrecht vor. Es gilt auch im Rahmen der EU-Amtshilferichtlinie, da ein besonderes Diskriminierungsverbot dort nicht geregelt ist.

c) Zusammenarbeitsverordnungen

Die EU-Zusammenarbeitsverordnungen enthalten in Art. 54 Mwst-ZVO beziehungsweise in Art. 25 VerbrSt-ZVO zwei identische Regelungen über Auskunftsverweigerungsgründe. Diese entsprechen wiederum dem OECD-Standard und damit auch weitestgehend der Regelung in Art. 21 Abs. 2 AmtshÜ.

d) EU-Beitreibungsgesetz

In Bezug auf die Beitreibung von Steuerforderungen, wie sie nach dem EU-Beitreibungsgesetz möglich ist, wurde auch der OECD-Standard, wie er in Art. 27 OECD-MA enthalten ist, umgesetzt. Neben den allgemeinen Verweigerungsgründen in Art. 27 Abs. 8 lit. a-c OECD-MA ist der beitreibungsspezifische

731 Entwurf eines Gesetzes zur Umsetzung der Amtshilferichtlinie sowie zur Änderung steuerlicher Vorschriften, BT-Drs. 17/12375, S. 29.

732 Vgl. hierzu schon unter D.III.2.

Verweigerungsgrund des Art. 27 Abs. 8 lit. d OECD-MA auch in § 14 Abs. 1 EUBeitrG enthalten. Danach kann die Leistung von Amtshilfe bei der Beitreibung abgelehnt werden, wenn die Vollstreckung unbillig wäre oder die Forderungen insgesamt weniger als 1500 Euro betragen. Dies entspricht dem Gedanken des Art. 27 Abs. 8 lit. d OECD-MA und auch des Art. 21 Abs. 2 lit. h AmtshÜ, wonach der Verwaltungsaufwand nicht in einem eindeutigen Missverhältnis zu dem Nutzen stehen darf, den der andere Vertragsstaat dadurch erlangt. Als Besonderheit ist die im Vergleich zu anderen Rechtsgrundlagen ausführliche Regelung der Subsidiarität in Art. 11 Abs. 2 EUBeitrRL beziehungsweise in § 10 Abs. 2 EUBeitrG hervorzuheben, wonach die Vollstreckungsbehörde des ersuchenden Staates ein Vollstreckungsersuchen grundsätzlich erst dann stellen kann, wenn das im ersuchenden Staat geltende Beitreibungsverfahren durchgeführt wurde. Es handelt sich dabei um eine „abgeschwächte Subsidiarität“, da ein Ersuchen unter den Voraussetzungen des Art. 11 Abs. 2 lit. a, b EUBeitrRL schon vorher gestellt werden kann. Dies stellt eine weitergehende Amtshilfeverpflichtung für den ersuchten Staat dar, als es nach Art. 27 OECD der Fall ist.[733] Art. 21 Abs. 2 lit. g AmtshÜ sieht hingegen auch eine eingeschränkte Subsidiarität vor für den Fall, dass das Zurückgreifen auf nationale Maßnahmen unverhältnismäßig große Schwierigkeiten mit sich bringen würde.

3. Ergebnis

Das Amtshilfeübereinkommen enthält eine Vielzahl an Gründen, aufgrund derer die Leistung von Amtshilfe verweigert werden kann. Dabei dienen diese nicht nur dem Interesse des jeweils ersuchten Staates, sondern auch dem Schutz der Rechte der betroffenen Steuerpflichtigen. Die Regelungen zu den Auskunftsverweigerungsgründen im Amtshilfeübereinkommen sowie in den anderen Rechtsgrundlagen folgen dem OECD-Standard und sind daher nahezu deckungsgleich. Der Schutzstandard für die ersuchten Staaten beziehungsweise die betroffenen Steuerpflichtigen ist nach den einzelnen Rechtsgrundlagen bis auf minimale Unterschiede identisch. Die Instrumente des Amtshilfeübereinkommens werden folglich durch dieselben Auskunftsverweigerungsgründe beschränkt wie die Instrumente aller anderen Rechtsgrundlagen.

---

733 *Daurer*, in: Lang, Internationale Amtshilfe in Steuersachen, S. 13 (40 f.).

VIII. Geheimnisschutz

Betreffen die Auskunftsverweigerungsrechte in Art. 21 AmtshÜ vor allem die Frage, aus welchen Gründen ein ersuchter Staat die Leistung von Amtshilfe verweigern kann, behandelt der Geheimnisschutz nach Art. 22 AmtshÜ den Umgang mit Daten und Informationen, die der ersuchende Staat in Folge einer Amtshilfemaßnahme des ersuchten Staates erhalten hat. Außerdem trifft diese Verpflichtung auch den ersuchten Staat, der bei Bedarf gemäß Art. 21 Abs. 2 lit. d AmtshÜ zum Schutz bestimmter Geheimnisse Auskünfte verweigern kann. Somit existieren zwei Ebenen des Geheimnisschutzes, zwischen denen eine Wechselwirkung besteht und die dem Schutz der betroffenen Steuerpflichtigen dienen.[734]

Derartige Geheimhaltungsregeln sind erforderlich, weil die deutsche Finanzverwaltung mit der Weitergabe von Informationen ins Ausland die Kontrolle über diese verliert und damit auch über den Geheimnisschutz. Es besteht somit die reale Gefahr, dass Daten an private Dritte gelangen oder für außersteuerliche Zwecke verwendet werden, was vor allem bei Geschäftsgeheimnissen zu Problemen führen kann.[735] Aus dem Gedanken der Selbstbestimmung folgt grundsätzlich, dass jeder Einzelne die Befugnis hat, selbst zu entscheiden, wann und innerhalb welcher Grenzen persönliche Lebenssachverhalte offenbart werden. Dieses aus Art. 2 Abs. 1 i.V.m. Art. 1 Abs. 1 GG entnommene allgemeine Persönlichkeitsrecht in Gestalt des Rechts auf informationelle Selbstbestimmung stellt die staatliche Erhebung, Speicherung, Verwendung und Weitergabe von Daten des Bürgers unter einen erheblichen Rechtfertigungszwang.[736] Für den Eingriff in dieses Grundrecht bedarf es einer gesetzlichen Grundlage, aus der sich die Voraussetzungen und der Umfang der Beschränkungen klar und für den Bürger erkennbar ergeben und die damit dem Gebot der Normenklarheit entspricht. Zudem ist der Grundsatz der Verhältnismäßigkeit zu beachten.[737] Nur wenn eine entsprechende Rechtsgrundlage vorliegt, ist auch das Steuergeheimnis gemäß § 30 AO gewahrt.[738]

Vor diesem Hintergrund soll im Folgenden dargestellt werden, welche Anforderungen das Amtshilfeübereinkommen an den Geheimnisschutz stellt und ob dieser geeignet ist, den Schutz der übermittelten Informationen im Interesse

734 *Seer*, in: Spindler et al., FS Schaumburg, S. 151 (158).
735 *Hendricks*, StuW 2018, 346 (349).
736 *Lampert/Meickmann*, ISR 2014, 305 (306).
737 BVerfG, Urteil v. 15.12.1983 – 1 BvR 209/83, 1 BvR 269/83, 1 BvR 362/83, 1 BvR 420/83, 1 BvR 440/83, 1 BvR 484/83, BVerfGE 65, 1, 44.
738 *Hendricks*, StuW 2018, 346 (349).

der betroffenen Steuerpflichtigen sicherzustellen. Auf dieser Grundlage können Schlüsse gezogen werden, ob das Amtshilfeübereinkommen einen weitergehenden Geheimnisschutz gewährleistet als andere Rechtsgrundlagen.

1. Geheimnisschutz im Amtshilfeübereinkommen

a) Geheimhaltungsverpflichtung

Gemäß Art. 22 Abs. 1 S. 1 Hs. 1 AmtshÜ sind alle Informationen, die eine Vertragspartei nach dem Übereinkommen erhalten hat, ebenso geheim zu halten und zu schützen wie die Informationen, die sie nach ihrem innerstaatlichen Recht erhalten hat. Darüber hinaus sind die Informationen aber auch nach den Bestimmungen des innerstaatlichen Rechts im ersuchten Staat geheim zu halten und zu schützen, Art. 22 Abs. 1 S. 1 Hs. 2 AmtshÜ. Das bedeutet, dass die Staaten in Amtshilfeangelegenheiten das jeweils höchste Schutzniveau im bilateralen Verhältnis zu beachten haben. Übermittelte Steuerdaten sind wirksam gegen den unbefugten Zugang und unbefugte Bekanntmachung zu schützen und damit das deutsche Schutzniveau des Steuergeheimnisses nach § 30 AO[739] zu beachten.[740] Dies stellt einen relativen Schutz dar, bei dem sich die Geheimhaltung nach dem innerstaatlichen Recht der Vertragsstaaten richtet.[741]

Ein solcher relativer Schutz ist aber nicht in jeder Hinsicht für eine effektive Geheimhaltung von Steuerdaten ausreichend, da nicht alle Staaten über ein gesetzliches Amts- oder Steuergeheimnis verfügen, das die Geheimhaltung von Steuerdaten sichert.[742] Der Geheimnisschutz nach dem Amtshilfeübereinkommen stellt daher auch unabhängig vom nationalen Recht der Vertragsstaaten Voraussetzungen auf, wem übermittelte Daten zugänglich gemacht werden dürfen und zu welchem Zweck diese verwendet werden dürfen. Neben dem relativen Schutz des Art. 21 Abs. 1 AmtshÜ enthält Art. 21 Abs. 2 AmtshÜ einen absoluten Schutz, der losgelöst vom nationalen Recht einen Vertraulichkeitsstandard

---

739 Hierin bestand ein wesentlicher Kritikpunkt am Entwurf des Amtshilfeübereinkommens, da eine Anwendung des § 30 AO durch ausländische Finanzbehörden für nicht vertretbar gehalten wurde, vgl. *Eilers*, CR 1988, 901 (903) Die Kritik wurde mE jedoch dadurch relativiert, dass die Bundesrepublik Deutschland durch Anfügen der Auslegungserklärung die Anforderungen klar definiert hat, die ein ausländischer Staat bei Erhalt von Informationen zu beachten hat und eine unmittelbare Anwendung nationalen Rechts durch eine ausländische Finanzbehörde nicht erforderlich ist.

740 *Grotherr*, IStR 2015, 845 (856).

741 *Engelschalk*, in: Vogel/Lehner, DBA, Art. 26 Rn. 78.

742 *Hendricks*, in: Wassermeyer et al., DBA, Art. 8 MA-InfAust Rn. 1.

begründet.[743] Die Kombination aus objektiven Schutzelementen und solchen, die sich aus dem nationalen Recht der Vertragsstaaten ableiten, begründet das internationale Steuergeheimnis.[744] In diesem Zusammenhang hat die Bundesrepublik in ihrer Auslegungserklärung zum Amtshilfeübereinkommen nochmals ausdrücklich bestimmt, dass die empfangende Stelle die Daten nur in Übereinstimmung mit Art. 22 AmtshÜ verwenden darf und dabei den durch die übermittelnde Stelle vorgeschriebenen Bedingungen unterliegt. Außerdem sind weitere Vorgaben in der speziellen Auslegungserklärung zum Amtshilfeübereinkommen geregelt. Nur unter Wahrung dieser Schutzbestimmungen sieht sich die Bundesrepublik Deutschland als verpflichtet an, personen- oder unternehmensbezogene Daten zu übermitteln.[745] Ferner bestehen noch weitere Pflichten des ersuchenden Staates über den Umgang mit erhaltenen Informationen.[746] Die Geheimhaltungsverpflichtung gilt dabei in beiden Richtungen eines Amtshilfeverhältnisses, weshalb sowohl Informationen geheim zu halten sind, die in einem Ersuchen übermittelt werden, als auch Informationen, die als Antwort auf ein Ersuchen übermittelt werden.[747]

Die Geheimhaltungspflicht erstreckt sich hingegen nicht auf offenkundige oder allgemein bekannte Tatsachen und rechtliche Verhältnisse. Zwar können auch solche Informationen Teil eines Informationsaustauschs sein. Allerdings macht es wegen des Schutzzwecks der Geheimhaltungsvorschriften keinen Sinn, diese auch auf offenkundige oder allgemein bekannte Tatsachen zu erstrecken.[748]

b) Beschränkungen nach dem Übereinkommen

Art. 22 Abs. 2 S. 1 AmtshÜ regelt die Anforderungen, nach denen bestimmte Informationen Personen oder Behörden, einschließlich der Gerichte und Verwaltungs- oder Aufsichtsbehörden zugänglich gemacht werden dürfen. Diese gelten neben den Voraussetzungen des nationalen Rechts gemäß Art. 22 Abs. 1 AmtshÜ. Da auch andere Personen als Behörden erfasst werden, liegt keine

---

743 *Hendricks*, in: Wassermeyer et al., DBA, Art. 26 MA Rn. 50; *Schwandtner/Urtz*, in: Aigner et al., DBA, Art. 26 Rn. 263.

744 *Pistone/Gruber*, in: Lang, Internationale Amtshilfe in Steuersachen, S. 75 (92).

745 Vgl. Ziffer II.1. der Anlage 2 zur Denkschrift zum Amtshilfeübereinkommen, RegE AmtshÜ vom 15.06.2015, BT-Drs. 18/5173, S. 49 f.

746 Vgl. Ziffer II.2.-7. der Anlage 2 zur Denkschrift zum Amtshilfeübereinkommen, RegE AmtshÜ vom 15.06.2015, BT-Drs. 18/5173, S. 49 f.

747 Vgl. Tz. 218 AmtshÜ-MK.

748 *Schwandtner/Urtz*, in: Aigner et al., DBA, Art. 26 Rn. 265.

Verletzung der Vertraulichkeit vor, wenn Daten einem Bevollmächtigten des Steuerpflichtigen oder dem Steuerpflichtigen selbst zugänglich gemacht werden.[749] Die entsprechende Übermittlung ist aber nur dann möglich, wenn diese Stellen mit der Festsetzung, Erhebung, Beitreibung, Vollstreckung, Strafverfolgung oder der Entscheidung über Rechtsmittel hinsichtlich der Steuern dieser Vertragspartei oder mit der Aufsicht darüber befasst sind. Die Personen oder Behörden müssen somit hoheitlich in Steuerangelegenheiten tätig werden.[750] Dabei dürfen diese Personen oder Behörden gemäß Art. 22 Abs. 2 S. 2 AmtshÜ die Daten auch nur für diese genannten Zwecke verwenden. Innerhalb einer Institution scheidet daher die Weitergabe von Daten an Personen aus, die nicht mit der Durchsetzung des staatlichen Besteuerungsanspruchs befasst sind.[751] Insofern hat die Bundesrepublik auch nochmals ausdrücklich festgestellt, dass übermittelte Daten nur in Steuerverfahren und Steuerstrafverfahren, nicht in reinen Strafverfahren verwendet werden dürfen.[752] Art. 22 Abs. 4 S. 1 AmtshÜ macht lediglich dann eine Ausnahme, wenn die Verwendung der erhaltenen Informationen zu anderen Zwecken nach dem innerstaatlichen Recht des ersuchenden Staates zulässig ist und darüber hinaus die zuständige Behörde der ersuchten Vertragspartei die Verwendung gestattet. Relevant ist dies insbesondere dann, wenn eine Verwendung der Informationen in wichtigen Angelegenheiten nötig ist, wie der Bekämpfung von Korruption oder Terrorismusfinanzierung.[753] Von diesen Beschränkungen nicht erfasst sind hingegen öffentliche Gerichtsverfahren oder Gerichtsentscheidungen, in denen gemäß Art. 22 Abs. 2 S. 3 AmtshÜ die steuerlichen Informationen offengelegt werden dürfen. Nach deutschem Verständnis betrifft dies auch die Offenlegung in einem staatsanwaltschaftlichen Ermittlungsverfahren.[754] Allerdings bezieht sich diese Ausnahme nur auf

---

749 *Hendricks*, in: Wassermeyer et al., DBA, Art. 26 MA Rn. 55.

750 *Grotherr*, IStR 2015, 845 (856).

751 *Hendricks*, in: Wassermeyer et al., DBA, Art. 26 MA Rn. 56.

752 Vgl. Ziffer I. der Anlage 2 zur Denkschrift zum Amtshilfeübereinkommen vom 15.06.2015, BT-Drs. 18/5173, S. 49 f.; die Verfahren der justiziellen Rechtshilfe in Strafsachen bzw. die Verfahren zur grenzüberschreitenden Zusammenarbeit in Strafsachen bleiben unberührt.

753 Vgl. Tz. 225 AmtshÜ-MK.

754 Vgl. Ziffer I.9. der Anlage 2 zur Denkschrift zum Amtshilfeübereinkommen, RegE AmtshÜ vom 15.06.2015, BT-Drs. 18/5173, S. 49 f.

Finanzgerichtsverfahren und Steuerstrafverfahren, da andere Verfahren nicht unter die Regelung des Art. 22 Abs. 2 S. 1 AmtshÜ fallen.[755]

Eine absolute Übermittlungs- und Verwendungssperre gilt bei Zusammenarbeit mit der Bundesrepublik Deutschland hingegen in Fällen, in denen die Übermittlung der Informationen im anderen Staat zur Verhängung der Todesstrafe oder zur Missachtung des menschenrechtlichen Mindeststandards führen kann.[756]

c) Verwendungsverbot bei Vorbehalt

Nach Art. 22 Abs. 3 AmtshÜ besteht die besondere Möglichkeit nach dem Amtshilfeübereinkommen, hinsichtlich der Anwendung des Übereinkommens Vorbehalte anzubringen, was bestimmte Steuerarten angeht, Art. 30 Abs. 1 lit. a AmtshÜ. In einem solchen Fall verwenden gemäß Art. 22 Abs. 3 S. 1 AmtshÜ alle anderen Vertragsparteien, die Informationen von dieser Vertragspartei erhalten, diese nicht für eine Steuer einer Kategorie, die unter diesen Vorbehalt fällt (sog. derivatives Verwertungsverbot). Auch im umgekehrten Fall ist gemäß Art. 22 Abs. 3 S. 2 AmtshÜ eine Verwendung untersagt. Danach verwendet eine Vertragspartei, die einen entsprechenden Vorbehalt angebracht hat, erhaltene Informationen nicht für eine Steuer einer Kategorie, die unter diesen Vorbehalt fällt (sog. originäres Verwertungsverbot).[757] Die Regelungen dienen dem Zweck des Vorbehalts, einen Staat von bestimmten Verpflichtungen zu befreien, die aus der Anwendung des Amtshilfeübereinkommens erwachsen. Anderenfalls würde ein entsprechender Vorbehalt missachtet und dessen Zweck untergraben.[758]

d) Weiterleitung an Dritte

Art. 22 Abs. 4 S. 2 AmtshÜ trifft abschließend noch eine Regelung zur Weiterleitung von Informationen an eine dritte Vertragspartei. Diese bedarf der vorherigen Zustimmung der Vertragspartei, die die Informationen erteilt hat. Diese Möglichkeit ist in Fällen relevant, in denen auch eine dritte Vertragspartei ein Interesse an bestimmten Informationen hat. Durch das Zustimmungserfordernis

---

755 *Schwandtner/Urtz*, in: Aigner et al., DBA, Art. 26 Rn. 272; *Engelschalk*, in: Vogel/Lehner, DBA, Art. 26 Rn. 85.

756 Vgl. Ziffer I. der Anlage 2 zur Denkschrift zum Amtshilfeübereinkommen, RegE AmtshÜ vom 15.06.2015, BT-Drs. 18/5173, S. 49 f.

757 *Grotherr*, IStR 2015, 845 (856).

758 Vgl. Tz. 223 AmtshÜ-MK.

soll verhindert werden, dass eine dritte Vertragspartei Informationen erhält, die sie auf direktem Wege nicht erhalten könnte.

e) Folgen bei Verstoß gegen die Geheimhaltungsverpflichtung

Das Amtshilfeübereinkommen knüpft keine unmittelbaren Folgen an den Verstoß eines Staates gegen die Geheimhaltungsvorschrift des Art. 22 AmtshÜ. Sanktionen bei Verstößen richten sich grundsätzlich allein nach dem nationalen Recht der Vertragsstaaten.[759]

Hinsichtlich der Folgen, die auf Grundlage des Übereinkommens eintreten, ist die Rechtslage ähnlich derjenigen im OECD-Musterabkommen. Zwar sind auch dort zu dieser Frage keine genauen Regelungen getroffen worden. Dennoch ist das „Ob" eines Rechts auf Auskunftsverweigerung bei Verstoß gegen die Geheimhaltungspflichten im anderen Vertragsstaat nicht umstritten, sondern lediglich dessen Begründung.[760] Teilweise wird die Einhaltung der Geheimhaltungspflicht als ungeschriebenes Tatbestandsmerkmal angesehen. Denn aus der Verpflichtung der Gewährleistung der Geheimhaltungsverpflichtung sei aufgrund der überragenden Bedeutung des Steuergeheimnisses eine Berechtigung zur Zurückhaltung der erbetenen Informationen zuzuerkennen, wenn aufgrund konkreter Umstände erhebliche Zweifel an der Wahrung des Steuergeheimnisses bestünden.[761] Nach anderer Auffassung führt die Verletzung des Steuergeheimnisses zu einem Auskunftsverweigerungsrecht, da dies die angemessene völkerrechtliche Form der Durchsetzung des internationalen Steuergeheimnisses sei.[762] Der ersuchte Staat kann somit eine Auskunft mit Rücksicht auf eine bereits erfolgte Vertragsverletzung verweigern.[763] Die Auskunftsverweigerung sei nicht erst möglich, wenn eine konkrete Verletzung begangen wurde, sondern bereits dann, wenn ein nicht geringes Maß an Wahrscheinlichkeit dafür spreche, dass die Vertraulichkeit der Information im ausländischen Staat nicht gewährleistet ist.[764] Außerdem soll auch eine Auskunftsverweigerung wegen eines Verstoßes gegen die öffentliche Ordnung in Betracht kommen, wenn das Datenschutzniveau nicht dem des ersuchten Staates entspricht.[765] Hiervon wird

759 Vgl. Tz. 218 AmtshÜ-MK.
760 *Lampert/Meickmann*, ISR 2014, 305 (307).
761 *Engelschalk*, in: Vogel/Lehner, DBA, Art. 26 Rn. 38; *Lampert/Meickmann*, ISR 2014, 305 (307).
762 *Söhn*, in: Hübschmann et al., AO/FGO, § 117 AO Rn. 134b.
763 *Hendricks*, in: Wassermeyer et al., DBA, Art. 26 MA Rn. 52.
764 Vgl. FG Köln, Beschluss v. 20.08.2008 – 2 V 1948/08, EFG 2008, 1764.
765 *Czakert*, in: Schönfeld/Ditz, DBA, Art. 26 Rn. 67.

wegen der engen Auslegung des Begriffs der „öffentlichen Ordnung" jedoch nur dann auszugehen sein, wenn das ausländische Steuerdatenschutzniveau evident das deutsche Niveau unterschreitet.[766]

Meiner Einschätzung nach sollte wegen der parallelen Situation im Amtshilfeübereinkommen und im OECD-Musterabkommen auch für den Fall eines Verstoßes gegen Art. 22 AmtshÜ davon ausgegangen werden, dass eine Missachtung des Steuergeheimnisses zu einem Auskunftsverweigerungsrecht für den ersuchten Vertragsstaat führt. Denn ähnlich wie bei einer Auskunft im Rahmen des Art. 26 OECD-MA muss es einem Vertragsstaat auch bei einer Auskunft auf Grundlage des Amtshilfeübereinkommens möglich sein, aus einem Verstoß Konsequenzen zu ziehen, die sich auf das zukünftige Amtshilfeverhältnis auswirken. Nur so kann sichergestellt werden, dass zwar einerseits ein zwischenstaatlicher Auskunftsverkehr gewährleistet ist, gleichzeitig aber auch der Individualrechtsschutz seine Berücksichtigung findet.[767] Die Wahrung des Steuergeheimnisses ist nicht nur Teil des objektiven Rechts, sondern begründet zugleich zu Gunsten der geschützten Person auch ein subjektives Recht.[768]

Evidente Verstöße gegen Geheimhaltungsvorschriften können sicherlich zu einem Verstoß gegen die öffentliche Ordnung im ersuchten Staat führen und ein entsprechendes Auskunftsverweigerungsrecht gemäß Art. 21 Abs. 2 lit. b AmtshÜ auslösen. In den übrigen und weniger klaren Fällen müsste jedoch auf ein ungeschriebenes Auskunftsverweigerungsrecht zurückgegriffen werden.

2. Geheimnisschutz nach anderen Rechtsgrundlagen

a) OECD-Musterabkommen

Im OECD-Musterabkommen sind die Geheimhaltungsvorschriften in Art. 26 Abs. 2 OECD-MA geregelt. Gemäß Art. 26 Abs. 2 S. 1 OECD-MA hat ein Vertragsstaat, der Informationen erhalten hat, diese ebenso geheim zu halten, wie die auf Grund des innerstaatlichen Rechts dieses Staates beschafften Informationen. Darüber hinaus gilt ein eigenes Schutzniveau nach dem Abkommen, da in Art. 26 Abs. 2 S. 1-3 OECD-MA geregelt ist, wem die erhaltenen Informationen zugänglich gemacht werden dürfen und zu welchen Zwecken sie verwendet werden dürfen. Für andere Zwecke können Informationen gemäß Art. 26 Abs. 2 S. 4 OECD-MA nur dann genutzt werden, wenn dies nach dem Recht beider

---

766 *Hendricks*, in: Wassermeyer et al., DBA, Art. 26 MA Rn. 75.

767 *Lampert/Meickmann*, ISR 2014, 305.

768 *Hendricks*, in: Wassermeyer et al., DBA, Art. 26 MA Rn. 52.

Staaten zulässig ist und der die Informationen erteilende Staat mit der Verwendung einverstanden ist. Die Regelung des Art. 22 Abs. 1 AmtshÜ entspricht somit inhaltlich weitestgehend der Regelung des Art. 26 Abs. 2 OECD-MA. Auch nach Art. 21 Abs. 2 OECD-MA gilt neben einem absoluten und damit vom nationalen Recht losgelösten Geheimhaltungsstandard zusätzlich ein relativer Schutz, der sich auf das innerstaatliche Recht des die Informationen erhaltenden Vertragsstaates bezieht.[769]

Der bedeutende Unterschied zwischen den beiden Vorschriften besteht jedoch darin, dass gemäß Art. 26 Abs. 2 OECD-MA das Niveau des Geheimnisschutzes in dem Staat, der die Informationen erteilt hat, keine Rolle spielt. Der ersuchende Staat muss daher bei Verwendung der erhaltenen Daten nicht die Geheimhaltungsvorschriften beachten, die in dem ersuchten Staat gelten. Konsequenz ist, dass die Geheimhaltungsvorschriften nach Art. 22 Abs. 1 AmtshÜ strenger sind als nach Art. 26 Abs. 2 OECD-MA, da hier ein möglicherweise strengerer Standard nach dem nationalen Recht des ersuchten Staates nicht zum Tragen kommt.[770]

Der eingeschränkte Geheimhaltungsschutz wirft die Vermutung auf, dass eine stark unterschiedliche Ausgestaltung der Steuergeheimnisse in den Vertragsstaaten zu einem großen Unterschied in den verschiedenen Schutzniveaus führen könnte. Diese Problematik wird jedoch durch die Existenz des absoluten Geheimhaltungsschutzes in Art. 26 Abs. 2 S. 1 OECD-MA entschärft, durch den eine zu weitgehende Herabsetzung des Schutzniveaus verhindert wird. Durch die abkommensrechtliche Zweckbindung wird garantiert, dass die erhaltenen Informationen nur den in Art. 26 Abs. 2 S. 1 OECD-MA genannten Personen zugänglich gemacht werden und auch nur für die darin genannten Zwecke.[771]

Dennoch sind Informationen auch dann zu gewähren, wenn im ersuchenden Staat ein geringeres Schutzniveau gilt als im ersuchten Staat. Auch kann der ersuchte Staat in der Regel nicht kontrollieren, ob die Schranken des Geheimnisschutzes durch den ersuchenden Staat eingehalten werden. Stattdessen muss er darauf vertrauen, dass die Verwendungsbeschränkungen eingehalten werden. Auch die Rechtsfolgen eines Verstoßes gegen die Geheimhaltungsvorschriften

---

769 *Hendricks*, in: Wassermeyer et al., DBA, Art. 26 MA Rn. 53; *Schwandtner/Urtz*, in: Aigner et al., DBA, Art. 26 Rn. 263.

770 *Czakert*, in: Schönfeld/Ditz, DBA, Art. 26 Rn. 76; *Grotherr*, IStR 2015, 845 (856).

771 *Schwandtner/Urtz*, in: Aigner et al., DBA, Art. 26 Rn. 264; *Engelschalk*, in: Vogel/Lehner, DBA, Art. 26 Rn. 79, 82.

des Art. 26 Abs. 2 OECD-MA werden vom Musterabkommen offengelassen.[772] Die Auskunftspflicht bleibt von einem geringeren Umfang der Geheimhaltung im ersuchenden Staat jedenfalls unberührt, in Extremfällen könnte eine Auskunftspflicht allenfalls gegen den „ordre public" gemäß Art. 26 Abs. 3 lit. c OECD-MA verstoßen.

Ein weiterer Unterschied besteht darin, dass der Kreis der Behörden, die die Geheimhaltungspflicht trifft, im Rahmen des Art. 22 AmtshÜ weiter ist als im Rahmen des Art. 26 Abs. 2 OECD-MA, was mit dem größeren Anwendungsbereich gemäß Art. 2 AmtshÜ zusammenhängt. Da hiervon beispielsweise auch Sozialversicherungsbeiträge erfasst werden, die nicht von den Finanzbehörden verwaltet werden, trifft die Geheimhaltungspflicht auch die Sozialversicherungsträger.[773]

b) *Tax Information Exchange Agreements*

Art. 8 S. 1 TIEA-MA verpflichtet die Anwenderstaaten zur Geheimhaltung von Informationen und etabliert wie die Vorschrift des Art. 22 Abs. 2 AmtshÜ einen internationalen Geheimhaltungsstandard. Die Verwendung von Informationen ist dabei auf bestimmte Personen beschränkt, die mit der Verwaltung der Steuern befasst sind, Art. 8 S. 1 TIEA-MA. Auch ist die Verwendung nur für diese Zwecke erlaubt, Art. 8 S. 2 TIEA-MA. Die Offenlegung von Informationen ist in Gerichtsverfahren oder Gerichtsentscheidungen möglich, die Weiterleitung an andere Personen nur mit schriftlicher Einwilligung der ersuchten Vertragspartei, Art. 8 S. 3, 4 TIEA-MA.

Das TIEA-Musterabkommen weist somit in einem zentralen Punkt ein geringeres Schutzniveau auf, als dies nach Art. 22 Abs. 1 AmtshÜ der Fall ist. Gemäß Art. 8 S. 1 TIEA-MA wird lediglich ein absoluter Geheimnisschutz gewährleistet, weshalb Informationen ausschließlich nach den darin genannten Vorgaben geheim zu halten sind. Es sind somit weder Geheimhaltungsvorschriften zu beachten, die in dem ersuchenden Staat gelten, noch diejenigen, die im ersuchten Staat gelten. Ein relativer Geheimhaltungsschutz, der von den innerstaatlichen Vorgaben der Vertragsstaaten abhängen würde, wurde in Art. 8 TIEA-MA demzufolge nicht vorgesehen.[774]

---

772 *Staringer*, in: Holoubek, Verfahren der Zusammenarbeit von Verwaltungsbehörden in Europa, S. 241 (247 f.).

773 Vgl. Tz. 219 AmtshÜ-MK.

774 *Schwandtner/Urtz*, in: Aigner et al., DBA, Art. 26 Rn. 278.

c) *Unionsrechtliche Regelungen*

(aa) EU-Amtshilferichtlinie

Gemäß Art. 16 Abs. 1 S. 1 EUAHiRL genießen die Informationen, die ein Mitgliedsstaat erhält, den Schutz, den dessen nationales Recht für vergleichbare Informationen gewährt. Es gilt somit ein relativer Geheimnisschutz, der auf das innerstaatliche Recht des ersuchenden Staates Bezug nimmt.[775] Für den Fall der Bundesrepublik Deutschland wird gemäß § 19 Abs. 1 EUAHiG ausdrücklich gewährleistet, dass die Geheimhaltung der von den anderen Mitgliedsstaaten erhaltenen Informationen durch das Steuergeheimnis und sonstige Schutzvorschriften der Abgabenordnung sichergestellt ist.[776] Darüber hinaus definiert Art. 16 Abs. 1 S. 3 EUAHiRL einen absoluten Schutzbereich. Danach dürfen die erlangten Informationen zur Anwendung und Durchsetzung des innerstaatlichen Rechts der Mitgliedsstaaten verwendet werden. § 19 Abs. 2 EUAHiG erläutert dies genauer: Informationen können neben der Verwendung zur Anwendung und Durchsetzung des innerstaatlichen Steuerrechts auch zur Wahrnehmung gesetzlicher Kontroll- und Aufsichtsbefugnisse dienen, zur Festsetzung und Beitreibung von Steuern und Abgaben sowie zur Verwertung im Zusammenhang mit Gerichts- und Verwaltungsverfahren, vgl. § 19 Abs. 2 Nr. 1-4 EUAHiG. Es handelt sich dabei um eine bereichsspezifische Verwendung der Informationen.[777] Es wird somit sichergestellt, dass die erlangten Informationen nur für steuer- oder steuerstrafrechtliche Zwecke verwendet werden.[778] Ein Unterschied wird in dieser Regelungssystematik zu Art. 22 AmtshÜ deutlich. Art. 22 Abs. 2 AmtshÜ benennt bestimmte Personen, an die Informationen weitergeleitet werden dürfen beziehungsweise die Zwecke, für die sie verwendet werden dürfen. Art. 16 EUAHiRL erwähnt hingegen Verwendungsbeschränkungen, bei denen es sich um sachliche beziehungsweise verfahrensbezogene Beschränkungen handelt. Im Gegensatz zu Art. 22 AmtshÜ beziehen sich diese Beschränkungen somit nicht auf bestimmte Personen und Behörden, sondern auf bestimmte Steuern und Verfahren. Letztendlich wird hierdurch aber dasselbe Ergebnis erzielt.[779] Der Unterschied zwischen den beiden Rechtsgrundlagen besteht darin, dass gemäß Art. 22 Abs. 1 AmtshÜ nicht nur der Geheimnisschutz

---

775 *Pistone/Gruber*, in: Lang, Internationale Amtshilfe in Steuersachen, S. 75 (93).

776 *Söhn*, in: Hübschmann et al., AO/FGO, § 117 AO Rn. 312.

777 *Klaproth*, in: Schwarz/Pahlke, AO/FGO, § 19 EU-AmtshilfeG Rn. 4.

778 *Seer*, in: Tipke/Kruse, AO/FGO, § 117 AO Rn. 112.

779 *Schwandtner/Urtz*, in: Aigner et al., DBA, Art. 26 Rn. 275.

nach den nationalen Vorschriften des Staates gilt, der die Informationen erhalten hat. Darüber hinaus sind gemäß Art. 22 Abs. 1 S. 1 Hs. 2 AmtshÜ die Informationen nach den Schutzbestimmungen geheim zu halten und zu schützen, die nach dem nationalen Recht der erteilenden Vertragspartei zu beachten sind.[780]

Es ist meiner Einschätzung nach jedoch davon auszugehen, dass sich die praktischen Auswirkungen dieses Unterschieds in Grenzen halten. Zwar richtet sich der Geheimnisschutz im Rahmen des Art. 16 EUAHiRL nicht nach dem jeweils höheren Schutzniveau im bilateralen Verhältnis zweier Staaten. Im Hinblick auf ein möglichst hohes Schutzniveau ist dies nicht zu begrüßen, weil der Schutzumfang nun vom jeweiligen nationalen Recht abhängt. Innerhalb der Europäischen Union gilt allerdings die besondere Situation, dass der Geheimnisschutz in allen Mitgliedsstaaten relativ homogen ist und allgemein ein hohes Niveau aufweist.[781] Somit stellt sich die Situation anders dar als beim Amtshilfeübereinkommen, bei dem die Vielfalt der Vertragsstaaten weitaus größer ist. Daraus folgen eine vielfach größere Spannweite unterschiedlicher Regelungen zum Geheimnisschutz und ein entsprechend unterschiedliches Schutzniveau. Da derart große Unterschiede innerhalb der EU-Staaten nicht bestehen, dürfte sich dieser Unterschied nicht maßgeblich auswirken, wenn auch im Einzelfall gewisse Auswirkungen auftreten können.

Ansonsten weisen die Regelungen des EU-Amtshilfegesetzes große Ähnlichkeiten mit der Vorschrift des Art. 22 AmtshÜ auf. So können gemäß § 19 Abs. 2 Nr. 4 EUAHiG Informationen wie bei Art. 22 Abs. 2 S. 3 AmtshÜ im Zusammenhang mit Gerichts- und Verwaltungsverfahren verwendet werden. § 15 Abs. 1 EUAHiG gestattet eine Verwendung für andere Zwecke als denjenigen des § 19 Abs. 2 EUAHiG, sofern dies nach dem Recht des übermittelnden Staates zulässig ist und dieser zugestimmt hat. § 15 Abs. 1 EUAHiG bestimmt hierzu allerdings einschränkend, dass die Weitergabe für andere Zwecke durch den ersuchenden Staat nur dann erfolgen kann, wenn dieser die Vorschriften über den Schutz des Steuergeheimnisses (§§ 30, 31, 31a und 31b AO) beachtet. Bei der Verwendung von Informationen für andere als den in § 19 Abs. 2 EUAHiG genannten Zwecken entsprechen somit die Voraussetzungen des EU-Amtshilfegesetzes

---

780 Vgl. hierzu bereits unter E.VIII.1.

781 Vgl. beispielsweise die Regelungen in der Datenschutz-Grundverordnung, Verordnung (EU) Nr. 2016/679 des Europäischen Parlaments und des Rates vom 27.04.2016 zum Schutz natürlicher Personen bei der Verarbeitung personenbezogener Daten, zum freien Datenverkehr und zur Aufhebung der Richtlinie 95/46/EG, Abl. 2016 L 119/1.

denen des Art. 22 AmtshÜ, bei dem immer die nationalen Geheimnisschutzvorschriften beider Vertragsstaaten zu wahren sind.

Ferner können Informationen gemäß § 15 Abs. 2 EUAHiG auch an dritte Mitgliedsstaaten weitergeleitet werden, wie dies bei Art. 22 Abs. 4 AmtshÜ möglich ist. Insbesondere in einem gemeinsamen Markt, wo regelmäßig mehrere Mitgliedsstaaten von bestimmten Vorgängen betroffen sind, würde eine Beschränkung des Informationsaustauschs auf zwei Mitgliedsstaaten dem zugrunde liegenden Ziel der Amtshilferichtlinie nicht gerecht werden.[782] § 15 Abs. 2 EUAHiG stellt die Voraussetzungen für die Weiterleitung auf, nach § 15 Abs. 3 EUAHiG ist aber zu beachten, dass die Weiterleitung an einen dritten Mitgliedsstaat für andere Zwecke als denen des § 19 Abs. 2 EUAHiG ebenfalls nur erfolgen kann, wenn der übermittelnde Staat das deutsche Steuergeheimnis achtet. Somit gelten auch in diesem Fall die Vorgaben des nationalen deutschen Rechts, wodurch die staatliche Hoheit über die Weiterleitung eigener Daten gewährleistet wird.[783] Denn der Ursprungs-Mitgliedsstaat soll die Herrschaft über die Informationen behalten.[784] Enge Voraussetzungen gelten gemäß § 18 EUAHiG auch für die Weiterleitung von Auskünften eines Staates an einen dritten Mitgliedsstaat.

(bb) Zusammenarbeitsverordnungen

Die Zusammenarbeitsverordnungen entsprechen inhaltlich ebenfalls der EU-Amtshilferichtlinie beziehungsweise den Regelungen im EU-Amtshilfegesetz. So setzen Art. 28 VerbrSt-ZVO beziehungsweise Art. 55 Mwst-ZVO ebenfalls die Beachtung der Geheimhaltungsvorschriften des Mitgliedsstaates voraus, der die Informationen erhalten hat. Darüber hinaus werden die Zwecke eindeutig benannt, aufgrund derer Informationen ausgetauscht werden können. Unter gewissen Umständen ist ein Informationsaustausch auch zu anderen Zwecken zulässig. Art. 32 VerbrSt-ZVO beziehungsweise Art. 50 Mwst-ZVO gestatten auch die Weiterleitung von Informationen an Drittländer.

(cc) EU-Beitreibungsrichtlinie

Die Beitreibung von Steuerforderungen innerhalb der Europäischen Union folgt derselben Regelungssystematik wie nach der EU-Amtshilferichtlinie. Gemäß Art. 23 Abs. 1 EUBeitrRL genießen übermittelte Auskünfte den Schutz, den die nationalen Vorschriften des Staates vorgeben, der die Information erhalten

782 *Klaproth*, in: Schwarz/Pahlke, AO/FGO, § 117 AO Rn. 4.
783 *Söhn*, in: Hübschmann et al., AO/FGO, § 117 AO Rn. 300.
784 *Klaproth*, in: Schwarz/Pahlke, AO/FGO, § 15 EU-AmtshilfeG Rn. 6.

hat. Auch gilt ein absoluter Schutzstandard, da gemäß Art. 23 Abs. 1 UAbs. 1 EUBeitrRL die erlangten Informationen nur für Vollstreckungs- und Sicherungsmaßnahmen in Bezug auf Forderungen verwendet werden können, die unter die Richtlinie fallen. Art. 23 Abs. 3-5 EUBeitrRL enthält die Voraussetzungen, unter denen Informationen an Dritte weitergeleitet werden.

d) Mehrseitige Vereinbarung

Nach § 5 Abs. 1 der Mehrseitigen Vereinbarung unterliegen alle ausgetauschten Informationen den in Art. 22 AmtshÜ geregelten Vertraulichkeitsbestimmungen. § 7 Abs. 1 lit. d der Mehrseitigen Vereinbarung erlaubt es den Unterzeichnerstaaten, eine Erklärung zu Verwendungsbeschränkungs- und Datenschutzbestimmungen zu hinterlegen. Dem ist die Bundesrepublik Deutschland gefolgt,[785] wobei die Auslegungserklärungen zum Amtshilfeübereinkommen und zur Mehrseitigen Vereinbarung im Wesentlichen identisch sind.[786] Inhaltlich ergeben sich daher keine Unterschiede zwischen der Geheimhaltung von Finanzkontendaten und anderen Informationen, die auf Grundlage des Amtshilfeübereinkommens an andere Staaten im Wege der Amtshilfe übermittelt wurden.

e) Spezialproblem: Konkurrenz

An diesem Punkt soll noch einmal die Problematik behandelt werden, dass bei Durchführung einer Amtshilfemaßnahme die Anwendung unterschiedlicher Rechtsgrundlagen in Betracht kommt. Hierauf wurde bereits an anderer Stelle ausführlich eingegangen.[787] Als Ergebnis wurde dabei festgehalten, dass im Verhältnis von EU-Mitgliedsstaaten vorrangig die unionsrechtlichen Rechtsgrundlagen anzuwenden sind und andere Rechtsgrundlagen nur in Betracht kommen, soweit sie weitergehende Möglichkeiten der Amtshilfe vorsehen. Sofern ausschließlich Rechtsgrundlagen anwendbar sind, die ihren Ursprung im Völkerrecht haben, stehen diese gleichrangig nebeneinander. Dass dieses Thema noch einmal im Zusammenhang mit dem Geheimnisschutz aufgegriffen wird, hat seinen Grund darin, dass die bisherige Perspektive vor allem darauf gerichtet

---

785 Vgl. Anlage C zum Gesetz vom 21.12.2015 zu der Mehrseitigen Vereinbarung vom 29.10.2014 zwischen den zuständigen Behörden über den automatischen Austausch von Informationen über Finanzkonten, BGBl. II 2015, 1630.

786 *Czakert*, DStR 2015, 2697 (2702).

787 Vgl. zu diesem Thema ausführlich unter D.III.

war, welche Reichweite die einzelnen Amtshilfevorschriften aufweisen. Der Geheimnisschutz des Art. 21 AmtshÜ dient jedoch dem Schutz der von einer Amtshilfemaßnahme betroffenen Steuerpflichtigen und stellt keine Ermächtigungsgrundlage für staatliches Handeln dar.

Ein Unterschied in der Behandlung dieser Fälle wird oftmals verneint. In der Folge wird das Abkommen mit den geringeren Schutzrechten des Steuerpflichtigen angewendet mit dem Argument, dass dieses eine weitergehende Möglichkeit zur Amtshilfe eröffne. Dies entspreche dem Wortlaut der jeweiligen Öffnungsklauseln,[788] die darauf abstellten, ob in anderen Rechtsgrundlagen weitergehende Möglichkeiten der Amtshilfe vorgesehen seien. Dies wiederum diene der Stärkung und Erhöhung der Effektivität des Amtshilfeverkehrs.[789] Ein weniger strenger Geheimnisschutz nach einem DBA könne somit gegenüber einem strengeren Geheimnisschutz in der EU-Amtshilferichtlinie durchschlagen und diesen überlagern, da dies eine umfassendere Zusammenarbeit im Sinne des Art. 1 Abs. 3 EUAHiRL darstelle.[790]

Dem ist meiner Ansicht nach nicht zu folgen. Die EU-Amtshilferichtlinie will einen Mindeststandard für den Auskunftsverkehr zwischen den Mitgliedsstaaten festlegen.[791] Das Ziel würde nicht erreicht, wenn die Mitgliedsstaaten zur Umgehung dieser Grundsätze auf den Informationsaustausch nach anderen Rechtsgrundlagen zurückgreifen könnten. Die Staaten sind daher beim Austausch von Auskünften an die Grundsätze der Richtlinie gebunden und es kann nur auf eine andere Rechtsgrundlage zurückgegriffen werden, wenn nach dieser der Umfang der Auskunftspflicht weiter ist. Für die Einzelheiten des Auskunftsverkehrs wie das Steuergeheimnis bleibt weiterhin die Richtlinie maßgebend.[792] Sinn und Zweck der EU-Amtshilferichtlinie stehen somit einer Auslegung des Art. 1 Abs. 3 EUAHiRL entgegen, wonach zur Umgehung der Schutzvorschriften der EU-Amtshilferichtlinie der Rückgriff auf andere Rechtsgrundlagen zulässig sein soll. Zum Schutz des Steuerpflichtigen ist im Einzelfall sogar eine Überlagerung der Vorschriften der EU-Amtshilferichtlinie durch Rechtsgrundlagen

788 Vgl. Art.1 Abs. 3 EUAHiRL, Art. 60 Abs. 1 Mwst-ZVO, § 22 Abs. 1 EUBeitrG, Art. 12 TIEA-MA, wonach eine umfassendere Zusammenarbeit nach anderen Rechtsinstrumenten weiterhin möglich bleibt.

789 *Pistone/Gruber*, in: Lang, Internationale Amtshilfe in Steuersachen, S. 75 (94).

790 *Staringer*, in: Holoubek, Verfahren der Zusammenarbeit von Verwaltungsbehörden in Europa, S. 241 (245 f.).

791 Vgl. Erwägungsgrund Nr. 21 zur EU-Amtshilferichtlinie, Richtlinie Nr. 2011/16/EU des Rates vom 15.02.2011, Abl. 2011, L 64, 1.

792 *Engelschalk*, in: Vogel/Lehner, DBA, Art. 26 Rn. 16.

geboten, wenn und soweit sie einen weitergehenden Schutz der betroffenen Steuerpflichtigen bezwecken.[793] Dies entspricht gerade auch dem Konzept der Schutzvorschriften der EU-Amtshilferichtlinie als bloßem Mindeststandard.

Dies hat meiner Ansicht nach allgemein zur Folge, dass ein weitgehenderer Schutz der Rechte der Steuerpflichtigen nicht durch die Öffnungsklausel des Art. 27 AmtshÜ umgangen werden kann, sondern dass die jeweils weitergehenden Schutznormen zugunsten der Steuerpflichtigen angewendet werden müssen. Das Amtshilfeübereinkommen mit seinen weitreichenden Schutzregeln kann daher andere Rechtsgrundlagen mit einem geringeren Schutz, wie zum Beispiel die EU-Amtshilferichtlinie, überlagern.

3. Ergebnis

Das Amtshilfeübereinkommen begründet einen sehr hohen Standard in Sachen Geheimnisschutz. So sind Informationen jeweils nach dem innerstaatlichen Recht des ersuchten Staates und zugleich des ersuchenden Staates geheim zu halten. Zwischen den am Auskunftsaustausch beteiligten Parteien gilt immer das in ihrem Verhältnis höchste Schutzniveau. Zugleich werden aber in Art. 22 Abs. 2 AmtshÜ vom innerstaatlichen Recht der Vertragsparteien unabhängige Anforderungen aufgestellt, die von der ersuchenden Vertragspartei zu beachten sind. Ferner gelten auch strenge Voraussetzungen, was die Weiterleitung von Informationen zu anderen als den genannten Zwecken betrifft beziehungsweise die Weiterleitung an Dritte. Dieser Standard ist auch im Hinblick auf Finanzkontendaten einzuhalten. Inhaltlich enthält das Amtshilfeübereinkommen damit die höchsten Vorgaben für den Geheimnisschutz im Vergleich zu allen anderen Rechtsgrundlagen.

Der Geheimnisschutz nach Art. 26 Abs. 2 OECD-MA unterscheidet sich davon vor allem in der Hinsicht, dass die nationalen Schutzvorschriften des ersuchten Staates zum Geheimnisschutz keine Relevanz haben. Dies hat auf den Datenschutz vor allem dann Auswirkungen, wenn das Schutzniveau im ersuchten Staat höher ist als im ersuchenden Staat, da dieser dann nur sein niedrigeres Schutzniveau wahren müsste. Eine vollkommene Vernachlässigung des Datenschutzes wird jedoch durch die auch in Art. 26 Abs. 2 OECD-MA vorgesehenen absoluten Geheimnisschutzvorschriften verhindert, die einen vom nationalen Recht der beteiligten Staaten unabhängigen Schutz gewährleisten. Hiermit vergleichbar ist auch die Rechtslage im Rahmen der europäischen Amtshilfe.

793 *Seer*, in: Spindler et al., FS Schaumburg, S. 151 (156).

Gemäß Art. 16 Abs. 1 EUAHiRL ist auch das Schutzniveau des ersuchenden Staates zu wahren und es gilt ferner ein darin geregelter absoluter Schutz. Zwar fehlt eine Bezugnahme auf das Schutzniveau im ersuchten Staat, weshalb in Einzelfällen das Amtshilfeübereinkommen einen weitergehenden Schutz bietet. In aller Regel wird sich dieser Unterschied hingegen wegen der Vergleichbarkeit der Geheimnisschutzregeln in den Staaten der Europäischen Union nicht auswirken.

Art. 8 TIEA-MA etabliert einen noch geringeren Schutzstandard, da hier die jeweiligen Schutzvorschriften in den nationalen Rechtsvorschriften keinerlei Berücksichtigung finden, sondern lediglich die in Art. 8 TIEA geregelten Geheimnisschutzvorschriften anzuwenden sind.

Im Hinblick auf die Konkurrenz verschiedener Rechtsgrundlagen kann ein hoher Geheimnisschutz nicht dadurch umgangen werden, dass über Öffnungsklauseln auf andere Abkommen mit einem geringeren Schutzstandard zurückgegriffen wird. Insofern können auch internationale Abkommen die Anwendung europäischer Vorschriften überlagern, sofern jene einen höheren Schutz von Daten und Informationen im Sinne der betroffenen Steuerpflichtigen vorsehen.

IX. Rechtsschutz gegen Maßnahmen der Amtshilfe

Um das Amtshilfeübereinkommen und dessen Rolle im System der internationalen Amtshilfe umfassend abzuhandeln, soll noch auf die Rechtsschutzmöglichkeiten im Amtshilfeübereinkommen eingegangen werden, wie sie vor allem in Art. 23 AmtshÜ geregelt sind.

Als Grundregel bestimmt Art. 21 Abs. 1 AmtshÜ zunächst, dass das Übereinkommen nicht die Rechte und Sicherheiten berührt, die Personen durch das Recht oder die Verwaltungspraxis des ersuchten Staates gewährt werden. Hierdurch wird noch einmal die Grundaussage wiederholt, die sich wie ein roter Faden durch das gesamte Amtshilfeübereinkommen zieht. Das nationale Recht gibt den Rahmen vor bei der Anwendung des Übereinkommens, weshalb Rechte und Sicherheiten, die den Steuerpflichtigen nach dem nationalen Recht zustehen, nicht durch das Übereinkommen beeinträchtigt werden. Dies gilt jedoch nur unter der Prämisse, dass diese nationalen Vorschriften nicht in einer Art und Weise angewendet werden, die die Erreichung von Ziel und Zweck des Übereinkommens gefährden. Beispielsweise sind nationale Anhörungserfordernisse auch dann zu wahren, wenn sie nach dem Übereinkommen nicht vorgesehen sind.[794] Da sich auf dem Gebiet des Rechtsschutzes somit keine grundlegend neuen Aspekte durch das Amtshilfeübereinkommen ergeben, soll hierauf zwar der Vollständigkeit halber eingegangen werden, allerdings nur in der gebotenen Kürze. Dabei soll zum einen der nachträgliche Rechtsschutz im Sinne einer gerichtlichen Klärung behandelt werden, wofür Art. 23 AmtshÜ den Ausgangspunkt bildet, zum anderen auch die Durchführung einer Anhörung als Rechtsschutzmöglichkeit, die dem gerichtlichen Rechtsschutz vorgelagert ist.

1. Anhörung als Form des vorgelagerten Rechtsschutzes

Rechtsschutzmöglichkeiten des Steuerpflichtigen bestehen nicht erst nach der Durchführung einer Amtshilfemaßnahme. Schon eine zwischenstaatliche Amtshilfemaßnahme kann in die Rechte des Steuerpflichtigen als Verfahrensbeteiligtem eingreifen, weshalb ihm die Gelegenheit zu geben ist, sich zu äußern und gegebenenfalls Einwände vorzubringen.[795] Als Ausfluss des Anspruchs auf rechtliches Gehör (Art. 103 Abs. 1 GG), des Anspruchs auf effektiven Rechtsschutz (Art. 19 Abs. 4 GG) und des Rechtstaatsprinzips (Art. 20 Abs. 3 GG) hat die Anhörung eine nicht zu unterschätzende verfahrensrechtliche Bedeutung.[796] Ohne eine entsprechende Kenntnis des Steuerpflichtigen von den vom Informationsaustausch betroffenen Informationen ist eine gerichtliche Überprüfung der Rechtmäßigkeit der behördlichen Maßnahme nicht möglich und ein daraus eventuell entstehender Schaden nicht mehr abwendbar.[797] Dabei ist zwischen den verschiedenen Fällen zu differenzieren, in denen die deutsche Finanzbehörde Amtshilfe gewährt beziehungsweise um Amtshilfe ersucht.

a) Regelung einer Anhörungspflicht im Übereinkommen

Das Amtshilfeübereinkommen enthält in Art. 4 Abs. 3 AmtshÜ eine Regelung darüber, dass die Vertragsstaaten einen Steuerpflichtigen vor einem Informationsaustausch informieren können, sofern dies durch Erklärung gegenüber dem Verwahrer des Übereinkommens (Art. 32 AmtshÜ) angezeigt wurde. So sind zwar nach der Auslegungserklärung der Bundesrepublik Deutschland zum Amtshilfeübereinkommen die betroffenen Steuerpflichtigen vorher grundsätzlich zu informieren, welche Daten zu welchem Verwendungszweck an welche

---

794 Vgl. Tz. 179 f. AmtshÜ-MK.

795 Vgl. Ziffer 3.1.1. des BMF-Merkblatts vom 23.11.2015, BStBl. I 2015, 928 (936).

796 *Carl/Klos*, Leitfaden internationale Amtshilfe, S. 200.

797 *Hendricks*, StuW 2018, 346 (352 f.); *Grotherr*, ISR 2015, 193 (196).

empfangende Stelle übermittelt wurden. Überwiegt das öffentliche Interesse an dem Unterbleiben der Information das Informationsinteresse des Betroffenen, kann die Information jedoch unterbleiben.[798]

Eine Anhörungspflicht wird durch Art. 4 Abs. 3 AmtshÜ somit nicht festgelegt. Sie ist in Zusammenschau mit der Regelung des Art. 21 Abs. 1 AmtshÜ vielmehr allein auf Grundlage des nationalen Rechts zu beurteilen. Denn gemäß Art. 21 Abs. 1 AmtshÜ berührt das Übereinkommen nicht die Rechte und Sicherheiten, die Personen durch das Recht oder die Verwaltungspraxis des ersuchten Staates gewährt werden. Das Amtshilfeübereinkommen schließt somit auch nicht grundsätzlich eine Anhörungspflicht nach nationalem Recht aus, auch wenn dort selbst keine Regelungen zu einer Anhörung vorgesehen sind.

b) Gewährung von Amtshilfe

Gemäß § 117 Abs. 4 S. 3 Hs. 1 AO ist vor der Übermittlung von Auskünften und Unterlagen eine Anhörung gemäß § 91 AO grundsätzlich durchzuführen. Eine Anhörungspflicht ergibt sich hingegen nicht unmittelbar aus § 91 AO, da es sich bei der grenzüberschreitenden Übermittlung von Informationen nicht um einen Verwaltungsakt handelt, sondern um einen Realakt.[799]

Der Gesetzgeber hat das Anhörungserfordernis gemäß § 117 Abs. 4 S. 3 Hs. 2 AO derart ausgestaltet, dass eine Anhörung abweichend von der Vorschrift des § 91 Abs. 1 AO zwingend ist bei Steuern, die von den Landesfinanzbehörden verwaltet werden. Ausnahmen gelten nur für den Bereich der Umsatzsteuer, wenn ein Informationsaustausch aufgrund des EUAHiG stattfindet oder eine Ausnahme nach § 91 Abs. 2, 3 AO vorliegt, § 117 Abs. 4 S. 3 Hs. 2 AO. In diesen Fällen kann eine zwingende Anhörung unterbleiben, wobei hierfür in jedem Einzelfall eine eigene Ermessensentscheidung der dafür zuständigen Finanzbehörde erforderlich ist. Hierbei sind die berechtigten Interessen des Steuerpflichtigen zu berücksichtigen.[800] Hinsichtlich der Steuern, die nicht von den Landesfinanzbehörden verwaltet werden, bestimmt sich die Anhörung hingegen nach Maßgabe der Sollvorschrift des § 91 AO. Eine Anhörung soll im Regelfall erfolgen, § 117 Abs. 4 S. 3 Hs. 1 AO.[801] Voraussetzung ist jedoch gemäß

---

798 Vgl. Ziffer II.5. der Anlage 2 zur Denkschrift zum Amtshilfeübereinkommen, RegE AmtshÜ vom 15.06.2015, BT-Drs. 18/5173, S. 50.

799 *Hendricks*, Internationale Informationshilfe, S. 340.

800 BT-Drs. 17/12375 vom 19.02.2013, S. 47 f.; *Grotherr*, ISR 2015, 193 (196); vgl. auch Ziffer 3.1.2. des BMF-Merkblatts vom 23.11.2015, BStBl. I 2015, 928 (936).

801 *Hendricks*, in: Gosch, AO/FGO, § 117 AO Rn. 139 ff.

§ 91 Abs. 1 AO, dass die Weitergabe von Informationen in Rechte des inländischen Beteiligten eingreift, d.h. in subjektiv-öffentliche Rechte beziehungsweise rechtlich geschützte Interessen. Ein Eingriff muss möglich sein, wobei ein potenzieller Eingriff ausreicht.[802] Auch hier ist in jedem Einzelfall eine Ermessensentscheidung der Finanzbehörde erforderlich. Im Zweifel ist der Steuerpflichtige anzuhören,[803] da anderenfalls keine Möglichkeit besteht, vor dem Auskunftsaustausch die Rechtmäßigkeit eines Informationsersuchens gerichtlich überprüfen zu lassen.[804]

Wird lediglich allgemein zugängliches Material durch die Finanzbehörde weitergegeben, liegt kein Eingriff vor und eine Anhörung ist entbehrlich.[805] Auch bestehen Ausnahmen von der generellen Anhörungspflicht beispielsweise beim automatischen Informationsaustausch gemäß § 117 Abs. 4 S. 3 AO i.V.m. § 91 Abs. 2 Nr. 4 AO beziehungsweise gemäß § 7 Abs. 2 EUAHiG.[806] Die automatische Auskunft ist gerade nicht auf den individuellen Einzelfall ausgerichtet, sondern auf vorab definierte, abstrakt-generelle Massenfall-Phänomene.[807] Im Rahmen des EU-Amtshilfegesetzes ist eine Anhörung bei gleichzeitigen Prüfungen gemäß § 12 Abs. 5 EUAHiG bis zur Bekanntgabe der Prüfungsanordnung entbehrlich, wenn sonst der Prüfungserfolg gefährdet werden würde.

Ein Anhörungserfordernis soll jedoch nicht in der Art und Weise angewendet werden, dass eine effektive Amtshilfe gerade verhindert oder verzögert wird. Auch sollen die einzelnen Staaten Vorsorge treffen, dass beispielsweise in besonders eilbedürftigen Fällen Ausnahmen vom Anhörungserfordernis bestehen.[808] Im deutschen Recht kann gemäß § 91 Abs. 2 AO von einer Anhörung abgesehen werden, wenn sie nach den Umständen des Einzelfalls nicht geboten ist, insbesondere dann, wenn eine sofortige Entscheidung wegen Gefahr im Verzug oder im öffentlichen Interesse notwendig erscheint (§ 91 Abs. 2 Nr. 1 AO) oder wenn der Anhörung ein zwingendes öffentliches Interesse entgegensteht (§ 91 Abs. 3 AO).

---

802 *Söhn*, in: Hübschmann et al., AO/FGO, § 117 AO Rn. 159.

803 BT-Drs. 17/12375 vom 19.02.2013, S. 47 f.; *Grotherr*, ISR 2015, 193 (196).

804 *Schaumburg*, in: Schaumburg, Internationales Steuerrecht, Rn. 22.64; *Seer*, in: Tipke/Kruse, AO/FGO, § 117 AO Rn. 138 ff.

805 *Carl/Klos*, Leitfaden internationale Amtshilfe, S. 147.

806 *Grotherr*, ISR 2015, 193 (197).

807 *Seer*, IWB 2014, 87 (95).

808 Vgl. Tz. 180 AmtshÜ-MK.

c) *Ersuchen um Amtshilfe*

Das Erfordernis einer Anhörung bei Inanspruchnahme von Amtshilfe durch die inländische Finanzverwaltung wird unterschiedlich beurteilt. Gegen eine Anhörungspflicht spricht die Tatsache, dass durch das reine Betreiben eines Ersuchens um Amtshilfe nicht in Rechte des betroffenen Steuerpflichtigen eingegriffen wird. Auch wird noch kein Verwaltungsakt erlassen, sondern das Ersuchen dient lediglich der Vorbereitung eines späteren Verwaltungsakts. Auch handelt es sich bei der Anforderung von Informationen um eine Ermittlungsmaßnahme, bei der keinerlei Vorschriften über das Erfordernis einer Anhörung bestehen.[809] Insbesondere § 117 Abs. 4 S. 3 AO gilt nur für ausländische Ersuchen an deutsche Finanzämter. Im Umkehrschluss spricht dies für die Annahme, dass eine Anhörungspflicht bei deutschen Ersuchen an ausländische Finanzämter gerade nicht besteht.[810] Das Amtshilfeersuchen einer deutschen Finanzbehörde ist kein Verwaltungsakt, sondern eine nichtregelnde, zwischenbehördliche beziehungsweise zwischenstaatliche Willenserklärung, die nicht in die Rechte des inländischen Beteiligten eingreift. Daher kommt eine Anhörung gemäß § 91 AO ebenfalls nicht in Betracht.[811]

Eine Anhörungspflicht wird jedoch mehrheitlich in analoger Anwendung des § 117 Abs. 4 S. 3 AO in Fällen bejaht, in denen durch das Ersuchen ein Eingriff in verfassungsrechtlich geschützte Rechte des Betroffenen stattfindet. Dies kommt in Betracht, wenn die Begründung des Auskunftsersuchens personen- und betriebsbezogene Daten enthält, die der ausländischen Finanzverwaltung zur Verfügung gestellt werden. Wegen Art. 19 Abs. 4 GG und der verfahrensrechtlichen Dimension der Grundrechte sei eine Anhörung dann zwingend durchzuführen. Verfassungs- und Interessenlage seien mit der bei der Gewährung von Amtshilfe identisch.[812]

Allerdings plädieren auch die Vertreter der Auffassung, dass die Durchführung eines Anhörungsverfahrens nicht zwingend sei, im Ergebnis für die

---

809 *Söhn*, in: Hübschmann et al., AO/FGO, § 117 AO Rn. 75; *Seer*, IWB 2014, 87 (96).

810 *Rätke*, in: Klein, AO, § 117 Rn. 24; vgl. auch EuGH, Urt. vom 22.10.2013, Rs. C-276/12, Rn. 44 für die Rechtslage bei der EU-Amtshilferichtlinie.

811 *Söhn*, in: Hübschmann et al., AO/FGO, § 117 AO Rn. 75, 81; *Seer*, in: Tipke/Kruse, AO/FGO, § 117 AO Rn. 141; *Carl/Klos*, Leitfaden internationale Amtshilfe, S. 124; *Hendricks*, Internationale Informationshilfe, S. 367.

812 *Hendricks*, in: Gosch, AO/FGO, § 117 AO Rn. 65; *Hendricks*, Internationale Informationshilfe, S. 367 f; *Seer*, in: Tipke/Kruse, AO/FGO, § 117 AO Rn. 67; *Carl/Klos*, Leitfaden internationale Amtshilfe, S. 124; *Seer/Gabert*, StuW 2010, 3 (20).

Durchführung einer Anhörung. Denn auch sie halten die vorherige Anhörung des Beteiligten – außer in den Fällen der Umsatzsteuer, des § 91 Abs. 2 AO und bei automatischen Auskünften – immer für zweckmäßig, weshalb diese durchgeführt werden sollte. Zum einen seien die Betriebs- und Geschäftsgeheimnisse gefährdet, weshalb dem Betroffenen ein mit dem Zweck der Amtshilfe nicht zu vereinbarender Schaden drohe. Zum anderen sei durch die vorherige Anhörung sichergestellt, dass nur notwendige Informationen die Grenze überschreiten und der Sachverhalt vollständig und richtig übermittelt wird.[813] Ferner spricht für ein grundsätzliches Erfordernis einer Anhörung, dass nur so effektiver Rechtsschutz für den betroffenen Steuerpflichtigen gewährleistet wird.[814]

Auch die Finanzverwaltung geht von der Notwendigkeit einer Anhörung vor Stellung eines Amtshilfeersuchens aus. Sie regelt diese Pflicht unabhängig von der Frage, ob um Amtshilfe ersucht wird oder ob eine solche gewährt wird.[815] Ferner enthält das Formblatt zum zwischenstaatlichen Auskunftsaustausch in Steuersachen die Alternative der Übermittlung eines deutschen Auskunftsersuchens gemäß § 117 Abs. 1 AO zum Ankreuzen, weshalb davon auszugehen ist, dass die Finanzverwaltung in der Regel eine Anhörung vornehmen wird.[816] Eine steuerlich relevante Datenweitergabe an den ausländischen Fiskus kann es somit bei ordnungsgemäßem Verwaltungshandeln hinter dem Rücken des Steuerpflichtigen nicht geben.[817]

d) Erosion der Anhörungspflicht

Rechtsfolge einer unterlassenen Anhörung ist nicht ein Verwertungsverbot hinsichtlich der erteilten Informationen, da sich dieses nur gegen die ausländische Finanzbehörde richten könnte, welche auf Grundlage der erhaltenen Informationen beispielweise einen Verwaltungsakt erlässt. Daher ist es einem Betroffenen nur möglich, Schadensersatzansprüche geltend zu machen

---

813 *Söhn*, in: Hübschmann et al., AO/FGO, § 117 AO Rn. 76.

814 *Rätke*, in: Klein, AO, § 117 Rn. 63.

815 Vgl. Ziffer 3.1.1. des BMF-Merkblatts vom 23.11.2015, BStBl. I 2015, 928 (936); die Anhörungspflicht wird dabei allgemein im Abschnitt 3. zum Rechtlichen Gehör geregelt und ist damit aufgrund seiner vorgezogenen Stellung systematisch sowohl für Abschnitt 4. zu Ersuchen an ausländische Finanzbehörden und für Abschnitt 5. zu Ersuchen an deutsche Finanzbehörden anzuwenden.

816 *Grotherr*, ISR 2015, 193 (196).

817 *Carl/Klos*, DStR 1992, 528 (532).

und dienstaufsichtsrechtliche Maßnahmen zu ergreifen.[818] Eine unterlassene Anhörung stellt lediglich einen Verfahrensfehler dar, welcher gemäß § 126 Abs. 1 Nr. 3, Abs. 2 AO geheilt werden kann.[819]

Verglichen mit den Konsequenzen für den Steuerpflichtigen erscheinen diese rechtlichen Folgen harmlos. Für den Steuerpflichtigen bedeutet die fehlende Kenntnis einer zwischenstaatlichen Amtshilfemaßnahme, dass Daten mit der Übermittlung ins Ausland endgültig der deutschen Staatsgewalt entzogen sind. Selbst wenn die Rechtswidrigkeit einer Amtshilfemaßnahme im Nachhinein festgestellt wird, kann die erfolgte Bekanntgabe der Informationen nicht mehr rückgängig gemacht werden. Allein die der Vornahme der Amtshilfemaßnahme vorgeschaltete Anhörung informiert den betroffenen Steuerpflichtigen und gibt ihm die Möglichkeit, die Rechtmäßigkeit der Amtshilfemaßnahme gerichtlich überprüfen zu lassen.[820] Nach der Wertung des Gesetzgebers ist das Anhörungserfordernis somit kein „lästiges Handicap", sondern ein rechtsstaatlich erforderliches Instrument zur Wahrnehmung berechtigter Rechtsschutzpositionen des Betroffenen.[821]

Tatsächlich wird in der Praxis von der Möglichkeit der Anhörung immer weniger Gebrauch gemacht und es werden die für einen Informationsaustausch vorgesehenen Informationen nicht mehr konkret offengelegt, sondern nur noch abstrakt beschrieben. Auch rückt der Gesetzgeber immer weiter von einer Anhörungspflicht ab, beispielsweise hatte nach der Ursprungsfassung des § 117 Abs. 4 S. 3 AO eine Anhörung stets stattzufinden.[822] In der aktuellen Fassung des § 117 Abs. 4 S. 3 AO gelten hingegen Ausnahmen von der zwingenden Anhörung, soweit die Umsatzsteuer betroffen ist, ein Informationsaustausch auf Grund des EU-Amtshilfegesetzes stattfindet oder eine Ausnahme nach § 91 Abs. 2 oder 3 AO vorliegt. Nach der Intention des Gesetzgebers ist damit vor allem die Beschleunigung des Auskunftsverkehrs bezweckt.[823]

Diese, von *Hendricks* als „Erosion des Anhörungsrechts"[824] bezeichnete, Praxis ist im Hinblick auf das Gebot effektiven Rechtsschutzes und den Anspruch auf rechtliches Gehör rechtlich äußerst zweifelhaft. Aus Art. 19 Abs. 4 GG folgt

---

818 *Rätke*, in: Klein, AO, § 117 Rn. 65; *Söhn*, in: Hübschmann et al., AO/FGO, § 117 AO Rn. 79; *Carl/Klos*, Leitfaden internationale Amtshilfe, S. 114.

819 *Rätke*, in: Klein, AO, § 91 Rn. 10.

820 *Hendricks*, StuW 2018, 346 (353).

821 *Carl/Klos*, Leitfaden internationale Amtshilfe, S. 200 f.

822 *Hendricks*, StuW 2018, 346 (353 Fn. 93).

823 Vgl. BT-Drs. 17/12375 vom 19.02.2013, S. 47 f.

824 *Hendricks*, StuW 2018, 346 (353 f.).

nicht nur die Verpflichtung, für jeden Eingriffsakt der Exekutive eine richterliche Überprüfbarkeit sicherzustellen, sondern darüber hinaus ist ein Beteiligter anzuhören, wenn die Folgen einer Entscheidung auch im Rahmen einer nachträglichen gerichtlichen Überprüfung nicht mehr rückgängig gemacht werden können. Nur so wird der Steuerpflichtige in die Lage versetzt, eine bevorstehende behördliche Maßnahme gerichtlich überprüfen zu lassen, um dadurch den Eintritt irreparabler Nachteile zu verhindern.[825]

2. Gerichtlicher Rechtsschutz

Art. 23 AmtshÜ regelt ganz grundsätzlich, in welchem Staat der betroffene Steuerpflichtige gegen Maßnahmen vorgehen muss, die von den Vertragsstaaten ergriffen werden. Gemäß Art. 23 Abs. 1 AmtshÜ sind Rechtsbehelfe gegen Maßnahmen des ersuchten Staates, die im Wege der Amtshilfe nach dem Übereinkommen getroffen werden, bei der zuständigen Stelle des ersuchten Staates einzulegen. Sofern eine Amtshilfemaßnahme einen Verwaltungsakt des ersuchenden Staates betrifft, und gegen diesen selbst vorgegangen werden soll, sind Rechtsbehelfe gemäß Art. 23 Abs. 2 AmtshÜ bei den Gerichten des ersuchenden Staates einzulegen.[826] Im ersuchten Staat kann hingegen nicht gegen den Verwaltungsakt vorgegangen werden.[827] Derartige Fälle einer parallelen Zuständigkeit betreffen vorwiegend die Zustellungshilfe und die Vollstreckungshilfe, da hier jeweils ein Verwaltungsakt des ersuchenden Staates im ersuchten Staat zugestellt beziehungsweise vollstreckt wird, vgl. Art. 23 Abs. 2 AmtshÜ.

Die Regelung in Art. 23 Abs. 2 AmtshÜ entspricht derjenigen des OECD-Musterabkommens in Art. 27 Abs. 6 OECD-MA. Auch dort werden keine Regelungen über das Rechtsschutzverfahren getroffen. Vielmehr wird lediglich festgestellt, dass Rechtsmittel gegen das Bestehen, die Gültigkeit oder die Höhe des Steueranspruchs nur in dem Staat eingelegt werden können, nach dessen Recht der Steueranspruch entstanden ist. Der um Vollstreckungshilfe ersuchte Staat soll nicht das Recht des ersuchenden Vertragsstaates auslegen und anwenden müssen.[828]

---

825 *Hendricks*, StuW 2018, 346 (353, 358).

826 Dies entspricht auch der Rechtslage gemäß Art. 27 Abs. 6 OECD-MA für die Vollstreckungshilfe im Rahmen des OECD-Musterabkommens.

827 Vgl. Tz. 230 AmtshÜ-MK.

828 *Czakert*, in: Schönfeld/Ditz, DBA, Art. 27 Rn. 47; *Engelschalk*, in: Vogel/Lehner, DBA, Art. 27 Rn. 77.

Dies entspricht dem Sinn und Zweck der entsprechenden Vorschrift in Art. 23 Abs. 2 AmtshÜ. Hier wird klargestellt, dass Einwände gegen den Vollstreckungstitel selbst, der nach dem Recht des ersuchenden Staates zustande gekommen ist, auch nur in diesem Staat vorgebracht werden können.[829] Welcher konkrete Rechtsbehelf ergriffen werden muss, beurteilt sich allein nach dem nationalen Recht, Art. 21 Abs. 1 AmtshÜ.

a) Rechtsschutz im Rahmen der Informationshilfe

Bei der Entscheidung, Amtshilfe zu gewähren, und bei der Erteilung einer Auskunft im Wege der internationalen Amtshilfe handelt es sich nicht um Verwaltungsakte, weshalb der von den Maßnahmen Betroffene weder Einspruch (§§ 347 ff. AO) einlegen kann noch Anfechtungsklage (§ 40 Abs. 1 Alt. 1 FGO) erheben kann. Dies gilt nicht nur bei Auskünften auf Ersuchen, sondern auch bei Spontanauskünften und automatischen Auskünften.[830] Stattdessen wird vor Durchführung der Amtshilfemaßnahme in aller Regel zunächst ein Rechtsbehelf des einstweiligen Rechtsschutzes, also ein Antrag auf Erlass einer einstweiligen Anordnung gemäß § 114 Abs. 1 FGO in Gestalt einer Regelungsanordnung, in Betracht kommen. Denn es soll verhindert werden, dass die Verwaltung personenbezogene Daten an die ausländische Steuerbehörde übermittelt, wobei die Folgen der Übermittlung nach einer erfolgten Auskunftsmaßnahme nicht mehr rückgängig gemacht werden können.[831] Der Anspruch auf ein Unterlassen der Auskunft ergibt sich dabei aus § 1004 BGB analog i.V.m. § 30 AO, da das Steuergeheimnis grundsätzlich die unbefugte Offenbarung oder Verwertung der steuerlichen Verhältnisse einer Person verbietet.[832] Wird dem Antrag des betroffenen Steuerpflichtigen auf einstweilige Anordnung entsprochen, hat das zuständige Finanzgericht gemäß § 114 Abs. 3 FGO i.V.m. § 926 Abs. 1 ZPO auf Antrag des Antragsgegners anzuordnen, dass der Steuerpflichtige innerhalb einer bestimmten Frist in der Hauptsache Klage zu erheben hat.[833]

Bei einem Erfolg des Antrags auf Erlass einer einstweiligen Anordnung wird die Informationsübermittlung bis zur Klärung in der Hauptsache untersagt. Ob die Informationsübermittlung endgültig unterbleiben muss, wird im Wege

829 Vgl. Tz. 230 f. AmtshÜ-MK.

830 *Söhn*, in: Hübschmann et al., AO/FGO, § 117 Rn. 214.

831 *Hendricks*, StuW 2018, 346 (356); *Grotherr*, ISR 2015, 193 (197).

832 Vgl. BFH, Beschluss v. 15.02.2006 – I B 87/05, BStBl. II 2006, 616 (617) = FR 2006, 610 m.w.N.

833 *Grotherr*, ISR 2015, 193 (198).

einer vorbeugenden Unterlassungsklage geklärt.[834] Hatte der Antrag auf Erlass einer einstweiligen Anordnung hingegen keinen Erfolg, kann die Rechtmäßigkeit nur noch im Wege einer Feststellungsklage (§ 41 FGO) geklärt werden, da die betroffenen Informationen bereits ausgetauscht wurden. Das notwendige Feststellungsinteresse im Sinne des § 41 Abs. 1 FGO ergibt sich dann aus der möglichen Rechtswidrigkeit der Datenübermittelung und der möglicherweise eingetretenen Verletzung des Steuergeheimnisses.[835] Wurden durch eine rechtswidrige Auskunftsmaßnahme subjektiv-öffentliche Rechte des inländischen Steuerpflichtigen schuldhaft verletzt, kommen Schadensersatzansprüche aus Amtshaftung gemäß § 829 BGB i.V.m. Art. 34 GG in Betracht sowie die Einleitung dienstaufsichtsrechtlicher Maßnahmen.[836]

Rechtsschutz gegen die erfolgte Übermittlung eines Auskunftsersuchens ist unmittelbar nicht möglich, da es sich hierbei um eine nichtregelnde zwischenstaatliche Willenserklärung handelt. Daher ist nur die Hauptsacheentscheidung anfechtbar, sofern nicht bereits durch das Ersuchen in die rechtliche Sphäre des inländischen Beteiligten eingegriffen wird. Dann kommen wiederum Unterlassungsklage und Feststellungsklage in Betracht beziehungsweise im einstweiligen Rechtsschutz der Antrag auf einstweilige Anordnung.[837]

Der Klarstellung halber sei nochmals erwähnt, dass es sich auch bei der grenzüberschreitenden Kooperation der Steuerbehörden wegen des sich daran anschließenden Informationsaustauschs um Fälle der Informationshilfe handelt, weshalb die vorstehenden Ausführungen auch für diese Instrumente der internationalen Amtshilfe gelten.[838]

b) *Rechtsschutz bei der Beitreibungs- und Zustellungshilfe*

Beim Rechtsschutz gegen Amtshilfe im Zuge eines Vollstreckungsersuchens ist danach zu unterscheiden, ob der Steuerpflichtige gegen den ersuchenden Staat vorgehen will oder gegen den ersuchten Staat. Gegen den zu vollstreckenden

---

834 *Söhn*, in: Hübschmann et al., AO/FGO, § 117 AO Rn. 214a m.w.N.

835 *Hendricks*, StuW 2018, 346 (356); *Grotherr*, ISR 2015, 193 (199); *Söhn*, in: Hübschmann et al., AO/FGO, § 117 AO Rn. 214a m.w.N.

836 *Grotherr*, ISR 2015, 193 (199).

837 *Söhn*, in: Hübschmann et al., AO/FGO, § 117 AO Rn. 214 f; *Seer*, in: Tipke/Kruse, AO/FGO, § 117 AO Rn. 141; *Seer/Gabert*, StuW 2010, 3 (21); *Seer*, IWB 2014, 87 (96).

838 *Gehm*, IWB 2017, 229 (235 f.); *Frey/Schwenk*, BB 2017, 1310 (1313 f.); *Binnewies/Hoffmann*, AG 2017, 740 (743); Vgl. auch FG Köln, Beschluss v. 20.10.2017 – 2 V 1055/17, juris.

Verwaltungsakt, also in der Regel einen Steuerbescheid, kann sich der Steuerpflichtige mittels Einspruchs und Anfechtungsklage wenden. Bei dem Ersuchen um Vollstreckungshilfe handelt es sich nicht um einen Verwaltungsakt; dagegen kann weder mit einer Anfechtungsklage gemäß § 40 Abs. 1 FGO noch mit einem Einspruch vorgegangen werden. Dennoch handelt es sich bei einem Vollstreckungsamtshilfeersuchen um einen Akt der Verwaltungsvollstreckung, der Eingriffscharakter besitzt und daher zumindest in die allgemeine Handlungsfreiheit gemäß Art. 2 Abs. 1 GG eingreift.[839] Gegen dieses Ersuchen ist die Leistungsklage statthaft, gerichtet auf Rücknahme des Ersuchens. Ist ein Ersuchen noch nicht gestellt worden, kann es mit der vorbeugenden Unterlassungsklage verhindert werden. In Fällen des einstweiligen Rechtsschutzes ist der Antrag auf Erlass einer einstweiligen Anordnung gemäß § 114 FGO statthafter Rechtsbehelf.[840]

Wird hingegen der ersuchte Staat aufgrund des Ersuchens vollstreckend tätig, stehen dem Steuerschuldner alle Rechtsbehelfe nach nationalem Recht gegen die vom ersuchten Staat vorgenommenen Ermittlungen und Vollstreckungsmaßnahmen offen.[841]

3. Ergebnis

In Bezug auf den Rechtsschutz sind im Amtshilfeübereinkommen keine neuartigen, über den bisherigen Standard hinausgehenden Regelungen vorgesehen. Vielmehr wird auf die Rechtsschutzmöglichkeiten nach dem nationalen Recht verwiesen.

Dies bedeutet im Ergebnis, dass sowohl bei Inanspruchnahme als auch bei Gewährung von Amtshilfe durch die deutsche Finanzverwaltung eine vorherige Anhörung des betroffenen Steuerpflichtigen durchzuführen ist. Dies gilt im Falle der Inanspruchnahme von Amtshilfe jedenfalls dann, wenn durch das Ersuchen in Rechte des Steuerpflichtigen eingegriffen wird. Im Sinne einer effektiven Gewährleistung von Rechtsschutz gemäß Art. 19 Abs. 4 GG sollte das Institut der Anhörung genutzt werden, um dadurch den Steuerpflichtigen in die Lage zu versetzen, effektiv gegen behördliche Maßnahmen vorzugehen. Insbesondere sollte durch die grundsätzliche Durchführung einer Anhörung Tendenzen entgegengewirkt werden, die oftmals auf eine Anhörung verzichten wollen.

Welcher Rechtsbehelf im Einzelfall gegen Amtshilfemaßnahmen zu ergreifen ist, richtet sich ebenfalls allein nach dem nationalen Recht.

---

839 *Seer*, IWB 2011, 144 (151).
840 *Seer*, IWB 2017, 595 (607); *Seer*, IWB 2011, 144 (151).
841 *Seer*, IWB 2011, 144 (152).

X. Instrumente zur Konfliktlösung

Wie bereits erläutert wurde, wurde das Amtshilfeübereinkommen maßgeblich von den bestehenden DBA und insbesondere dem OECD-Musterabkommen beeinflusst.[842] Daher drängt sich vor diesem Hintergrund die Frage auf, inwiefern mögliche Konflikte gelöst werden können, die aus der Anwendung des Amtshilfeübereinkommens resultieren. Dies betrifft nun jedoch nicht mehr die Frage nach Rechtsschutzmöglichkeiten der Steuerpflichtigen, sondern konkrete Konflikte zwischen den Finanzbehörden der beteiligten Vertragsstaaten. Dazu wird vorab ein Blick darauf geworfen, wie die Zusammenarbeit nach dem Amtshilfeübereinkommen und anderen Rechtsgrundlagen funktioniert. Anschließend soll am Beispiel einer möglichen Doppelbesteuerung dargestellt werden, ob im Amtshilfeübereinkommen Möglichkeiten vorgesehen sind, eventuelle Konflikte zu entschärfen. Besondere Relevanz kommt der Frage der Doppelbesteuerung auch deshalb zu, weil nach der Präambel des Amtshilfeübereinkommens dieses auch die berechtigten Interessen der Steuerpflichtigen schützen soll. Insofern ist auch ein angemessener Schutz gegen Doppelbesteuerung zu gewähren.[843]

1. Zwischenstaatliche Zusammenarbeit

Regelungen zur Zusammenarbeit von Behörden bei Anwendung und Durchführung des Amtshilfeübereinkommens und zum Verfahren bei Auslegungskonflikten zwischen zwei Vertragsstaaten finden sich in Art. 24 AmtshÜ.

a) Zusammenarbeit von Behörden nach dem Übereinkommen

Gemäß Art. 24 Abs. 1 S. 1 AmtshÜ verkehren die Vertragsparteien durch ihre jeweils zuständigen Behörden miteinander. Zu diesem Zweck können die Behörden unmittelbar miteinander verkehren und nachgeordneten Behörde gestatten, für sie zu handeln. Das Amtshilfeübereinkommen geht damit insofern einen besonderen Weg, als unmittelbar die zuständigen und sachlich mit einer Angelegenheit befassten Behörden für den Kontakt untereinander zuständig sind. Eine Korrespondenz über das normalerweise in den Staaten für Auslandsbeziehungen zuständige Außenministerium oder die Botschaften wird damit vermieden.[844] Im Falle der Bundesrepublik Deutschland ist dabei gemäß Art. 3 Abs. 1

---

842 Vgl. hierzu bereits unter C.I.

843 Vgl. Erwägungsgrund 5 der Präambel zum Amtshilfeübereinkommen vom 15.06.2015, BT-Drs. 18/5173, S. 9.

844 Tz. 243 AmtshÜ-MK.

lit. b AmtshÜ i.V.m. Nr. 1 der Anlage B zum Amtshilfeübereinkommen das Bundeszentralamt für Steuern zuständig. Gibt es zwischen Vertragsstaaten Schwierigkeiten oder Zweifel bei der Auslegung des Übereinkommens, sollen sich die zuständigen Behörden bemühen, die Angelegenheit in gegenseitigem Einvernehmen zu regeln, Art. 24 Abs. 5 S. 1 AmtshÜ. Eine derartige Konsultationsklausel[845] kann Rechtsfragen des Abkommens mit oder ohne Bezug auf einen konkreten Einzelfall erörtern.[846] So sollen Anwendungsschwierigkeiten allgemeiner Natur ausgeräumt werden, die sich bei der praktischen Handhabung eines Abkommens ergeben können.[847] Konsultationsverfahren werden nicht von den Steuerpflichtigen, sondern von den zuständigen Behörden angeregt. Es besteht auch kein Anspruch des Steuerpflichtigen auf die Durchführung.[848]

Ein Einvernehmen soll auch dann gefunden werden, wenn der ersuchte Staat der Auffassung ist, dass die Anwendung des Übereinkommens in einem bestimmten Fall schwerwiegende und unerwünschte Folgen haben würde, Art. 24 Abs. 2 AmtshÜ. Im Unterschied zu Art. 21 AmtshÜ, bei dem die Verletzung nationalen Rechts oder einer nationalen Verwaltungspraxis vermieden werden soll, geht es bei Art. 24 Abs. 2 AmtshÜ darum, Konsequenzen aus der Anwendung des Übereinkommens zu vermeiden, die zum Beispiel wirtschaftlicher oder sozialer Art sein können.[849] Kann keine Lösung zwischen den divergierenden Auffassungen zweier Vertragsstaaten gefunden werden, führt dies im Zweifel dazu, dass der ersuchte Staat keine Amtshilfe leistet. Ein Konsultationsverfahren beinhaltet keinen Zwang zu einer Einigung.[850]

Weiter ist vor allem die Regelung des Art. 24 Abs. 1 S. 3 AmtshÜ von Bedeutung, wonach sich die zuständigen Behörden der Vertragsparteien über die Modalitäten der Anwendung des Übereinkommens untereinander einigen können. Die Regelung beruht auf dem Gedanken, dass das Amtshilfeübereinkommen die Möglichkeiten der Amtshilfe lediglich skizzierend darstellt. Da die genaue Durchführung jedoch auch in bedeutendem Maße vom nationalen Verfahrensrecht der Vertragsstaaten abhängt, ist es zweckmäßig, die Festlegung der

---

845 Vgl. zu den Begrifflichkeiten *Hendricks*, Internationale Informationshilfe, S. 28 ff.

846 *Lehner*, in: Vogel/Lehner, DBA, Art. 25 Rn. 151.

847 *Papst/Urtz*, in: Aigner et al., DBA, Art. 25 Rn. 130.

848 *Becker*, in: Achatz, Internationales Steuerrecht, S. 167 (168 f.); *Papst/Urtz*, in: Aigner et al., DBA, Art. 25 Rn. 131.

849 Tz. 251 AmtshÜ-MK.

850 *Lüthi*, in: Gosch et al., DBA, Art. 25 MA Rn. 15.

genauen Verfahrensregeln und -abläufe den Vertragsstaaten zu überlassen.[851] Entsprechende Vereinbarungen sollen dabei darauf abzielen, die praktische Durchführung des Übereinkommens zu erleichtern und nicht dazu missbraucht werden, die rechtlichen Verpflichtungen aus dem Übereinkommen zu reduzieren oder gar zu umgehen.[852]

b) Koordinierungsgremium

Gemäß Art. 24 Abs. 3 S. 1 AmtshÜ existiert ein Koordinierungsgremium, das aus Vertretern der zuständigen Behörden der Vertragsstaaten besteht und dessen Aufgabe es ist, die Durchführung und Entwicklung des Übereinkommens zu überwachen. Im Zuge dessen sollen Maßnahmen ausgesprochen werden, die der Förderung des Übereinkommens dienlich sein können und neue Methoden untersucht werden zur Intensivierung der internationalen Zusammenarbeit. Gegebenenfalls können auch Änderungen des Übereinkommens empfohlen werden, vgl. Art. 24 Abs. 3 S. 2, 3 AmtshÜ. Ein derartiges Koordinierungsgremium ist gerade wegen des multilateralen Ansatzes des Amtshilfeübereinkommens erforderlich, um eine einheitliche Auslegung des Übereinkommens zu gewährleisten und bei Differenzen zwischen Staaten zu vermitteln. Denn mögliche Auslegungskonflikte sind im bilateralen Verhältnis leichter zu lösen. Auch bedarf es bei einer Vielzahl an einem Abkommen beteiligter Staaten eines Organs, das Informationen zwischen den Vertragsstaaten übermittelt und die Entwicklung des Übereinkommens bewertet. Nur so können einheitliche Lösungen für die Anwendung und Auslegung des Übereinkommens gefunden werden.[853]

Ferner besteht gemäß Art. 24 Abs. 4 AmtshÜ die Möglichkeit, dass Vertragsparteien beim Koordinierungsgremium Stellungnahmen zur Auslegung des Übereinkommens anfordern können. Es handelt sich dabei um Fragen mit allgemeinem Charakter, da das Koordinierungsgremium keine Anlaufstelle zur Streitbeilegung ist.[854] Die erteilten Auskünfte sollen einer einheitlichen Anwendung und Auslegung des Amtshilfeübereinkommens dienen. Da von diesen Auskünften auch keinerlei Bindungswirkung ausgeht, ist der anfragende Staat in seiner Entscheidung frei, der Auskunft des Gremiums zu folgen oder nicht.[855]

851 Tz. 246 AmtshÜ-MK.
852 Tz. 247 AmtshÜ-MK.
853 Tz. 239 AmtshÜ-MK.
854 Tz. 240 AmtshÜ-MK.
855 Tz. 253 AmtshÜ-MK.

c) *Behördliche Zusammenarbeit nach anderen Rechtsgrundlagen*

(aa) Doppelbesteuerungsabkommen

Streitigkeiten zwischen den Behörden der Vertragsstaaten sind gemäß Art. 25 Abs. 3 OECD-MA im gegenseitigen Einvernehmen zu regeln.[856] Eine derartige Konsultationsklausel entspricht der Regelung in Art. 24 Abs. 5 AmtshÜ, weshalb insoweit keine Unterschiede zu den DBA bestehen.

Bei den DBA stellt das in Art. 25 Abs. 1, 2 OECD-MA geregelte Verständigungsverfahren eine Besonderheit dar. Danach hat eine Person bei einer ihrer Ansicht nach abkommenswidrigen Besteuerung die Möglichkeit, ihren Fall der zuständigen Behörde des Ansässigkeitsstaates zu unterbreiten. Soweit die Behörde die Einwendung für begründet erachtet, aber selbst keine Lösung herbeiführen kann, ist sie gemäß Art. 25 Abs. 2 S. 1 OECD-MA verpflichtet, den Fall durch Verständigung mit der zuständigen Behörde des anderen Vertragsstaates so zu regeln, dass eine dem Abkommen nicht entsprechende Besteuerung vermieden wird. Dabei wendet sich die Behörde in der Regel schriftlich unter Darlegung der nationalen Rechtsauffassung an den anderen Vertragsstaat, welcher üblicherweise ebenfalls schriftlich antwortet. Für eine Einigung ist oft aufgrund der Komplexität der Fälle der Einsatz einer gemeinsamen Kommission notwendig, jedoch kann sie auch im Schriftweg erfolgen. Die anschließende Verständigungsvereinbarung wird nur dann umgesetzt, wenn der Steuerpflichtige der Einigung zustimmt, anhängige Rechtsmittel zurücknimmt und auf Rechtsbehelfe verzichtet.[857]

Kann im Wege der Verständigung keine Einigung erzielt werden, besteht auf Antrag des Steuerpflichtigen die Verpflichtung nach Art. 25 Abs. 5 OECD-MA, ein Schiedsverfahren einzuleiten. Eine wachsende Zahl deutscher DBA sieht ein solches Schiedsverfahren zusätzlich zum Verständigungsverfahren vor.[858] Das Schiedsverfahren ist kein eigenständiges Verfahren, sondern ein Teil des Verständigungsverfahrens.[859] Die Besonderheit dieses Verfahrens besteht somit darin, dass die Verständigung zwischen den Behörden der beiden Vertragsstaaten auf Veranlassung des Steuerpflichtigen erfolgt und gerade von diesem ausgeht.[860] Das Verfahren ist dabei unabhängig vom nationalen Verfahrensrecht,

---

856 *Eilers*, in: Wassermeyer et al., DBA, Art. 25 MA Rn. 1.

857 *Becker*, in: Achatz, Internationales Steuerrecht, S. 167 (175 ff.).

858 *Hendricks*, in: Schaumburg/Hendricks, Steuerrechtsschutz, Rn. 8.51.

859 *Papst/Urtz*, in: Aigner et al., DBA, Art. 25 Rn. 201.

860 *Lüthi*, in: Gosch et al., DBA, Art. 25 Rn. 4.

weshalb sie auch nebeneinander oder nacheinander durchgeführt werden können.[861] Ziel des Schiedsverfahrens ist es, eine möglicherweise bestehende abkommenswidrige Besteuerung zu beseitigen.[862]

Die DBA gehen somit bei einem Konfliktfall über die Möglichkeiten in Art. 24 AmtshÜ hinaus, indem sie nicht nur die Möglichkeit eines Konsultationsverfahrens vorsehen, sondern darüber hinaus die Möglichkeit eines Verständigungsverfahrens sowie eines sich anschließenden Schlichtungsverfahrens auf Veranlassung des Steuerpflichtigen.[863] Diese unterschiedliche Reichweite der Regelungen liegt darin begründet, dass im Rahmen von Doppelbesteuerungsfällen die Position des Steuerpflichtigen durch die Entscheidung sowohl des einen als auch des anderen Vertragsstaates beeinflusst werden kann, indem beide Staaten eine eigenständige Entscheidung über die Anwendung des DBAs treffen. Aus diesem Grund sollte dem Steuerpflichtigen eine Möglichkeit eingeräumt werden, die Vertragsstaaten zu einem Verständigungsverfahren bewegen zu können, damit diese eine korrigierte, aufeinander abgestimmte Entscheidung treffen können.[864] Im Rahmen des Amtshilfeübereinkommens wird der Steuerpflichtige hingegen lediglich isoliert entweder durch das Ersuchen um Amtshilfe in seiner rechtlichen Position berührt oder aber durch die Gewährung von Amtshilfe durch den anderen Vertragsstaat. Gegen diese beiden Maßnahmen kann sich der Steuerpflichtige aber unabhängig voneinander gerichtlich zur Wehr setzen, weshalb es eines zusätzlichen Schutzes wie der Möglichkeit der Einleitung eines Verständigungsverfahrens gemäß Art. 25 Abs. 1 OECD-MA im Amtshilfeübereinkommen nach Auffassung der Vertragsstaaten nicht bedurfte.[865]

(bb) Tax Information Exchange Agreements

In Art. 13 Abs. 1 TIEA-MA ist vorgesehen, dass die Vertragsstaaten Angelegenheiten im gegenseitigen Einvernehmen zu klären haben, womit die Regelung der des Art. 24 Abs. 5 AmtshÜ beziehungsweise Art. 25 Abs. 3 S. 1 OECD-MA entspricht. Auch können die Behörden gemäß Art. 13 Abs. 3 TIEA-MA unmittelbar miteinander kommunizieren. Weitgehendere Regelungen, wie ein Verständigungsverfahren (vgl. Art. 25 Abs. 1, 2 OECD-MA) oder ein Schlichtungsverfahren (vgl. Art. 25 Abs. 5 OECD-MA) sind hingegen nicht vorgesehen.[866] Art. 13

---

861 *Becker*, in: Achatz, Internationales Steuerrecht, S. 167 (171).
862 *Papst/Urtz*, in: Aigner et al., DBA, Art. 25 Rn. 203.
863 *Hendricks*, Internationale Informationshilfe, S. 28 ff.
864 Tz. 256 AmtshÜ-MK.
865 Tz. 257 AmtshÜ-MK.
866 *Hendricks*, in: Wassermeyer et al., DBA, MA-InfAust Art. 13 Rn. 1.

TIEA-MA enthält somit ebenso wie Art. 24 AmtshÜ die Möglichkeit eines Konsultationsverfahren. Die Einrichtung eines Koordinierungsgremiums ist jedoch nicht vorgesehen, was aufgrund der im TIEA-Musterabkommen vorgesehenen multilateralen Variante zunächst überrascht. Es handelt sich dabei jedoch nicht um ein multilaterales Abkommen im herkömmlichen Sinn, sondern vielmehr um ein Bündel bilateraler Verträge, da eine Partei des multilateralen Abkommens nur gegenüber den Staaten gebunden ist, mit denen dies vereinbart wurde, vgl. Art. 15 Abs. 2 TIEA-MA.[867]

(cc) Unionsrechtliche Regelungen der Amtshilfe

In den unionsrechtlichen Rechtsgrundlagen finden sich Durchführungsbestimmungen in ähnlicher Ausgestaltung. Nach diesen sind die Mitgliedsstaaten verpflichtet, alle notwendigen Maßnahmen zu treffen, um eine wirksame interne Zusammenarbeit der Behörden sicherzustellen, eine direkte Zusammenarbeit mit den Behörden der anderen Mitgliedsstaaten einzurichten und das reibungslose Funktionieren der Regelungen über die Zusammenarbeit der Verwaltungsbehörden sicherzustellen, vgl. Art. 22 EUAHiRL, Art. 57 MwSt-ZVO und Art. 31 VerbrSt-ZVO. In Verbindung mit dem allgemeinen Grundsatz des Art. 4 Abs. 3 UAbs. 1 EUV kann somit ferner davon ausgegangen werden, dass die Mitgliedsstaaten auch in Streitfällen grundsätzlich auf eine einvernehmliche Lösung hinzuwirken haben. Denn nach dieser Vorschrift sind die Mitgliedsstaaten zur loyalen Zusammenarbeit verpflichtet und unterstützen sich gegenseitig bei der Erfüllung ihrer Aufgaben. Dies bedeutet nach der Rechtsprechung des *Europäischen Gerichtshofs*, dass die Mitgliedsstaaten alle Maßnahmen zu treffen haben, um die Geltung und Wirksamkeit des Unionsrechts zu gewährleisten und sich gegenseitig bei der Erfüllung der Aufgaben zu achten und zu unterstützen.[868]

Die Art und Weise einer loyalen und direkten behördlichen Zusammenarbeit zwischen den EU-Mitgliedsstaaten entspricht daher der des Amtshilfeübereinkommens. Auch sind unmittelbar keine Möglichkeiten eines Verständigungs- oder Schlichtungsverfahrens vorgesehen. Eine Ausnahme gilt lediglich im Rahmen der EU-Schiedskonvention.[869] Diese hat das Ziel, Doppelbesteuerungen durch Verrechnungspreisanpassungen im Binnenraum zu

867 *Hendricks*, in: Wassermeyer et al., DBA, MA-InfAust Vor Art. 1 Rn. 21.

868 EuGH, Urt. vom 10.07.2014, Rs. C-220/13 P – EU:C:2014:2057 Rn. 51.

869 Übereinkommen (90/436/EWG) über die Beseitigung der Doppelbesteuerung im Falle von Gewinnberichtigungen zwischen verbundenen Unternehmen vom 20.08.1990, Abl. 1990, L 225/10.

vermeiden.[870] Führen Maßnahmen zu einer derartigen Doppelbesteuerung, sehen Art. 6 ff. EU-Schiedskonvention die Durchführung eines Verständigungs- und Schlichtungsverfahrens vor.

(dd) FATCA/FKAustG

In Art. 8 Abs. 1 des FATCA-Übereinkommens ist bei Konfliktfällen die Durchführung eines Konsultationsverfahrens geregelt, im Rahmen dessen jede Vertragspartei um Ausarbeitung geeigneter Maßnahmen bitten kann, durch die die Einhaltung des Abkommens sichergestellt wird. Weitere Regelungen werden nicht getroffen.

Dasselbe gilt für die Mehrseitige Vereinbarung vom 29.10.2014. In § 6 Abs. 1 der Mehrseitigen Vereinbarung ist ebenfalls die Durchführung eines Konsultationsverfahrens geregelt, sofern es zu Problemen bei der Anwendung beziehungsweise Auslegung der Vereinbarung kommt.

2. Problem der Doppelbesteuerung

Doppelbesteuerung entsteht vor allem durch das internationale Nebeneinander von unbeschränkter Steuerpflicht im Wohnsitzstaat durch Erfassung des Welteinkommens und beschränkter Steuerpflicht im Quellenstaat durch Erfassung inländischen Einkommens.[871] Darüber hinaus existieren häufig unterschiedliche Begriffe und Gewinnermittlungsverfahren, deren Auswertung bei mangelnder Kenntnis des ausländischen Steuersystems zu Doppelbesteuerungen führen kann.[872] Auch kann eine unterschiedliche tatsächliche Würdigung eines übermittelten Sachverhalts eine Doppelbesteuerung nach sich ziehen.[873]

Konkrete und spezielle Regelungen, wie mit einer Doppelbesteuerung umzugehen ist, die durch eine Anwendung des Amtshilfeübereinkommens hervorgerufen wurde, existieren jedoch nicht. Zwar enthält Art. 21 Abs. 2 lit. e AmtshÜ ein Auskunftsverweigerungsrecht im Zusammenhang mit einer Doppelbesteuerung. Allerdings gilt dieses nicht allgemein für den Fall, dass der Eintritt einer Doppelbesteuerung droht. Es ist nur dann anwendbar, wenn die Besteuerung gegen ein Abkommen zur Vermeidung der Doppelbesteuerung verstößt.[874] Vielmehr wird sogar ausdrücklich darauf hingewiesen, dass eine Auskunft auch im

---

870 *Peters/Haverkamp*, BB 2011, 1303 (1303 f.).

871 *Schaumburg*, in: Schaumburg, Internationales Steuerrecht, Rn. 16.3.

872 *Strunk*, StBp 1993, 145 (146).

873 *Hendricks*, Internationale Informationshilfe, S. 114.

874 Vgl. hierzu bereits unter E.VII.1.e.

Falle einer drohenden Doppelbesteuerung zu gewähren ist, sofern dies nicht gegen ein DBA verstößt.[875]

Wie erwähnt, enthält das Amtshilfeübereinkommen auch keine dem Art. 25 OECD-MA vergleichbare Regelung, wonach ein Steuerpflichtiger die Durchführung eines Verständigungsverfahrens beantragen kann, sofern er der Auffassung ist, dass eine Maßnahme eines Vertragsstaates zu einer Doppelbesteuerung führen könnte. Das in Art. 24 Abs. 2 OECD-MA geregelte Konsultationsverfahren ist in seinen Wirkungen nicht vergleichbar. Denn das Verfahren kann nicht durch den Steuerpflichtigen initiiert werden.[876]

Dem Steuerpflichtigen wird durch das Amtshilfeübereinkommen somit auch keine eigene Rechtsposition hinsichtlich der Vermeidung einer drohenden Doppelbesteuerung eingeräumt.[877] Zwar ist dies auch nicht erforderlich beziehungsweise zwingend, da Amtshilfeleistungen auch dann erbracht werden können, wenn eine Doppelbesteuerung droht.[878] Nach Ansicht der Finanzverwaltung stellt die bloße Möglichkeit einer Doppelbesteuerung, zum Beispiel in Folge einer unterschiedlichen Einkünftequalifikation, kein rechtliches Hindernis für die Informationsübermittlung dar.[879] Ebenso reicht nach der Rechtsprechung die bloße Möglichkeit einer Doppelbesteuerung nicht aus, um eine Auskunft auszuschließen.[880]

Dennoch wurden an gewissen Stellen des Amtshilfeübereinkommens Regelungen getroffen, die nach der Konzeption der Verfasser des Amtshilfeübereinkommens zumindest mittelbar geeignet sind, Doppelbesteuerungen entgegenzuwirken. So helfen die Vorschriften über den Informationsaustausch gemäß Art. 4 ff. AmtshÜ neben der Aufdeckung neuer Tatsachen dabei, eine mögliche Doppelbesteuerung aufzudecken.[881] Auch dienen die grenzüberschreitenden Betriebsprüfungen aufgrund des unmittelbaren Austauschs zwischen den Finanzbehörden verschiedener Vertragsstaaten gemäß Art. 8, 9 AmtshÜ dazu, Doppelbesteuerungen zu vermeiden.[882] In einem sehr hohen Anteil

875 Vgl. Tz. 198 AmtshÜ-MK.
876 Vgl. Tz. 251 AmtshÜ-MK.
877 *Grotherr*, IStR 2015, 845 (858 f.).
878 *Grotherr*, IStR 2015, 845 (858 f.).
879 Vgl. Ziffer 5.3.1.2. des BMF-Merkblatts vom 23.11.2015, BStBl. I 2015, 928 (942).
880 BFH, Beschluss v. 10.05.2005 – I B 218/04, BFH/NV 2005, S. 1503.
881 Vgl. Tz. 49 AmtshÜ-MK.
882 *Strunk*, StBp 1993, 145 (150); vgl. Ziffer 7. des BMF-Merkblatts vom 23.11.2015, BStBl. I 2015, 928 (944); vgl. Tz. 73, 83 AmtshÜ-MK.

durchgeführter gemeinsamer Betriebsprüfungen konnte eine einvernehmliche Lösung zur Vermeidung einer Doppelbesteuerung herbeigeführt werden.[883]

3. Ergebnis

Die unterschiedlichen Regelungen zur Durchführung der Abkommen sind im Großen und Ganzen sehr ähnlich ausgestaltet und zielen auf eine einvernehmliche Streitbeilegung unmittelbar zwischen den zuständigen Behörden der jeweiligen Staaten ab. Dies wird durch die Einrichtung von Konsultationsverfahren erreicht, deren Ziel die Beseitigung von Auslegungskonflikten ist. Dem Steuerpflichtigen selbst werden hingegen im Amtshilfeübereinkommen keine Möglichkeiten eingeräumt, auf die Beilegung eines Konflikts zwischen den beteiligten Behörden hinzuwirken. Lediglich die DBA stellen einen Sonderfall dar, da in diesen zunehmend auch ein Verständigungs- und ein Schlichtungsverfahren vereinbart wird und damit auch dem betroffenen Steuerpflichtigen die Möglichkeit gegeben wird, auf die Beilegung eines Konflikts zwischen den Vertragsstaaten hinzuwirken. Auf europäischer Ebene können nach der EU-Schiedskonvention in sehr begrenzten Anwendungsfällen Verständigungs- und Schiedsverfahren durchgeführt werden. Die Regelungen in allen anderen Rechtsgrundlagen beschränken sich ebenfalls vor allem auf eine Konsultation zwischen den Finanzbehörden.

Im Hinblick auf das Problem einer Doppelbesteuerung enthält das Amtshilfeübereinkommen selbst keine konkreten Regelungen, um möglichen Doppelbesteuerungen zu begegnen und diese auszuschließen. Vielmehr soll eine Fülle an im Amtshilfeübereinkommen geregelten Vorschriften indirekt einen Beitrag dazu leisten, künftige Fälle von Doppelbesteuerung zu vermeiden.

---

883 *Peters et al.*, IStR 2016, 2 (6).

F. Zukunft der internationalen Amtshilfe in Steuersachen

Da der Inhalt des Amtshilfeübereinkommens sowie dessen Stellung innerhalb des Systems der internationalen Amtshilfe nun näher beleuchtet wurden, soll der Blick abschließend noch auf die Zukunft der internationalen Amtshilfe gerichtet werden. Insbesondere soll anhand der einzelnen Instrumente näher darauf eingegangen werden, wie sich deren praktische Relevanz in Zukunft entwickeln wird und welchen Stellenwert sie innerhalb der zwischenstaatlichen Amtshilfe in Steuersachen voraussichtlich einnehmen werden. Zudem soll auch eine Prognose gewagt werden, wie sich die Bedeutung des Amtshilfeübereinkommens selbst entwickeln wird.

Grundsätzlich kann davon ausgegangen werden, dass die internationale Zusammenarbeit der Finanzbehörden immer weiter ausgebaut werden wird. So entspricht es dem grundsätzlichen Willen der internationalen Staatengemeinschaft, die Transparenz und Zusammenarbeit in steuerlichen Angelegenheiten zu erhöhen beziehungsweise zu verbessern. In den Kommuniqués der G20 sind regelmäßig derartige Forderungen enthalten. Insbesondere soll hierfür die internationale Amtshilfe in Steuersachen gestärkt werden und das Amtshilfeübereinkommen in allen Staaten umgesetzt werden.[884] Dies betrifft neben den einzelnen Instrumenten der Amtshilfe auch den grundsätzlichen Anwendungsbereich und die Zahl der erfassten Steuern. Nicht zuletzt das Amtshilfeübereinkommen geht hier einen großen Schritt und erfasst in sachlicher Hinsicht eine sehr große Anzahl an Steuern.

Die einzelnen Instrumente der Amtshilfe ergänzen sich gegenseitig und keines ist dabei wichtiger als das jeweils andere. Dennoch wird sich die Bedeutung der unterschiedlichen Instrumente vor allem der Informationshilfe aller Voraussicht nach höchst unterschiedlich entwickeln. Betrachtet man die Zahlen über den Informationsaustausch in den vergangenen Jahren, so stellt man fest, dass sich vor allem die Zahl der Ersuchensauskünfte auf sehr niedrigem

884 Vgl. beispielhaft Tz. 26 der Abschlusserklärung des G20-Gipfels am 30.11.2018/01.12.2018 in Buenos Aires, Argentinien, abrufbar über https://www.bundesregierung.de/blueprint/servlet/resource/blob/656734/1556456/91ec3759248c4d3070485f2ca6f0c1b6/2018-12-01-g20-abschlusserklaerung-deu-data.pdf?download=1, zuletzt überprüft am 03.07.2020.

Niveau stabilisiert hat.[885] Dies lässt sich damit begründen, dass diese Art der Zusammenarbeit einen sehr hohen Verwaltungsaufwand mit sich bringt. Der jeweilige Finanzbeamte darf daher nicht mit einem schnellen Rücklauf seines Ersuchens rechnen.[886] Eine Prognose über die Entwicklung der Spontanauskünfte gestaltet sich schwierig, da die übermittelten Zahlen jeweils extrem voneinander abweichen. Aufgrund dieser unerklärlichen Entwicklung liegen hier wohl statistische Erhebungs- und Zuordnungsfehler vor.[887] Dennoch ist aber davon auszugehen, dass sich die Bedeutung der Spontanauskünfte in Zukunft noch erhöhen wird. Denn auch auf internationaler Ebene sorgt insbesondere die Erweiterung der Spontanauskünfte um steuerliche Vorabzusagen dafür, dass diese Art der Auskünfte weiterhin Relevanz haben wird. Besonders auffällig ist jedoch der sprunghafte Anstieg der automatischen Auskünfte. Klarer Vorteil besteht beim automatischen Informationsaustausch darin, was den Erhalt steuerlicher Informationen aus dem Ausland angeht. Denn dieser wird erheblich erleichtert und die erhobenen Daten erlauben es, Steuervermeidungsstrategien zu erkennen und so eine gerechte Besteuerung sicherzustellen. Daher kann davon ausgegangen werden, dass insbesondere der automatische Informationsaustausch in Zukunft erheblich erweitert werden wird.[888] Vor allem bleibt abzuwarten, inwiefern ein Wettbewerb auf Ebene der OECD und der EU entfacht wird, wer den nächsten Schritt bei der Entwicklung neuer Mechanismen des automatischen Informationsaustauschs macht. Nicht zuletzt wegen der einfacheren Entscheidungsfindung ist die Europäische Union hierbei zumindest im Moment noch im Vorteil.

Abgesehen davon haben aber alle diese drei gleichberechtigten Formen des Informationsaustauschs aufgrund ihrer unterschiedlichen Zielrichtung ihre Berechtigung und werden daher auch in Zukunft nicht ersetzbar sein.[889]

Was die Kooperation im Rahmen einer multilateralen Betriebsprüfung angeht, deuten die aktuellen Entwicklungen auf eine immer stärker werdende Zusammenarbeit hin. So zeigen sich international Tendenzen, ausländische Prüfer nicht nur passiv als Beobachter an einer Betriebsprüfung teilnehmen zu lassen. Vielmehr sollen sie auch aktiv tätig werden können und die Ermittlungsbefugnisse

885 Vgl. BT-Drs. 19/1438 vom 28.03.2018, S. 2.

886 *Hendricks*, in: Oestreicher/Dorenkamp, BEPS - Base Erosion and Profit Shifting, S. 105 (110).

887 *Grotherr*, ISR 2015, 193 (195).

888 *Czakert*, Neue Entwicklungen bei der steuerlichen Amtshilfe, S. 52.

889 *Hörhammer*, NWB 2015, 741 (741 f.).

sollen immer mehr denjenigen der inländischen Kollegen angeglichen werden. Insbesondere auf europäischer Ebene zeigt sich ein Trend, inländischen und ausländischen Prüfern bei einer gemeinsamen Betriebsprüfung dieselben Ermittlungsbefugnisse zu gewähren. Einen ersten Schritt stellt hierbei der Vorschlag des Rates der Europäischen Union dar zur Erweiterung der Mehrwertsteuer-Zusammenarbeitsverordnung um die Möglichkeit gemeinsamer Betriebsprüfungen, bei denen inländische Prüfer gleichberechtigt die Prüfung vornehmen können. Sinnvoll wäre auch die Verpflichtung der beteiligten Staaten in den entsprechenden Rechtsgrundlagen, die gezogenen Konsequenzen bereits während des laufenden Verfahrens aufeinander abzustimmen.[890] Dies könnte insbesondere bei der Vermeidung ungewünschter Doppelbesteuerungen eine entscheidende Rolle spielen.[891]

Wie sich die internationale Vollstreckungshilfe weiterentwickelt, ist schwer vorhersehbar. Aufgrund der Tatsache allerdings, dass mehrere Staaten einen Vorbehalt erklärt haben und daher keine Amtshilfe bei der Vollstreckung leisten, kann davon ausgegangen werden, dass die Amtshilfe bei der Beitreibung auf absehbare Zeit keine große Rolle spielen wird. Der Grund für einen Vorbehalt in Beitreibungssachen liegt darin, dass der ersuchte Staat im Zweifel nicht überprüfen kann, ob eine Steuerforderung im einzelnen Vertragsstaat nach rechtsstaatlichen Grundsätzen zustande gekommen ist und er daher keine Hilfe bei deren Vollstreckung leisten möchte.[892] Bevor sich daher eine umfassende internationale Vollstreckungshilfe etablieren wird, wird es notwendig sein, die innerstaatlichen rechtlichen Grundlagen in den einzelnen Vertragsstaaten derart anzugleichen, dass eine Entstehung einer Steuerforderung nach rechtsstaatlichen Grundsätzen gewährleistet ist. Erst dann werden alle Vertragsstaaten vorbehaltlos bereit dazu sein, internationale Vollstreckungshilfe zu leisten.

Grundsätzlich kann jedoch festgehalten werden, dass eine Intensivierung der zwischenstaatlichen Betreibungshilfe notwendig ist, was nur auf der Basis entsprechender Rechtsgrundlagen erfolgversprechend ist. Denn oftmals sind Staaten nicht bereit, Steuerforderungen anderer Staaten beizutreiben, sofern dies nicht in einem Abkommen ausdrücklich vereinbart wurde.[893]

---

890 *Hendricks*, FS Doppelbesteuerung, S. 565 (571); *Beckmann*, StBp 2014, 66 (68).

891 *Strunk*, StBp 1993, 145 (150); *Peters et al.*, IStR 2016, 2 (6); *Haag/Jehle*, DStR-Beihefter 2013, 79 (81).

892 Vgl. hierzu bereits unter E.V.1.

893 *Engelschalk*, in: Vogel/Lehner, DBA, Art. 27 Rn. 2c.

Im Hinblick auf den Geheimnisschutz etabliert das Amtshilfeübereinkommen einen sehr hohen Schutzstandard, weshalb sich zukünftige Entwicklungen maßgeblich daran orientieren dürften. Dasselbe gilt im Hinblick auf Auskunftsverweigerungsrechte, die zugunsten der jeweils ersuchten Staaten in umfangreicher Form im Amtshilfeübereinkommen enthalten sind.

G. Zusammenfassung der wesentlichen Ergebnisse

Die wesentlichen Ergebnisse der vorliegenden Arbeit lassen sich wie folgt zusammenfassen:

I. Abschnitt B: Grundlagen der internationalen Amtshilfe

Die Inanspruchnahme von Amtshilfe ist gemäß § 117 Abs. 1 AO unproblematisch möglich, wohingegen die Gewährung von Amtshilfe gemäß § 117 Abs. 2 AO nur aufgrund einer speziellen Rechtsgrundlage erfolgen kann, wie beispielsweise dem Amtshilfeübereinkommen. Dabei ist internationale Amtshilfe nicht bedingungslos zu gewähren, sondern es existieren einige Grundsätze, bei deren Missachtung die Gewährung von Amtshilfe verweigert werden kann.

II. Abschnitt C: Entstehungsgeschichte

Das Amtshilfeübereinkommen war zu Beginn wegen seines Inhalts sehr umstritten, wurde aber nach langer Zeit doch noch in der Bundesrepublik Deutschland in nationales Recht umgesetzt. In seiner Entstehung handelt es sich nicht um ein komplett neues Regelwerk; bei der Erstellung wurden vor allem Vorschriften des OECD-Musterabkommens beziehungsweise der europäischen Amtshilferegelungen als Vorbild herangezogen. Dies beeinflusst die Vorgehensweise bei der Betrachtung des Amtshilfeübereinkommens, da bei der Auslegung auch auf die Auslegung anderer Regelwerke der internationalen steuerlichen Amtshilfe zurückgegriffen werden kann.

III. Abschnitt D: Einführung zum Amtshilfeübereinkommen

Bei der Auslegung des Amtshilfeübereinkommens ist zunächst auf die Begriffsbestimmungen des Abkommens abzustellen, bevor eine Auslegung unter Zuhilfenahme der übrigen Vorschriften des Amtshilfeübereinkommens stattfinden kann. Erst wenn auch dies erfolglos verläuft, kann auf das nationale Recht zurückgegriffen werden. Von großer Bedeutung ist der entsprechende Kommentar zum Amtshilfeübereinkommen, um eine einheitliche Auslegung zu gewährleisten. Im Hinblick auf die Anwendbarkeit liegt der große Vorteil des Amtshilfeübereinkommens in seinem besonders weiten Anwendungsbereich und in der Multilateralität, die eine Anwendung gegenüber allen Vertragsstaaten ermöglicht, ohne dass mit diesen Staaten gesonderte Abkommen geschlossen werden müssen. Im Vergleich hierzu sind alle anderen völkerrechtlichen Abkommen einzeln auszuhandeln und variieren in ihrer Anwendbarkeit daher sehr. In ihrer weiten Anwendbarkeit mit dem Amtshilfeübereinkommen vergleichbar sind lediglich die Amtshilfevorschriften der Europäischen Union, die aber keine Sozialversicherungsbeiträge erfassen. Hinsichtlich eines Konkurrenzverhältnisses ist grundsätzlich der Anwendungsvorrang des Unionsrechts zu beachten, zwischen völkerrechtlichen Verträgen besteht kein Konkurrenzverhältnis.

IV. Abschnitt E: Instrumente des Amtshilfeübereinkommens

Hinsichtlich der einzelnen im Amtshilfeübereinkommen geregelten Instrumente kann vorweg zusammenfassend bereits festgehalten werden, dass diese grundsätzlich einen sehr weiten Anwendungsbereich aufweisen. Bis auf wenige Ausnahmen sind die danach geltenden Möglichkeiten internationaler Amtshilfe weitgehender als dies nach anderen internationalen Abkommen der Fall ist. Die Regelungen des Europarechts sind hingegen immer mindestens genauso umfassend ausgestaltet, wie dies nach dem Übereinkommen der Fall ist. Daher hat das Übereinkommen eine besonders große Relevanz gegenüber Nicht-EU-Staaten, hingegen ist es gegenüber Staaten der Europäischen Union weniger bedeutend.

1. Ersuchensauskünfte

Das Amtshilfeübereinkommen ermöglicht Ersuchensauskünfte in einem großen Umfang, da solche Auskünfte in Abhängigkeit von den jeweils umfassten Steuern immer dann möglich sind, wenn die Informationen voraussichtlich erheblich sind für die Anwendung beziehungsweise Durchsetzung des innerstaatlichen Rechts. Ebenfalls eine große Reichweite weisen die Ersuchensauskünfte im Rahmen der europäischen Amtshilferegelungen auf, wohingegen die Reichweite von Auskunftsklauseln in den DBA sehr stark variieren kann und im Ergebnis davon abhängt, ob eine kleine oder eine große Auskunftsklausel vereinbart wurde. Ersuchensauskünfte nach den TIEAs sind aufgrund der darin enthaltenen großen Auskunftsklausel ebenfalls umfassend, wobei deren Wirkung wiederum davon abhängig ist, wie viele Steuern in sachlicher Hinsicht dem Anwendungsbereich des einzelnen Abkommens unterfallen.

2. Automatische Auskünfte

Zwar enthält das Amtshilfeübereinkommen keine spezifischen Regelungen über einen automatischen Informationsaustausch. Allerdings enthält es in Art. 6 AmtshÜ eine Rechtsgrundlage für den Abschluss von Verwaltungsvereinbarungen zum automatischen Informationsaustausch auf den unterschiedlichsten Gebieten der steuerlichen Amtshilfe. Der bereits installierte Austausch über Finanzkonten, der auf den Regelungen des FATCA-Abkommens beruht, ist dabei erst der Anfang. Einen weiteren Anwendungsfall stellt der automatische Austausch von Country-by-Country-Reportings dar, was jedoch nur einen weiteren Schritt in der Entwicklung des automatischen Informationsaustauschs bedeutet. Diese rechtssichere Grundlage für einen automatischen Informationsaustausch und die Erweiterungsmöglichkeiten erweisen sich als der größte Vorteil des Amtshilfeübereinkommens. Im Vergleich dazu ist die Zulässigkeit automatischer Auskünfte auf Grundlage des OECD-Musterabkommens sehr umstritten und hat sich bisher nicht in bedeutendem Ausmaß etabliert. Hingegen werden die Regelungen nach dem Amtshilfeübereinkommen zwischen den EU-Staaten keine Relevanz haben, da der automatische Informationsaustausch dort bereits jetzt deutlich umfangreicher ist und einen größeren Anwendungsbereich aufweist. Gegenüber Nicht-EU-Staaten entfaltet das Amtshilfeübereinkommen hingegen klare Vorteile.

3. Spontanauskünfte

Auch auf dem Gebiet der Spontanauskünfte liegt der Vorteil des Amtshilfeübereinkommens in seiner klaren Rechtsgrundlage, in der die zulässigen Arten der Spontanauskünfte geregelt sind. Hiergegen ist die Erteilung spontaner Auskünfte auf Grundlage des Art. 26 OECD-MA nicht zuletzt wegen verfassungsrechtlicher Probleme sehr zweifelhaft, wodurch das Amtshilfeübereinkommen klare Vorteile aufweist. Bei TIEAs hängt die Reichweite von der jeweiligen Ausgestaltung ab. Zwischen den EU-Staaten wird das Amtshilfeübereinkommen hingegen keine große Bedeutung erlangen, da die EU-Amtshilferichtlinie und die Zusammenarbeitsverordnungen weitaus größere Möglichkeiten eines spontanen Informationsaustauschs bieten als das Übereinkommen.

4. Koordinierte Betriebsprüfungen

Die Möglichkeiten koordinierter Betriebsprüfungen nach dem Amtshilfeübereinkommen wurden zurückhaltend ausgestaltet. Insbesondere sind den Prüfern im Ausland keine eigenen Ermittlungshandlungen erlaubt. Interessant sind die Regelungen damit vor allem gegenüber Staaten, mit denen eine derartige Kooperation bisher überhaupt noch nicht möglich war. Außerdem bietet das Amtshilfeübereinkommen eine klare Rechtsgrundlage zur Durchführung derartiger Prüfungen im Gegensatz zu Art. 26 OECD-MA, wonach eine grenzüberschreitende Kooperation im Rahmen von Betriebsprüfungen nicht möglich ist. Die Möglichkeiten nach den TIEAs sind einerseits weitgehender, da hiernach die Prüfer auch aktive Rechte der Mitwirkung haben, andererseits aber weniger weitgehend, da keine Regelungen zur Durchführung simultaner Betriebsprüfungen enthalten sind. Wiederum keine Relevanz wird das Amtshilfeübereinkommen auf diesem Gebiet zwischen EU-Staaten haben, da hier den ausländischen Prüfern sogar eigene Ermittlungsbefugnisse zustehen. Außerdem gibt es aktuelle Bestrebungen, sogar Joint Audits zuzulassen, wonach in- und ausländische Prüfer gleichberechtigt hoheitliche Tätigkeiten bei einer Prüfung vornehmen können.

5. Beitreibungshilfe

Das Amtshilfeübereinkommen trifft umfangreiche, aber auch komplizierte Regelungen einer umfassenden Vollstreckungshilfe bei Steuerforderungen. Hierbei kann jedoch nicht die Aussage getroffen werden, dass diese Regelungen in jedem Fall vorteilhafter wären als diejenigen anderer Rechtsgrundlagen. Im Vergleich zu Art. 27 OECD-MA beispielsweise hängt dies vom konkreten Fall ab. Insofern kann eine Vollstreckung nach dem OECD-Musterabkommen von Vorteil sein, da hiernach geringere Anforderungen an die zu vollstreckende Forderung gestellt werden als nach dem Amtshilfeübereinkommen. Die Regelungen der Vollstreckungshilfe der Europäischen Union sind gegenüber dem Amtshilfeübereinkommen zwischen den EU-Staaten zu bevorzugen, da es hier unter anderem formale Erleichterungen gibt, wie die Existenz eines EU-einheitlichen Vollstreckungstitels. Auch sind weitgehendere Instrumente vorgesehen als nach dem Amtshilfeübereinkommen. Da die Bundesrepublik Deutschland momentan nicht an der Vollstreckungshilfe nach dem Amtshilfeübereinkommen teilnimmt, ist diese nur mit Staaten möglich, die Teil der Europäischen Union sind oder mit denen eine Vollstreckungsklausel entsprechend Art. 27 OECD-MA in einem DBA vereinbart wurde.

6. Zustellung von Schriftstücken

Im Übereinkommen sind weitreichende Vorschriften über die Zustellung von Schriftstücken geregelt, weshalb neben einer Zustellung im Ausland auch eine unmittelbare Zustellung durch die Post erfolgen kann. Damit sind die Regelungen vor allem im Verhältnis zu Staaten relevant, mit denen bisher nur ein DBA oder TIEA geschlossen wurde, da in diesen Rechtsgrundlagen eine förmliche Zustellung nicht vorgesehen ist. Allein eine einfache postalische Zustellung ist oft aufgrund eines gegenseitigen Einverständnisses hier möglich. In den europäischen Regelungen ist ebenfalls eine Zustellungshilfe geregelt, unmittelbar durch die Post können nur Schriftstücke ohne hoheitlichen Charakter übermittelt werden.

7. Auskunftsverweigerungsrechte und Geheimnisschutz

Die im Amtshilfeübereinkommen geregelten Auskunftsverweigerungsrechte entsprechen dem OECD-Standard und sind damit im Großen und Ganzen identisch mit den Regelungen in allen anderen Rechtsgrundlagen der internationalen Amtshilfe. Der Geheimnisschutz, der nach dem Amtshilfeübereinkommen gewährt wird, ist weitgehender als in den bisherigen Regelungen in anderen Rechtsgrundlagen. Denn es müssen nicht nur die Vorgaben des Amtshilfeübereinkommens gewahrt werden, sondern darüber hinaus auch die nationalen Vorgaben des ersuchenden sowie des ersuchten Staates. Damit unterscheidet sich das Schutzlevel zu den meisten anderen Rechtsgrundlagen, in denen entweder allein ein abkommensspezifischer Geheimnisschutz gilt oder zusätzlich auf die Vorgaben des nationalen Rechts des ersuchenden Staates abgestellt wird. Der Geheimnisschutz nach dem nationalen Recht des ersuchten Staates spielt somit im Gegensatz zum Amtshilfeübereinkommen keine Rolle. Dieser hohe Schutzstandard kann Schutzvorschriften nach anderen Rechtsgrundlagen überlagern, sofern nach diesen ein geringerer Geheimnisschutz gewährleistet wird.

8. Rechtsschutz und Konfliktlösung

Die Möglichkeiten des Rechtsschutzes nach dem Amtshilfeübereinkommen unterscheiden sich nicht von den bisherigen Regelungen in anderen Rechtsgrundlagen. Insofern ist maßgeblich auf die Vorgaben im jeweiligen nationalen Recht abzustellen. Relevanz haben dabei vor allem nationale Anhörungserfordernisse als vorgelagerte Rechtsschutzmöglichkeit sowie die jeweiligen gerichtlichen Rechtsbehelfe nach den nationalen Verfahrensordnungen.

Im Hinblick auf die Zusammenarbeit verschiedener Finanzbehörden und die Lösung von Konfliktfällen ist im Amtshilfeübereinkommen lediglich die Durchführung eines Konsultationsverfahrens geregelt. Hingegen nicht vorgesehen ist die weitergehende Möglichkeit eines Verständigungs- und Schiedsverfahrens, das vom Steuerpflichtigen initiiert werden kann. Eine derartige Möglichkeit ergibt sich lediglich aus dem OECD-Musterabkommen.

V. Abschnitt F: Zukunft der internationalen Amtshilfe

Tendenziell kann für die Zukunft davon ausgegangen werden, dass sich die internationale Zusammenarbeit der Finanzbehörden in Steuersachen noch verstärken wird. Darauf lassen neben den internationalen Bestrebungen auch die aktuellen Ergebnisse in der Weiterentwicklung der Instrumente der internationalen Amtshilfe schließen. So werden die Möglichkeiten der Kooperation immer weiter ausgebaut und vertieft. Aufgrund der fortschreitenden internationalen Verflechtung wird dies grundsätzlich für alle Formen der internationalen Amtshilfe gelten. Vor allem der automatische Informationsaustausch wird von dieser Entwicklung profitieren, da dieses Instrument den geringsten Verwaltungsaufwand erfordert. Einzig für den Informationsaustausch auf Ersuchen wird dies aller Voraussicht nach nicht gelten, da dessen Durchführung sehr aufwendig und langwierig ist. Das weitere Schicksal der Beitreibungshilfe wird maßgeblich davon abhängen, wie sich die rechtsstaatlichen Verhältnisse in den einzelnen Staaten entwickeln. Denn davon hängt die Entscheidung ab, ob Steuerforderungen dieser Staaten im Wege der Amtshilfe vollstreckt werden.

Da das Amtshilfeübereinkommen selbst in all diesen Bereichen eine sehr weitgehende Form der Zusammenarbeit ermöglicht und noch dazu multilateral ausgestaltet ist, kann davon ausgegangen werden, dass diese Rechtsgrundlage in der Zukunft eine wesentliche Rolle im Bereich der internationalen Amtshilfe in Steuersachen spielen wird. Dies gilt jedoch vorwiegend im Verhältnis zu Staaten, die nicht Mitgliedsstaaten der Europäischen Union sind.[894]

---

894 *Van der Ham et al.*, ISR 2018, 26 (28).

Literaturverzeichnis

Aigner, Dietmar/Kofler, Georg/Tumpel, Michael (Hrsg.): DBA. OECD-Musterabkommen mit den Besonderheiten der österreichischen DBA. Kommentar, Wien 2016 (zitiert als *Bearbeiter,* in: Aigner/Kofler/Tumpel, DBA).

Andresen, Ulf: Country-by-Country Reporting - mit Augenmaß!, in: Jürgen Lüdicke (Hrsg.), BEPS - Herausforderungen für die Unternehmen, Forum der Internationalen Besteuerung Bd. 44, Köln 2015, S. 87–103 (zitiert als: *Andresen*, in: Lüdicke, BEPS - Herausforderungen für die Unternehmen).

Anemüller, Christian: Abkommen zum Austausch über Finanzinformationen in Steuersachen. Rechtsgrundlagen und Überblick über die aktuellen Entwicklungen, Erbschaft-Steuerberater (Erb-StB) 2018, S. 23–28.

Anger, Christiane/Wagemann, Thorsten: Zweifelsfragen bei der Auslegung von Doppelbesteuerungsabkommen. Praktische Hinweise unter Berücksichtigung der Rechtsprechung des BFH, Internationales Steuerrecht (IStR) 2014, S. 611–616.

Ault, Hugh J.: The Role of the OECD Commentaries in the Interpretation of Tax Treaties, Intertax 1994, S. 144–148.

Aumayr, Elke: Der Umfang des Informationsaustausches nach Art 26 OECD-MA, in: Michael Lang (Hrsg.), Internationale Amtshilfe in Steuersachen, Ergebnisse eines vom Institut für Österreichisches und Internationales Steuerrecht der WU durchgeführten Forschungsprojekts, Fachbuch Steuern, Wien 2011, S. 47–74 (zitiert als: *Aumayr*, in: Lang, Internationale Amtshilfe in Steuersachen).

Bärsch, Sven-Eric/Engelen, Christian/Färber, Niklas: Die Dokumentation von Verrechnungspreisen und das Country-by-Country Reporting. Die neuen Anforderungen der OECD und der EU, Der Betrieb (DB) 2016, S. 972–982.

Becker, Katharina: Internationale Zusammenarbeit - Konsultation und Verständigung, in: Markus Achatz (Hrsg.), Internationales Steuerrecht, 37. Jahrestagung der Deutschen Steuerjuristischen Gesellschaft e.V., Linz, 10. und 11. September 2012, EBL-Schweitzer Bd. 36, Köln 2013, S. 167–190 (zitiert als: *Becker*, in: Achatz, Internationales Steuerrecht).

Beckmann, Christian: Gemeinsame Betriebsprüfung durch deutsche und ausländische Finanzverwaltungen, Die steuerliche Betriebsprüfung (StBp) 2014, S. 66–69.

Beckmann, Christian: Joint Audits - Aktuelle Problemfelder zwischenstaatlicher Gemeinschaftsprüfungen, Internationales Steuerrecht (IStR) 2016, S. 627–631.

Beier, Nico/Schulte, Martin: Die Auswirkungen des deutschen FATCA-Abkommens auf internationale Finanzinstitute im Kontext aktueller EU-Initiativen, Recht der internationalen Wirtschaft (RIW) 2013, S. 527–538.

Bilsdorfer, Peter: Die Informationsquellen und -wege der Finanzverwaltung. Auf dem Weg zum „gläsernen Steuerbürger"!, 8. Auflage, Berlin 2009 (zitiert als: *Bilsdorfer*, Informationsquellen- und Wege der Finanzverwaltung).

Binnewies, Burkhard/Hoffmann, Benedikt: Grenzüberschreitende Außenprüfungen international tätiger Unternehmen, Die Aktiengesellschaft (AG) 2017, S. 740–743.

Blanke, Hermann-Josef: EUV/AEUV. Das Verfassungsrecht der Europäischen Union mit Europäischer Grundrechtecharta: Kommentar, 5. Auflage, herausgegeben von Christian Calliess, Matthias Ruffert, München 2016 (zitiert als *Bearbeiter,* in: Blanke, EUV/AEUV).

Bozza-Bodden, Nadya: Internationale Zusammenarbeit - Informationsaustausch, in: Markus Achatz (Hrsg.), Internationales Steuerrecht, 37. Jahrestagung der Deutschen Steuerjuristischen Gesellschaft e.V., Linz, 10. und 11. September 2012, EBL-Schweitzer Bd. 36, Köln 2013, S. 133–166 (zitiert als: *Bozza-Bodden*, in: Achatz, Internationales Steuerrecht).

Brock, Rüdiger: Der zwischenstaatliche Auskunftsverkehr innerhalb der Europäischen Union auf der Grundlage des EG-Amtshilfe-Gesetzes bei den direkten und indirekten Steuern, Frankfurt am Main 1999, zugleich Dissertation Hamburg 1998 (zitiert als: *Brock*, Zwischenstaatlicher Auskunftsverkehr innerhalb der EU).

Bundessteuerberaterkammer Bonn/Kammer der Wirtschaftstreuhänder Wien/Schweizerische Treuhand- und Revisionskammer Zürich: Gemeinsame Stellungnahme zum Entwurf eines Übereinkommens der Mitgliedstaaten des Europarates und der Mitgliedsländer der Organisation für wirtschaftliche Zusammenarbeit und Entwicklung über die gegenseitige Amtshilfe in Steuersachen, Deutsches Steuerrecht (DStR) 1986, S. 662–663.

Carl, Dieter/Klos, Joachim: Leitfaden zur internationalen Amts- und Rechtshilfe in Steuersachen, Herne/ Berlin 1995 (zitiert als: *Carl/Klos*, Leitfaden internationale Amtshilfe).

Carl, Dieter/Klos, Joachim: Rechtsschutzprobleme bei steuerlichen Spontanauskünften an ausländische Finanzbehörden, Deutsches Steuerrecht (DStR) 1992, S. 528–534.

Czakert, Ernst: Automatischer Informationsaustausch: BMF-Schreiben „Standard für den automatischen Austausch von Finanzinformationen in Steuersachen" v. 1.2.2017. Anwendungsfragen im Zusammenhang mit einem gemeinsamen Meldestandard sowie dem FATCA-Abkommen, Internationale Steuer-Rundschau (ISR) 2017, S. 216–221.

Czakert, Ernst: Der Informationsaustausch zu Tax Rulings, Internationales Steuerrecht (IStR) 2016, S. 985–990.

Czakert, Ernst: Die gesetzliche Umsetzung des Common Reporting Standards in Deutschland, Deutsches Steuerrecht (DStR) 2015, S. 2697–2702.

Czakert, Ernst: Generalthema 2 und Seminar D: Der internationale Informationsaustausch und die grenzüberschreitende Kooperation der Steuerverwaltungen, Internationales Steuerrecht (IStR) 2013, S. 596–603.

Czakert, Ernst: Neue Entwicklungen bei der steuerlichen Amtshilfe, Berlin 2017 (zitiert als: *Czakert*, Neue Entwicklungen bei der steuerlichen Amtshilfe).

Czakert, Ernst: Neue Entwicklungen beim abkommensrechtlichen Informationsaustausch. ifst-Schrift 514 2017 (zitiert als: *Czakert*, Neue Entwicklungen beim Informationsaustausch).

Czakert, Ernst: Seminar I: Der internationale Informationsaustausch bei der Festsetzung und Beitreibung von Steuern, Internationales Steuerrecht (IStR) 2010, S. 567–570.

Daniels, A.H.M.: Council of Europe/OECD Convention on mutual administrative assistance in tax matters, Intertax 1988, S. 101–111.

Daurer, Veronika: Die Amtshilfe in Steuersachen auf unionsrechtlicher Grundlage, in: Michael Lang (Hrsg.), Internationale Amtshilfe in Steuersachen, Ergebnisse eines vom Institut für Österreichisches und Internationales Steuerrecht der WU durchgeführten Forschungsprojekts, Fachbuch Steuern, Wien 2011, S. 13–45 (zitiert als: *Daurer*, in: Lang, Internationale Amtshilfe in Steuersachen).

Delbrück, Jost: Die Formen des völkerrechtlichen Handelns; die inhaltliche Ordnung der internationalen Gemeinschaft. Band I, Teilband 3, 2. Auflage, Berlin 2002 (zitiert als: *Delbrück*, Völkerrecht I/3).

Dölker, Angelika: Maßnahmen zur Schaffung von Steuertransparenz durch Amtshilfe und Informationsaustausch unter Steuerbehörden verschiedener Länder sowie durch nationale Gesetze in Deutschland, Betriebs-Berater (BB) 2017, S. 279–284.

Drüen, Klaus-Dieter: Rechtsrahmen und Rechtsfragen der multilateralen Betriebsprüfung, Deutsches Steuerrecht (DStR) 2013, S. 82–88.

Eilers, Stephan: Der Streit um den internationalen Auskunftsverkehr in Steuersachen, Computer und Recht (CR) 1988, S. 901–908.

Eimler, Jörg: Grenzüberschreitende Betriebsprüfungen, in: Thomas Rödder, Rainer Hüttemann (Hrsg.), Steuerberater-Jahrbuch 2015/2016, Zugleich Bericht über den 67. Fachkongress der Steuerberater Köln, 27. und 28. Oktober 2015, Köln 2016, S. 533–583 (zitiert als: *Eimler*, in: Rödder/Hüttemann, Steuerberater-Jahrbuch 2015/2016).

Engelhardt, Hanns/Mosbacher, Wolfgang/Stammberger, Bernd/Troidl, Thomas: Verwaltungs-Vollstreckungsgesetz, Verwaltungszustellungsgesetz. Kommentar unter Berücksichtigung der landesrechtlichen Bestimmungen, der Abgabenordnung, des EG-Beitreibungsgesetzes und des Europäischen Übereinkommens über die Zustellung von Schriftstücken in Verwaltungssachen im Ausland, 11. Auflage, bearbeitet von Michael App, München 2017 (zitiert als *Bearbeiter,* in: Engelhardt et al., VwVG/VwZG).

Fischer, Peter: Bekanntgabe und Zustellung von Verwaltungsakten an Empfänger außerhalb des Geltungsbereichs der Abgabenordnung. Zum Erlass des Finanzministeriums (FinMin) des Landes Nordrhein-Westfalen (NRW) vom 11.07.2007 - S0284, juris Praxisreport Steuerrecht (jurisPR-SteuerR) 2007 Anm. 4, S. 1–6.

Frey, Johannes/Schwenk, Jacqueline: Schutz des Steuergeheimnisses bei gleichzeitigen Betriebsprüfungen im Rahmen des EU-Amtshilfegesetzes (EUAHiG), Betriebs-Berater (BB) 2017, S. 1310–1314.

Füllsack, Markus/Bürger, Sebastian: Weitergabe von ausländischen Bankdaten - ein Update und die Auswirkungen für die Beratungspraxis, Betriebs-Berater (BB) 2016, S. 2652–2659.

Gabert, Isabel: Deutsche Amtshilfe nach dem EU-Amtshilfegesetz (EUAHiG) und ihr Einfluss auf das Ertragsteuerrecht, Finanz-Rundschau (FR) 2013, S. 986–992.

Gabert, Isabel: Deutsche Beitreibungsamtshilfe nach dem EU-Beitreibungsgesetz (EU-BeitrG): Überblick und Bezüge zum Ertragsteuerrecht, Finanz-Rundschau (FR) 2012, S. 707–715.

Gehm, Matthias H.: Koordinierte steuerliche Außenprüfungen. Neues Merkblatt des BMF zu multinationalen Betriebsprüfungen, NWB Internationales Steuer- und Wirtschaftsrecht (IWB) 2017, S. 229–236.

Gosch, Dietmar: Über die Auslegung von Doppelbesteuerungsabkommen, Internationale Steuer-Rundschau (ISR) 2013, S. 87–95.

Gosch, Dietmar (Hrsg.): Kommentar zur Abgabenordnung und Finanzgerichtsordnung, Band 2: §§ 94-192 AO, Stand: 144. Ergänzungslieferung 2019 (zitiert als *Bearbeiter,* in: Gosch, AO/FGO).

Gosch, Dietmar/Kroppen, Heinz-Klaus/Grotherr, Siegfried/Kraft, Gerhard (Hrsg.): DBA-Kommentar. Doppelbesteuerungsabkommen, Band 1: Art. 1-27 OECD-MA, Stand: 34. Ergänzungslieferung 2018 (zitiert als *Bearbeiter,* in: Gosch et al., DBA).

Grotherr, Siegfried: Analyse und Auswirkungen des geplanten spontanen Informationsaustausches (OECD/G20) über steuerbegünstigende Vorabzusagen („Tax Rulings"), Recht der internationalen Wirtschaft (RIW) 2015, S. 179–193.

Grotherr, Siegfried: Anwendungsfragen bei der länderbezogenen Berichterstattung - Country-by-Country Reporting, Internationales Steuerrecht (IStR) 2016, S. 991–1008.

Grotherr, Siegfried: Argumente des Rechtsschutzes beim grenzüberschreitenden Auskunftsverkehr, Internationale Steuer-Rundschau (ISR) 2015, S. 297–305.

Grotherr, Siegfried: Auswirkungen einer innerstaatlichen Anwendbarkeit des Europarats-/ OECD-Übereinkommens 1988/2010 über die gegenseitige Amtshilfe in Steuersachen, Internationales Steuerrecht (IStR) 2015, S. 845–861.

Grotherr, Siegfried: Instrumente des Rechtsschutzes beim zwischenstaatlichen Informationsaustausch, Internationale Steuer-Rundschau (ISR) 2015, S. 193–200.

Grotherr, Siegfried: Verpflichtender automatischer Informationsaustausch über verbindliche Auskünfte und APAs auf EU-Ebene ab dem 1.1.2016 geplant. Analyse des Vorschlags vom 18.3.2015 zur Änderung der EU-Amtshilferichtlinie, Internationales Steuerrecht (IStR) 2015, S. 293–305.

Haag, Maximilian/Jehle, Dorothea: Bericht zum 11. Münchner Unternehmenssteuerforum: „Multilaterale Betriebsprüfung – Herausforderung für die Finanzverwaltung und auch für die Unternehmen", Deutsches Steuerrecht (DStR) 2013, S. 79–82.

Helfrich-Laubrock, Jacoba: Europarat/OECD-Konvention zur steuerlichen Rechts- und Amtshilfe, Betriebs-Berater (BB) 1987, S. 1224–1227.

Hendricks, Michael: Auswirkungen der BEPS-Initiative auf den internationalen Informationsaustausch in Steuersachen, in: Andreas Oestreicher, Christian Dorenkamp (Hrsg.), BEPS - Base Erosion and Profit Shifting, Herne 2015, S. 105–124 (zitiert als: *Hendricks*, in: Oestreicher/Dorenkamp, BEPS - Base Erosion and Profit Shifting).

Hendricks, Michael: DBA-USA: Zur Zulässigkeit einer Spontanauskunft an die US-amerikanische Steuerverwaltung, Internationales Steuerrecht (IStR) 2008, S. 31–35.

Hendricks, Michael: Durchsetzung deutscher Steueransprüche im Ausland. Zugleich Anmerkung zum BFH-Urt. vom 21. 7. 2009, VII R 52/08, IStR 2009, S. 846–851.

Hendricks, Michael: Gerichtlicher Rechtsschutz im internationalen Auskunftsverkehr, Steuer und Wirtschaft (StuW) 2018, S. 346–358.

Hendricks, Michael: Internationale Informationshilfe im Steuerverfahren. Grundlagen, Systematik und Grenzen der informationellen zwischenstaatlichen Rechts- und Amtshilfe, Köln 2004 (zitiert als: *Hendricks*, Internationale Informationshilfe).

Hendricks, Michael: Internationale Verfahren, in: Heide Schaumburg, Michael Hendricks (Hrsg.), Steuerrechtsschutz, 4. Auflage, Köln 2018, S. 514–552 (zitiert als: *Hendricks*, in: Schaumburg/Hendricks, Steuerrechtsschutz).

Hendricks, Michael: Joint Audits und Abkommensrecht, in: FS Doppelbesteuerung, Festgabe zum 75. Geburtstag von Prof. Dr. Dr. h.c. Franz Wassermeyer; 75 Beiträge zum Recht der DBA, München 2015, S. 565–572 (zitiert als: *Hendricks*, in: FS Doppelbesteuerung).

Herlinghaus, Andreas: Zu Möglichkeiten und Grenzen des Rechtsschutzes gegen Maßnahmen des zwischenstaatlichen Informationsaustauschs nach den Doppelbesteuerungsabkommen, in: Wolfgang Kessler, Guido Förster, Christoph Watrin (Hrsg.), Unternehmensbesteuerung, Festschrift für Norbert Herzig zum 65. Geburtstag, München 2010, S. 933–951 (zitiert als: *Herlinghaus*, in: Kessler et al., Unternehmensbesteuerung).

Hörhammer, Evelyn: Europäische Neuregelungen zum automatischen Informationsaustausch zu Finanzkonten. Die Neufassung der EU-Amtshilferichtlinie, NWB Steuer- und Wirtschaftsrecht (NWB) 2015, S. 741–746.

Hörhammer, Evelyn/Fehling, Daniel: Der neue Standard für den weltweiten automatischen Informationsaustausch. Neue Initiativen im Kampf gegen grenzüberschreitende Steuerhinterziehung, NWB Steuer- und Wirtschaftsrecht (NWB) 2014, S. 3402–3409.

Hübschmann, Walter/Hepp, Ernst/Spitaler, Armin (Hrsg.): Kommentar zur Abgabenordnung und Finanzgerichtsordnung, Band V: §§ 111-154 AO/ Band VI: §§ 155-192 AO/ Band VIII §§ 249-321 AO/ Band XVI: §§ 1-10 VwZG, Stand: 251. Ergänzungslieferung 2019 (zitiert als *Bearbeiter*, in: Hübschmann/Hepp/Spitaler, AO/FGO).

Institut der deutschen Wirtschaft: Europaratskonvention über die Amtshilfe in Steuersachen. Schreiben vom 26.02.1985 - VI C 5 - S 1317 - 2/85, Die Wirtschaftsprüfung (WPg) 1985, S. 435–436.

Internationale Handelskammer: OECD/Europarat-Entwurf eines multilateralen Abkommens über gegenseitige Amtshilfe der Steuerbehörden, Betriebs-Berater (BB) 1986, S. 1274–1276.

Ismer, Roland/Sailer, Norbert: Der neue Art. 27 OECD-MA: Amtshilfe bei der Beitreibung und Sicherung von Steueransprüchen, Internationales Steuerrecht (IStR) 2003, S. 622–632.

Kimminich, Otto/Hobe, Stephan: Einführung in das Völkerrecht, 7. Auflage, Tübingen 2000 (zitiert als: *Kimminich/Hobe*, Einführung in das Völkerrecht).

Klein, Franz: Abgabenordnung. Einschließlich Steuerstrafrecht, 14. Auflage, bearbeitet von Bernd Rätke, München 2018 (zitiert als *Bearbeiter*, in: Klein, AO).

Koenig, Ulrich/Cöster, Thilo (Hrsg.): Abgabenordnung. §§ 1 bis 368; Kommentar, 3. Auflage, München 2014 (zitiert als *Bearbeiter*, in: Koenig/Cöster, AO).

Kofler, Georg/Tumpel, Michael: Tax Information Exchange Agreements, in: Michael Lang (Hrsg.), Internationale Amtshilfe in Steuersachen, Ergebnisse eines vom Institut für Österreichisches und Internationales Steuerrecht der WU durchgeführten Forschungsprojekts, Fachbuch Steuern, Wien 2011, S. 181–201 (zitiert als: *Kofler/Tumpel*, in: Lang, Internationale Amtshilfe in Steuersachen).

Kortz, Michael: Grenzüberschreitende Vollstreckung von Steuerforderungen im EU-Raum nach dem EU-Beitreibungsgesetz vom 07.12.2011, Der Betrieb (DB) 2012, S. 2422–2427.

Kraft, Gerhard/Ditz, Xaver/Heider, Christian: Internationaler Informationsaustausch - Überblick über die Rechtsgrundlagen und aktuelle Entwicklungen, Der Betrieb (DB) 2017, S. 2243–2253.

Kreienbaum, Martin: BEPS aus der Sicht der Verwaltung, in: Jürgen Lüdicke (Hrsg.), BEPS - Herausforderungen für die Unternehmen, Forum der Internationalen Besteuerung Bd. 44, Köln 2015, S. 1–9 (zitiert als: *Kreienbaum*, in: Lüdicke, BEPS - Herausforderungen für die Unternehmen).

Kühn, Rolf/Wedelstädt, Alexander von (Hrsg.): Abgabenordnung und Finanzgerichtsordnung. Kommentar, 22. Auflage, Stuttgart 2018 (zitiert als *Bearbeiter*, in: Kühn/Wedelstädt, AO/FGO).

Kussmann, Manfred: Vollstreckung nach der Abgabenordnung. Vollstreckung von Steueransprüchen; Voraussetzungen, Verfahren, Abwehrmöglichkeiten, 6. Auflage, Achim bei Bremen 2000 (zitiert als: *Kussmann*, Vollstreckung nach der Abgabenordnung).

Lampert, Steffen/Meickmann, Till: Informationsaustausch mit Drittstaaten - Von der Auskunfts- zur Verweigerungspflicht?, Internationale Steuer-Rundschau (ISR) 2014, S. 305–311.

Lang, Michael: Art. 3 Abs. 2 OECD-MA und die Auslegung von Doppelbesteuerungsabkommen, NWB Internationales Steuer- und Wirtschaftsrecht (IWB) 2011, S. 281–294.

Lohr, Armin: Der internationale Auskunftsverkehr im Steuerverfahren, Wien 1993 (zitiert als: *Lohr*, Internationaler Auskunftsverkehr).

Marquardt, Michael/Betzinger, Michael: Internationaler Informationsaustausch in Steuersachen, Betriebs-Berater (BB) 2014, S. 3033–3039.

Meickmann, Till: Verfahrensrechtliche Probleme bei der Besteuerung grenzüberschreitender Sachverhalte - Gemeinsame Betriebsprüfungen als Lösungsmodell, Internationales Steuerrecht (IStR) 2014, S. 591–596.

Menck, Thomas: Internationale Amtshilfe in Steuersachen, Deutsche Steuer-Zeitung (DStZ) 1979, S. 57–64.

Müller, Thomas: Weitergabe von Informationen an Finanzverwaltung eines EU-Mitgliedsstaats zur Durchführung einer gleichzeitigen Betriebsprüfung, Der Betrieb (DB) 2017, S. 1744–1745.

Musil, Andreas/Weber-Grellet, Heinrich (Hrsg.): Europäisches Steuerrecht. Kommentar, München 2019 (zitiert als *Bearbeiter*, in: Musil/Weber-Grellet, Europäisches Steuerrecht).

Peters, Holger M./Haverkamp, Lars H.: Verbesserte Möglichkeiten zur Beseitigung von Doppelbesteuerungen - Vergleich des Schiedsverfahrens nach Art. 25 Abs. 5 OECD-MA und des EU-Schiedsverfahrens, Betriebs-Berater (BB) 2011, S. 1303–1312.

Peters, Holger/Kircher, Markus/Moll, Daniel: Grenzüberschreitende gemeinsame Betriebsprüfung - ein effizienter Weg zur Vermeidung von Doppelbesteuerung und zu mehr Reht- und Planungssicherheit?, Internationales Steuerrecht (IStR) 2016, S. 2–9.

Pistone, Pasquale/Gruber, Martina: Die Möglichkeiten zur Verweigerung des Informationsaustausches nach Art 26 OECD-MA, in: Michael Lang (Hrsg.), Internationale Amtshilfe in Steuersachen, Ergebnisse eines vom Institut für Österreichisches und Internationales Steuerrecht der WU durchgeführten Forschungsprojekts, Fachbuch Steuern, Wien 2011, S. 75–115 (zitiert als: *Pistone/Gruber*, in: Lang, Internationale Amtshilfe in Steuersachen).

Pohl, Carsten, in: Jörg Manfred Mössner, Hubertus Baumhoff, Martin Greif (Hrsg.), Steuerrecht international tätiger Unternehmen, 5. Auflage, Köln 2018, S. 1157–1182 (zitiert als: *Pohl*, in: Mössner et al., Steuerrecht international tätiger Unternehmen).

Prokisch, Rainer: Fragen der Auslegung von Doppelbesteuerungsabkommen, Steuer & Wirtschaft International (SWI) 1994, S. 52–59.

Reiffs, Hans: Prüfungstätigkeit im Ausland - eine zulässige Entwicklung, Die steuerliche Betriebsprüfung (StBp) 1999, S. 116–119.

Ribes, Aurora: Recent Application of the Dynamic Interpretation for Royalties by the Spanish Tax Administration, Intertax 2010, S. 21–30.

Ritter, Wolfgang: Brauchen wir ein neues Steuerfluchtgesetz?, Betriebs-Berater (BB) 1987, S. 65–73.

Ritter, Wolfgang: Schutzbedürftige Interessen der Steuerpflichtigen beim Internationalen Auskunftsverkehr, in: Klaus Vogel (Hrsg.), Internationale Steuerauskunft und deutsches Verfassungsrecht, Mit Diskussionsbeiträgen eines Münchener Symposions, Münchener Schriften zum internationalen Steuerrecht Bd. 12, München 1987, S. 17–36 (zitiert als: *Ritter*, in: Vogel, Internationale Steuerauskunft und deutsches Verfassungsrecht).

Runge, Berndt: Europaratskonvention über die gegenseitige Amtshilfe in Steuersachen, Recht der internationalen Wirtschaft (RIW) 1986, S. 704–713.

Sadler, Gerhard: Verwaltungs-Vollstreckungsgesetz, Verwaltungszustellungsgesetz. Kommentar anhand der Rechtsprechung, 9. Auflage, herausgegeben von Gerhard Sadler, Heidelberg 2014 (zitiert als *Bearbeiter,* in: Sadler, VwZG).

Schaumburg, Harald: Grenzüberschreitende Amts- und Rechtshilfe, in: Harald Schaumburg, Joachim Englisch (Hrsg.), Europäisches Steuerrecht, 2. Auflage, Köln 2015, S. 835–890 (zitiert als: *Schaumburg,* in: Schaumburg/Englisch, Europäisches Steuerrecht).

Schaumburg, Harald: Grenzüberschreitende Sachaufklärung, in: Harald Schaumburg (Hrsg.), Internationales Steuerrecht, 4. Auflage, Köln 2017, S. 1230–1295 (zitiert als: *Schaumburg,* in: Schaumburg, Internationales Steuerrecht).

Schaumburg, Harald: Ursachen der Doppelbesteuerung, in: Harald Schaumburg (Hrsg.), Internationales Steuerrecht, 4. Auflage, Köln 2017, S. 622–624 (zitiert als: *Schaumburg,* in: Schaumburg, Internationales Steuerrecht).

Schaumburg, Harald/Häck, Nils: Bilaterale Maßnahmen zur Vermeidung der Doppelbesteuerung (DBA), in: Harald Schaumburg (Hrsg.), Internationales Steuerrecht, 4. Auflage, Köln 2017, S. 742–978 (zitiert als: *Schaumburg/Häck,* in: Schaumburg, Internationales Steuerrecht).

Schmidt, Carsten/Ruckes, Andreas: OECD Common Reporting Standard - Hintergrund, Eckpunkte und Praxisaspekte, Internationales Steuerrecht (IStR) 2014, S. 652–660.

Schmitt, Katharina: Europarechtliche Vorgaben für die Arbeit der Finanzverwaltung bei grenzüberschreitenden Besteuerungsfällen 2018, zugleich Dissertation Hamburg 2018 (zitiert als: *Schmitt,* Grenzüberschreitende Besteuerungsfälle).

Schönfeld, Jens/Ditz, Xaver (Hrsg.): Doppelbesteuerungsabkommen. Kommentar, Köln 2013 (zitiert als *Bearbeiter,* in: Schönfeld/Ditz, DBA).

Schwarz, Bernhard/Pahlke, Armin (Hrsg.): AO/FGO Kommentar, Band 2: §§ 93-178a AO/ Band 4: §§ 322-415 AO, Nebengesetze, Stand: 187. Ergänzungslieferung 2019 (zitiert als *Bearbeiter,* in: Schwarz/Pahlke, AO/FGO).

Seer, Roman: Ausbau des grenzüberschreitenden Informationsaustauschs, NWB Internationales Steuer- und Wirtschaftsrecht (IWB) 2009, S. 951–964.

Seer, Roman: Ausweitung des automatischen Informationsaustauschs innerhalb der EU. Dichtes Netz von Steuertransparenzabkommen und Richtlinien gegen Steuerhinterziehung, NWB Internationales Steuer- und Wirtschaftsrecht (IWB) 2015, S. 870–879.

Seer, Roman: Die Vollstreckungsamtshilfe in Steuersachen nach der neu gefassten Beitreibungsrichtlinie 2010/24/EU, NWB Internationales Steuer- und Wirtschaftsrecht (IWB) 2011, S. 144–152.

Seer, Roman: Grenzen steuerlicher Transparenz multinational tätiger Unternehmen. Rechtliche und praktische Erwägungen zum Schutz von Betriebsgeheimnissen, NWB Internationales Steuer- und Wirtschaftsrecht (IWB) 2016, S. 6–13.

Seer, Roman: Intensivierung des grenzüberschreitenden Informationsaustausches durch das EU-Amtshilfegesetz. Auskunftsansprüche und Rechtsschutz dagegen, NWB Internationales Steuer- und Wirtschaftsrecht (IWB) 2014, S. 87–96.

Seer, Roman: Internationale Beitreibungshilfe. Rechtsgrundlagen und Rechtsschutz, NWB Internationales Steuer- und Wirtschaftsrecht (IWB) 2017, S. 595–607.

Seer, Roman: Steuerverfahrensrechtliche Bewältigung grenzüberschreitender Sachverhalte, in: Wolfgang Spindler, Klaus Tipke, Thomas Rödder (Hrsg.), Steuerzentrierte Rechtsberatung, Festschrift für Harald Schaumburg zum 65. Geburtstag, Köln 2009, S. 151–167 (zitiert als: *Seer*, in: Spindler et al., Steuerzentrierte Rechtsberatung).

Seer, Roman: Vollstreckungsamtshilfe in Europa, in: Michael Holoubek (Hrsg.), Verfahren der Zusammenarbeit von Verwaltungsbehörden in Europa, Wien 2012, S. 85–100 (zitiert als: *Seer*, in: Holoubek, Verfahren der Zusammenarbeit von Verwaltungsbehörden in Europa).

Seer, Roman/Gabert, Isabel: Der internationale Auskunftsverkehr in Steuersachen, Steuer und Wirtschaft (StuW) 2010, S. 3–23.

Seer, Roman/Wilms, Anna Lena: Der automatische Informationsaustausch als neuer OECD-Standard zur steuerlichen Erfassung des Finanzkapitals im Spannungsverhältnis zu Maßnahmen der Geldwäschebekämpfung, Steuer und Wirtschaft (StuW) 2015, S. 118–133.

Seidl-Hohenveldern, Ignaz: Völkerrecht, 9. Auflage, Köln, München u.a. 1997 (zitiert als: *Seidl-Hohenveldern*, Völkerrecht).

Spensberger, Erich/Macho, Roland/Erichsen, Lisbeth: „Joint Audit“ - ein Erfolgsmodell im internationalen Steuerrecht, Internationale Steuer-Rundschau (ISR) 2017, S. 261–267.

Staringer, Claus: Geheimnisschutz und steuerlicher Informationsaustausch, in: Michael Holoubek (Hrsg.), Verfahren der Zusammenarbeit von Verwaltungsbehörden in Europa, Wien 2012, S. 241–255 (zitiert als: *Staringer*, in: Holoubek, Verfahren der Zusammenarbeit von Verwaltungsbehörden in Europa).

Streinz, Rudolf/Kruis, Tobias (Hrsg.): EUV/AEUV. Vertrag über die Europäische Union und Vertrag über die Arbeitsweise der Europäischen Union,

Kommentar, 2. Auflage, München 2012 (zitiert als *Bearbeiter,* in: Streinz/Kruis, EUV/AEUV).

Strunk, Günther: Länderübergreifende Zusammenarbeit der Finanzverwaltung. - Neue Gefahren durch simultane Betriebsprüfungen? -, Die steuerliche Betriebsprüfung (StBp) 1993, S. 145–150.

Tipke, Klaus/Kruse, Heinrich Wilhelm (Hrsg.): Kommentar zur Abgabenordnung und Finanzgerichtsordnung, Band II: §§ 108-232 AO/ Band IV: §§ 1-10 VwZG, Stand: 155. Ergänzungslieferung 2019 (zitiert als *Bearbeiter,* in: Tipke/Kruse, AO/FGO).

Tüchler, Nicole: Die Amtshilfe bei der Vollstreckung von Steuern nach Art 27 OECD-MA, in: Michael Lang (Hrsg.), Internationale Amtshilfe in Steuersachen, Ergebnisse eines vom Institut für Österreichisches und Internationales Steuerrecht der WU durchgeführten Forschungsprojekts, Fachbuch Steuern, Wien 2011, S. 117–139 (zitiert als: *Tüchler*, in: Lang, Internationale Amtshilfe in Steuersachen).

van der Ham, Susann/Tomson, Susanne/Chwalek, Martin J.: Grenzüberschreitender Informationsaustausch in Steuersachen - ein Überblick, Internationale Steuer-Rundschau (ISR) 2018, S. 26–34.

van Lück, Kolja: BEPS-Abschlussberichte der OECD/G20 im Überblick. Finale Ergebnisse zur Bekämpfung von Gewinnverkürzung und Gewinnverlagerung, NWB Internationales Steuer- und Wirtschaftsrecht (IWB) 2015, S. 758–766.

Vogel, Klaus: Einleitung: Internationale Steuervermeidung heute, in: Klaus Vogel (Hrsg.), Steueroasen und Außensteuergesetze, Die Bedeutung der Steueroasen heute und die gesetzlichen Maßnahmen zu ihrer Bekämpfung; mit Diskussionsbeiträgen eines Münchener Symposions, Münchener Schriften zum internationalen Steuerrecht Bd. 3, München 1981, S. 1–5 (zitiert als: *Vogel*, in: Vogel, Steueroasen und Außensteuergesetze).

Vogel, Klaus: Transnationale Auslegung von Doppelbesteuerungsabkommen, Internationales Steuerrecht (IStR) 2003, S. 523–529.

Vogel, Klaus/Lehner, Moris (Hrsg.): Doppelbesteuerungsabkommen der Bundesrepublik Deutschland auf dem Gebiet der Steuern vom Einkommen und Vermögen. Kommentar auf der Grundlage der Musterabkommen, 6. Auflage, München 2015 (zitiert als *Bearbeiter,* in: Vogel/Lehner, DBA).

Wassermeyer, Franz/Kaesner, Christian/Schwenke, Michael/Debatin, Helmut (Hrsg.): Doppelbesteuerung. Kommentar zu allen deutschen Doppelbesteuerungsabkommen, Band I: Art. 1-29 OECD-MA/ Band II: Art. 1-16 TIEA-MA, Stand: 144. Ergänzungslieferung 2019 (zitiert als *Bearbeiter,* in: Wassermeyer et al., DBA).

Finanz- und Steuerrecht in Deutschland und Europa

Herausgegeben von Klaus-Dieter Drüen, Hanno Kube
und Rainer Wernsmann

Band 1 Gordon Dreher: Das Alterseinkünftegesetz. Systematische Darstellung und verfassungsrechtliche Zweifelsfragen. 2007.

Band 2 Nils Meyer-Sandberg: Die Duale Einkommensteuer als Modell ungleicher Besteuerung von Arbeit und Kapital. 2008.

Band 3 Alexander Pfab: Die Behandlung von Bildungsaufwendungen im deutschen Einkommensteuerrecht. 2008.

Band 4 Christian Johannes Müller: Einnahmeverzicht im Einkommensteuerrecht – insbesondere durch verbilligte Wohnungsüberlassung an nahe Angehörige. 2009.

Band 5 Melanie Falkner: Die Einkunftserzielungsabsicht als subjektives Besteuerungsmerkmal. Eine Analyse subjektiver Tatbestandsmerkmale im Steuerrecht. Zugleich ein Beitrag zur Liebhaberei im Steuerrecht. 2009.

Band 6 Steffen Ott: Die Vertreterbetriebsstätte nach OECD-MA. 2009.

Band 7 Christoph Wagner: Steuergleichheit unter Standortvorbehalt? Verfassungsrechtliche Grenzen einer ungleichen Einkommensbesteuerung von Kapital und Arbeit. 2010.

Band 8 Andreas Goetze: Die Ersetzung der sieben Einkunftsarten des EStG durch eine einzige. Zur Gleichheit aller Erwerbsgrundlagen in einem vereinfachten Steuerrecht. 2010.

Band 9 Hanno Kube: Der bundesstaatliche Finanzausgleich. Verfassungsrechtlicher Rahmen, aktuelle Ausgestaltung, Entwicklungsperspektiven. 2011.

Band 10 Katharina Brauer: Abgrenzung der Lebensmittellieferung von der Restaurationsdienstleistung im Umsatzsteuerrecht. 2011.

Band 11 Marc Schubert: Die Verfassungswidrigkeit der Erbschaft- und Schenkungsteuer und die verfassungsrechtlichen Anforderungen an eine Neuregelung. 2011.

Band 12 Martin Rehberg: Der Zuzug und Wegzug von Kapitalgesellschaften in gesellschafts- und steuerrechtlicher Hinsicht. 2011.

Band 13 Dirk Wünschig: Perspektiven eines europarechtskonformen Gemeinnützigkeits- und Zuwendungsrechts. Eine Untersuchung nach „Stauffer“ und „Persche“ bei gleichzeitiger Kritik an der Neufassung des Gemeinnützigkeitsrechts nach dem Jahressteuergesetz 2009. 2011.

Band 14 Sebastian Grimm: Die negative Konkurrentenklage im Steuerrecht. 2011.

Band 15 Arne von Freeden: Minder- und Mehrabführungen nach § 14 Abs. 4, § 27 Abs. 6 KStG. Ausgleichspostenlösung und Einlagelösung. 2011.

Band 16 Anne Keller: Rechtsschutz gegen Maßnahmen der steuerlichen Außenprüfung. 2011.

Band 17 Larissa Maier-Bledjian: Sondervermögen des Bundes. 2011.

Band 18 Philipp Riedl: Die internationale Doppelbesteuerung im EU-Binnenmarkt. 2012.

Band 19 Anna Schwarz: Die Pensionszusage an den Mitunternehmer der Personengesellschaft im Einkommensteuerrecht. 2012.

Band 20 Carsten Höink: Nichtsteuerbare Vermögensübertragungen im Umsatzsteuerrecht. Eine rechtssystematische Analyse der Entwicklung des Rechtsinstituts der Geschäftsveräußerung im Ganzen. 2013.

Band 21 Christian Kniese: Europarechtlicher Rahmen einer steuerlichen Förderung von Forschung und Entwicklung. 2013.

Band 22 Katarina Günther: Vertrauensschutz bei Angaben Dritter im Umsatzsteuerrecht. 2013.

Band 23 Andreas Königer: Ertragsteuerrechtliche Behandlung grenzüberschreitender Spaltungen von Rechtsträgern. Unter besonderer Beachtung der Vorgaben des Unionsrechts. 2014.

Band 24 Matthias Diete: Das obligatorische Schiedsverfahren in der deutschen DBA-Praxis. Erweiterung des zwischenstaatlichen Rechtsschutzes bei Doppelbesteuerungskonflikten. 2014.

Band 25 Friederike Grube: Der Einfluss des unionsrechtlichen Beihilfenverbots auf das deutsche Steuerrecht. Dargestellt an den Beispielen der sogenannten Sanierungsklausel und der Steuervergünstigungen für gemeinnützige Unternehmen. 2014.

Band 26 Tobias Loscher: Präventive Aufsicht der Europäischen Union über den Bundeshaushalt. 2014.

Band 27 Jochen Lutz Tillmanns: Divergenz und Konvergenz von Umsatzsteuer und Einkommensteuer. Zur problematischen Verwendung ertragsteuerlicher Konzepte und Begriffe im Umsatzsteuerrecht. 2015.

Band 28 Cornelia Zirkl: Die Neutralität der Umsatzsteuer als europäisches Besteuerungsprinzip. Inhalt, Herleitung und der Umgang mit Neutralitätsverletzungen. 2015.

Band 29 Matthias Ernst: Die Dienstleistungsbetriebsstätte im Abkommensrecht. Begriffsbestimmung, Abgrenzung und Analyse eines alternativen Betriebsstättentatbestands. 2015.

Band 30 Michael Brandl: Mehrfachansässigkeit im Ertragsteuerrecht. 2016.

Band 31 Stephanie Krebbers-van Heek: Die mitunternehmerische Besteuerung der Komplementäre der Kommanditgesellschaft auf Aktien. 2016.

Band 32 Felix Klemt: Körperschaftsteuerliche Verluste junger innovativer Unternehmen. Rechtliche und wirtschaftliche Analyse, Alternativen de lege ferenda. 2016.

Band 33 Nina Erm: Personengesellschaften in Steuerverfahren. Verfahrensklarheit trotz Einheit und Vielheit. 2016.

Band 34 Christian Erich Rödel: Der Teilbetriebsbegriff in den Einbringungstatbeständen des Umwandlungssteuergesetzes. 2016.

Band 35 Florian Wenk: Einkünfte aus Leistungen nach § 22 Nr. 3 EStG. Eine Untersuchung zum Belastungsgrund der Einkommensteuer. 2017.

Band 36 Ralf Haendel: Treaty Overriding im Internationalen Steuerrecht als Verfassungsproblem. Insbesondere zur Reichweite der Völkerrechtsfreundlichkeit des Grundgesetzes. 2017.

Band 37 Nadine Schader: Fiskalische Immunität internationaler Organisationen und ihres Personals in der Bundesrepublik Deutschland. 2018.

Band 38 Sebastian Cloppenburg: Eine Finanztransaktionssteuer im „kleinen Kreis“. Unionsrechtliche Zulässigkeit der Durchführung einer Verstärkten Zusammenarbeit im Bereich der Finanztransaktionsbesteuerung. 2018.

Band 39 Volodymyr Izrailevych: Der Begriff der Betriebsstätte im deutschen und im russischen Ertragsteuerrecht und im deutsch-russischen Doppelbesteuerungsabkommen. Ein Rechtsvergleich. 2018.

Band 40 Jan Popel: Das vorgeprägte und intendierte Ermessen im Steuerrecht. 2018.

Band 41 Marcel Sandberg: Internationale Vollstreckungshilfe im Besteuerungsverfahren. Insbesondere zum EU-Beitreibungsgesetz und zu Doppelbesteuerungsabkommen nach Art des Artikels 27 OECD-Musterabkommen. 2019.

Band 42 Sven Sobanski: Die Rechtsbeständigkeit von Steuerverwaltungsakten und finanzgerichtlichen Urteilen bei Verstößen gegen Unionsrecht. 2019.

Band 43 Delia Maria Palenker: Die Bindung der gesonderten Verlustfeststellung an den Einkommensteuerbescheid. Eine Rechtsprechungsanalyse zu § 10d Abs. 4 EStG vor und nach Inkrafttreten des JStG 2010 und ihre Folgen für den Rechtsschutz. 2020.

Band 44 Theresa Siebing: Wohnsitz und gewöhnlicher Aufenthalt als nationale Anknüpfungsmerkmale der Besteuerung. 2020.

Band 45 Julian Siller: Steuerliche Amtshilfe nach dem Übereinkommen über die gegenseitige Amtshilfe in Steuersachen vom 25.01.1988 im System der internationalen steuerlichen Amtshilfe. 2020.

www.peterlang.com

www.ingramcontent.com/pod-product-compliance
Ingram Content Group UK Ltd.
Pitfield, Milton Keynes, MK11 3LW, UK
UKHW041823290926
8980IPUK00002B/35

9 783631 832158